조선 침략 참회기

조선 침략 참회기
일본 조동종은 조선에서 무엇을 했나

2013년 4월 1일 초판 1쇄 인쇄
2013년 4월 10일 초판 1쇄 발행

지은이 이치노헤 쇼코
옮긴이 장옥희
펴낸이 김희옥
펴낸곳 동국대학교출판부

주소 100-715 서울시 중구 필동 3가 26
전화 02-2260-3483~4
팩스 02-2268-7851
Homepage http://www.dgpress.co.kr
E-mail book@dongguk.edu
출판등록 제2-163(1973. 6. 28)
편집디자인 나라연
인쇄처 서진인쇄

ISBN 978-89-7801-377-2 03910

값 18,000원

- 저자와의 협약에 의해 한국어판 판권은 동국대학교출판부에 있습니다.
- 이 책의 무단 전재나 복제 행위는 저작권법 제98조에 따라 처벌받게 됩니다.

조선 침략 참회기

일본 조동종은 조선에서 무엇을 했나

이치노헤 쇼코 지음
장옥희 옮김

동국대학교출판부

한국어판 발행에 부쳐

이 책은 현재 진행형인 한일 불교 관계에 던지는 파문이다. 종교와 정치는 표면상으로는 별개지만 실상은 그렇다고 할 수 없다. 암흑의 식민지 시대 한국에서 일본 조동종은 무엇을 했는가? 조선 침략에 어떻게 가담했는가? 이 책은 지금까지 그 누구도 문제 삼지 않았던 금기를 정면으로 다루었다고 자부한다.

과거를 검증하는 것은 미래를 만드는 일이다.

그러한 의미에서 1992년 일본 조동종이 내외에 표명한 「참사문」(전쟁에 가담한 것을 참회하고 사죄하는 글)은 획기적이었고, 포스트콜로니얼(식민지 이후)의 올바른 길을 제시한 것이었다.

필자가 대표로 있는 '동국사를 지원하는 모임'은 그 정신을 이어받아 2012년 9월 16일 한국에 유일하게 남아 있는 식민지 시대의 일본식 사찰인 군산 동국사에 참사문비를 건립했다(제5장 제3절 참조).

그러나 일본 조동종은 당치 않게도 '동국사를 지원하는 모임'에 참사문비의 철거를 요구했다. 저작권 위반이라고 한다. 불교 정신과 멀리 동떨어진 감각에 나는 현기증을 느꼈을 정도이다. 이 무슨 어리석은 행동인가? 반성 없는 일본 조동종이 보내온 내용증명문은 지금도 내 책상 위에서 참사문비의 철거를 요구하고 있다.

이 책의 출판을 허락해 준 동국대학교출판부와 번역을 해 준 장옥희 씨, 그리고 한글판 발행을 기획해 준 유정길 씨에게 깊이 감사드리며, 이 책이 한일 불교 교류에 도움이 되기를 바라 마지않는다.

2012년 12월 17일
우경화가 염려되는 제46회 중의원선거의 결과를 지켜보며

차례

한국어판 발행에 부쳐 / 005

들어가며

'조선'과 나 / 011   잡지 『호법』으로 본 관동대지진 / 015

제1장 일본과 조동종의 조선 침략사 1

제1절 한일강제병합까지

조선왕조의 불교 탄압 / 021   오쿠무라 엔신의 부산 개교 / 023   미우라 고로와 조동종 / 025   청일전쟁과 조동종 / 026   사노 젠레이의 공적 / 030   러일전쟁과 조동종 / 031   조동종의 종군 포교 / 035   러일전쟁 후의 대한 정책 / 040   조동종의 제1개교지 / 044   종교의 선포에 관한 규칙 / 045   한국의 폐멸(아편의 이용) / 047   가스이사이의 재주 히오키 모쿠센의 '만한 순석록' / 050   통도사에서의 히오키 모쿠센의 법어 / 054   항일 의병 투쟁 / 059

제2절 의사 안중근

동학혁명과 안중근 / 062   빌렘 신부와의 만남 / 065   청계동교회의 종식과 항일 의병 / 068   민족 교육과 사업 / 070   국경을 넘어 / 071   「인심결합론」 / 072   대한독립군 / 074   단지동맹 / 075   이토 히로부미 사살 / 076   옥중의 안중근 / 078   『동양평화론』 / 080   내 마음속의 안중근 / 083

제2장 일본과 조동종의 조선 침략사 2

제1절 한국 병합

한국 병합 / 093 한국 병합과 오우치 세이란 / 096 한국 병합과 조동종 / 097 한국 병합과 한국 불교계 / 098 조선 사원에 대한 조동종 계획의 차질 / 099 한국 병합과 조동종의 팽창 / 101 조동종의 조선개교규정과 사찰령 / 106 조선 불교 조계종 대본사 유점사 본말사법 / 107 조동종 조선 초대 포교총감―기타노 겐포 / 109 경성 약초정―조동종 임시 별원 / 114 신조 선포교규정과 원산 홍복사 / 115

제2절 3·1독립만세운동

3·1독립만세운동 / 119 3·1독립만세운동과 기타노 겐포 / 123 한국 승려의 민족 독립 투쟁 / 125 다이쇼 천황의 관제 개혁 조서 / 129 조선총독부의 시정 개관 / 130 조동종 경성 별원의 기초―이가라시 젯쇼(五十嵐絶聖) / 134 경성 별원―조계사 / 137 역대 포교총감과 그들의 약력 / 140 1928년 지나사변 파견 부대 위문자 조사서 / 144 오키노 이와사부로의 『살얼음을 밟고서』에서 / 146 조계사(경성 별원) 터 / 148 이토 히로부미의 절 박문사 / 149 박문사와 조동종 / 155 에가와 다이젠(江川泰禪)의 좌절 / 157 심전개발운동과 우에노 슌에이(上野舜穎) / 159 안준생 사죄의 법요 / 163

제3절 중일전쟁부터 패전까지

미나미 총독의 군국주의 통치 / 168 황국신민의 서사 / 170 국민정신총동원조선연맹 / 173 일본식 성명 강요 / 176 「귀여운 손녀딸」 / 178 조동종 조선포교사대회 / 180 징병제 실시 / 182 양대 본산 경성 별원 조계사의 종말 / 185

제3장 군사도시 나남

제1절 나남의 건설

서 / 197 군사도시 나남 / 198 나남 거리 / 201 일본군 위안소 / 203 장고 봉사건 / 205

제2절 나남의 일본인 사회

나남을 걷다(생구정) / 209 나남을 걷다(초뢰정) / 213 나남을 걷다(본정) / 215 들쭉 / 217

제3절 나남의 붕괴

소련군의 진공 / 221 무력한 제19사단 / 224

제4장 함경북도 나남면 초뢰정 남선사

제1절 남선사

남선사의 창립 / 235 나남불교회 / 238 남선사의 포교 활동 / 241 세이노 세이쇼의 입대 / 243 K씨의 남선사 / 245

제2절 남선사 주지 세이노 세이쇼 일가의 도피행

피난 / 249 함흥의 피난민 / 251 세이노 세이쇼의 죽음 / 257

제5장 조동종의 포스트콜로니얼

제1절 서울 동국대학교 방문

서 / 265 동국대학교 방문 / 268 한용운의 「님의 침묵」 / 271 동국대학교 김호성 교수 / 274

제2절 식민지 시대를 기억하는 군산

군산 개요 / 278 군산의 사계 / 284 쌀의 군산 / 288 군산의 명사들 / 295 「탁류」 / 301 군산근대역사박물관 / 308 새만금 축제 / 312

제3절 군산 동국사의 보존에 대해

군산 방문 / 315 역사의 증인 동국사 / 317 초대 우치다 붓칸 / 319 2대 나가오카 겐테이 / 322 3대 아사노 데쓰젠 / 325 4대 기무라 규로 / 331 동국사를 지원하는 모임 / 336 대본산 소지사 방문 / 341 종걸 스님 환영회 / 347

제4절 한일 불교의 전망 / 351

후기 / 356

〈자료〉 1. 조선의 조동종 사원·포교소 일람 / 365
       2. 조선과 일본 역사 및 조동종 연표(1866~1945) / 380

들어가며

'조선'과 나

'조선'을 그냥 조선이라고 하기엔 약간 결연한 마음이 필요하다.

서울에 고급호텔로 유명한 웨스틴조선이 있다. 서울 한복판 시청 근처에 있는 롯데호텔과 인접해 있다. 웨스틴조선의 '조선'은 '朝鮮'이다.

고종이 황제 즉위식을 거행하기 위해 이곳에 하늘의 신을 모시는 원구단을 건립했다. 1913년에 조선총독부가 모든 시설을 철거하고 경성철도 호텔을 건설하였고 그 후 웨스틴이 되었다. 원구단은 한일강제병합 후 쓸모없게 되어 헐렸지만 신위를 안치하는 3층 구조의 건물인 황궁우는 아직 남아 야간에는 조명으로 밝히는 관광명소가 되고 있다.

전후 '조선'이라는 말은 식민지 조선 시대를 떠올리게 하여 한국에서는 그다지 사용하지 않지만 이곳만큼은 당당히 불리고 있다. 미국 자본의 호텔이라서 허용되었지 만약 일본계 호텔이었다면 도저히 있을 수 없는 일이다.

이 호텔 꼭대기에 걸려 있는 마크를 처음 봤을 때 기묘한 생각에 휩싸였었다. 그것은 아마도 일본인만이 가지는 생각일 것이다.

나는 전후 세대라서 식민지 조선과 직접적인 관련은 없다. 내 안에 있는 무겁고 둔탁한 조선은 이전 세대로부터 물려받은 것이다.

내가 주지로 있는 절은 혼슈(本州) 북단의 쓰가루(津輕)에 있다. 다자이 오사무(太宰治)가 어린 시절 유모인 다케 씨의 손에 이끌려 이 절에서 지옥 그림을 본 것이 다자이의 작품 『추억』 속에 등장한다.

절 마당은 아이들의 놀이터였다. 다자이는 경내에서 노는 아이들 속에 끼지 못했던 모양이다. 다자이는 지주의 아들이었기 때문에 신분이 너무 달랐다. 경내 한쪽 구석에는 고쇼구루마(後生車)[1]라는 졸탑파[2]가 있었다. 한가운데에 있는 쇠바퀴를 굴려서 그것이 제대로 정지하면 극락행이고, 한 번 멈췄다가 바퀴가 제자리로 되돌아가면 지옥행이라며 아이들은 언제나 이 놀이를 하였다. 어린 다자이가 고쇼구루마를 굴리던 일도 『추억』이라는 작품에 등장한다. 몇 번이나 굴려도 바퀴는 언제나 제자리로 되돌아갔다. 그리고 해가 질 때까지 혼자서 쇠바퀴를 굴렸다. 노는 아이들 속에 끼지 못하고 혼자서 바퀴를 굴리던 어린 시절의 다자이의 고독을 상상한다.

나도 어릴 때 경내에서 자주 놀았다.

절의 뒤안길은 말 그대로 뒷골목이라고 불렀다. 옛날에는 기자에몬 통

---

1 졸탑파卒塔婆의 일종. 일명 보리차菩提車. 지나는 사람들에게 탑파에 있는 바퀴를 돌리게 함으로써 공양이 된다고 함.
2 산스크리트어 스투파에서 유래된 말로 한역불전에 졸탑파로 음차되었다. 탑파라고도 불린다.

(喜佐衛通)이라고 했다. 기자에몬은 히로사키 번(弘前藩)[3] 시대에 차별받던 사람들을 총괄하던 사람을 가리킨다. 기자에몬 통 끝에는 화장장이 있었다. 장례식이 있는 날이면 유족이나 조문객들이 이곳을 통해 화장장으로 갔다. 아마 이 길을 따라서 시체를 화장하거나 매장하는 일을 하는 사람들이 살지 않았을까 싶다.

나의 어린 시절에는 피차별민의 흔적은 없어졌지만 '조선'이라고 불리며 차별받던 사람들이 살고 있었다. 여러 집이 있었던 것으로 기억한다. 소학교 동급생 중에 K가 있었다. 몸집이 작고 민첩했다. 담임선생의 부탁으로 하굣길에 K의 물건을 갖다 주러 간 적이 있었다. K의 할머니가 혼자서 집을 지키고 있었다. 그의 집은 강렬한 마늘 냄새로 숨이 막힐 지경이었다.

절의 경내는 민족을 떠나 아이들의 놀이터이기도 했다.

어느 날 싸움이 벌어졌다. 나는 말로 표현할 수도 없는 욕을 퍼부었다. 그와 그의 가족은 어느 날 마을에서 사라졌다. 귀국선을 타고 조국으로 돌아갔다고도 하고 도쿄로 이사했다고도 했다. 나는 그에게 사과할 기회를 놓치고 말았다. 그 후회를 50년이 지난 지금도 하고 있다.

그 당시는 이시하라 유지로(石原裕次郎)와 고바야시 아키라(小林旭)가 예능계의 영웅이었다. 이시하라는 폭넓게 사랑받았고 고바야시는 약간 불량스런 느낌이어서 불량한 애들에게 인기가 있었다. K는 고바야시 아키라의 팬이었다. 희망은 두텁고 뿌리 깊은 차별에 의해 가로막혀 있었다. '다이너마이트 150톤' 등은 그 자신의 가슴에 맺힌 울화통 그 자체였을지도 모른다고 지금에서야 생각한다.

---

[3] 에도시대 무츠(陸奧) 국 쓰가루(津輕) 군 히로사키(弘前, 현재의 아오모리 현 히로사키 시)에 번청을 두었던 도자마(外樣) 번.

그렇다면 원래부터 선명한 아침의 나라라는 조선은 어째서 차별어가 된 것일까?

14세기 말 고려 왕을 추방한 이성계는 새로운 국호를 '조광선려朝光鮮麗'라는 말에서 따와 조선이라고 하였다. 이후 약 500년 동안 아시아대륙의 동쪽 끝에 있는 국가로 존속했다. 동아시아가 서구의 침략을 받은 19세기 말 한발 앞서 서구화에 나선 일본은 조선에 침입하여 개국을 강요했다. 근대화의 물결에 휩싸인 조선은 일본과 마찬가지로 쇄국을 풀고 1897년 국호를 대한제국大韓帝國이라고 하였다. 1910년 일본이 대한을 식민지화했을 때 그 지명을 원래의 조선으로 되돌렸다. 조선이라는 말이 내포하는 일본의 잘못된 인식(그것은 나의 인식이기도 하지만)은 근대의 식민지 시대에 형성된 것이다.

그리고 그것은 현재까지도 이어지고 있다. 북조선이라든가 북선北鮮이라는 표현은 실은 식민지 조선 시대를 부르는 호칭의 흔적이다. 당시는 북부 조선, 중부 조선, 남부 조선이라는 식으로 대략적으로 나누어서 인식하고 있었다.

일본과 국교가 없다고는 하나 북조선은 조선민주주의인민공화국이라는 국제적으로 인정받은 국가이다. 만약 정확히 조선을 부른다면 한국 · 조선 혹은 조선 · 한국으로 불러야 마땅하다.

이 책에서는 식민지 시대의 조선과 그 후 현재까지 이어지는 패배의 역사를 표현하기 위해 감히 조선이라고 표기하는 경우가 있음을 이해해 주기 바란다.

식민지 시대 조동종도 국가기관으로서 조선 침략에 가담했다. 더 구체적으로 말하면 조동종이야말로 종주국인 일본에 준하여 '조선을 계몽할 뛰어난 불교 단체'임을 자임하며 활동을 전개하였다.

불교는 민족이나 국가를 뛰어넘는 인류의 보편적 행복을 위한 종교라고 나는 생각한다. 그러나 이 시대의 조동종은 조선을 업신여기고 차별하고 지배하려 했던 것이다.

잡지 『호법』으로 본 관동대지진

필자의 손에는 1923년 12월에 발행된 조동종계 잡지 『호법』이 있다. 같은 해 9월 1일에 일어난 관동대지진 특집호이다.

나카네 간도(中根環堂)[4]나 미야사카 뎃슈(宮坂喆宗)라는 쟁쟁한 종문의 집필자와 함께 모 승려의 「선인 추도회에 부쳐」라는 제목의 글이 실려 있다. 관동대지진의 피해가 더 커진 것은 도쿄 료코쿠(兩國)의 육군 피복창 터에서 일어난 대참사 때문이었다.

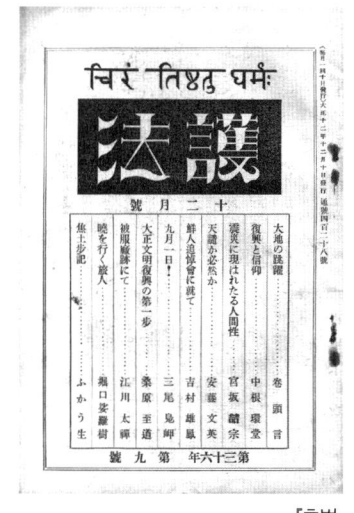

「호법」

그곳으로 피신한 사람들의 95%인 3800여 명의 목숨이 불과 15분 사이에 사라진 것이다. 이후 육군 피복창 터는 위령의 중심지가 되었다.

관동대지진 때는 폭동을 일으킨다는 유언비어로 인해 자경단이 6000명 이상의 조선인을 살해하였다. 「선인 추도회에 부쳐」는 이 추도회를

---

[4] 나카네 간도(1876~1959): 불교학자이자 메이지(明治)·쇼와(昭和) 시기의 교육가. 쓰루미(鶴見)대학 창설자.

논평한 것이다.

특히 '조선인 횡사자 추도대법회'라고 이름 붙인 법회가 같은 불교도 사이에서 행해진 것에 대해서는 조금 기이하다고 보지 않을 수 없다.

어떤 의도로 시작된 추도회였을까? 총회향은 이미 끝났지만 조선인은 유독 더 가엾으니까 특별히 회향한다는 정신인가? 광고에는 일부러 '불타대비의 관념에 입각해서'라는 의미의 문구를 선전하고 있었는데, 그렇다면 정신과 선전이 모순되는 것 아닌가? 그런 불공평한 자비가 세상 어디에 있는가? 원래 불공평이란 무엇인가? 지진 당시 이 같은 재난을 당한 사람은 비단 조선인만이 아니라 중국인도 있고 내지인도 적지 않았다. 그런데도 그 중에서 조선인만을 위해서 특별히 추도회를 한다는 것은 무슨 정신이란 말인가? 도저히 이해하기 어렵다. 추도회 당일 상애회相愛會의 정연규鄭然圭라는 조선인이 읽었다는 조문은 아리아였다. 도대체 이게 무엇인가? 다음 날『호치신문(報知新聞)』에 그 일절이 게재된 것을 보았는데 중간에 "이유없이 참살되어 호소할 곳 없는 우리 동포…."라는 구절이 나온다. 게다가 많은 참가자가 이 조사를 듣고 모두 울었다고 보도하고 있다. 나는 그 울었던 분들에 대해 특별히 말하고 싶다. 비록 조선인이 되었든 내지인이 되었든 그러한 경우라면 그런 상황에 빠지기 마련인데 '까닭 없이'라는 일이 어디에 있겠는가? '불령선인으로 잘못 알아서'라든가 '거동이 수상해서'라든가 저마다 화를 입을 만한 이유 없이는 될 일이 아니다. 그건 그렇다 쳐도 도저히 묵과할 수 없는 것은 '호소할 곳조차 없는'이란 또 무슨 말인가? 이런 말은 국가가 무정부 상태에 빠졌을 때나 하는 말이다. 나는 일분일초도 이재민이 무정부 상태에 놓였다고는 인정할 수 없다. 이런 불온한 글을 늘어놓은 조문을 읽게 하고 그에 동정하여 눈물을 흘리며 듣고 있었다는 데 이르러서는 실로 언어도단이라고밖에 생각할 수 없다.

이 기고자는 '재난의 희생자는 모두 평등하게 공양되어야 하는데 특별히 조선인을 위한 공양을 하는 것은 불공평하지 않은가?'라고 역설하고 있다. 이는 문제가 뒤바뀐 것이다. 식민지 조선인들은 끈질기게 의병 투쟁을 전개하고 있었고 대지진이 일어나기 불과 4년 전에는 '3·1독립운동'이 있었다. 일본은 조선의 독립운동을 두려워하였다. 그렇기 때문에 그것을 탄압하기 위해서 대지진을 구실삼아 대학살을 자행한 것이다.

사와키 고도(澤木興道)[5]의 관동대지진에 대한 에피소드이다.

> 관동대지진 때에 내가 아는 검도가 5단인 사람이 큰 칼을 차고 거리를 걷고 있었다. 그는 아무래도 반대편에서 오는 사람이 조선인 같다며 세 동강이로 베어버렸다. 하지만 칼에 베인 그는 훌륭한 일본인이었다. 어처구니없는 이야기이다. [소지 사(總持寺), 『쵸류(跳龍)』, 1940년 12월호, 9쪽]

사와키는 일본인을 조선인으로 착각한 것을 '어처구니없는 이야기'라고 했을 뿐 조선인이면 베어도 좋다고 말하고 있다는 점에 주목할 필요가 있다. 대지진 때 조선인 학살이 얼마나 치열했는지 이 한 문장만 보아도 상상할 수 있다. 이와 관련하여 국권·침략 강화, 언론 봉쇄를 위해 오스기 사카에(大杉 榮)[6]를 매장한 일도 잊어서는 안 될 것이다.

잡지 『호법』의 기고자에게서 식민지 조선인들의 처지에 대한 불교적 잣대는 전혀 찾아볼 수 없다. 나아가 조선인만을 특별히 다룬 것은 불교

---

5 사와키 고도(1880~1965): 쇼와를 대표하는 일본 조동종의 승려.
6 오스기 사카에(1885~1923): 1910년대 초반부터 1920년대 중반까지 활동한 사회운동가이자 무정부주의자. 관동대지진 직후인 1923년 9월 16일 무정부주의자인 오스기 사카에와 이토 노에(伊藤野枝), 오스기의 조카인 다치바나 무네카즈(橘宗一) 등 세 사람이 헌병대에 연행되어 살해됨.

적이 아니라고 하여 불교를 차별에 이용하고 불교적으로 차별하는 것을 긍정조차 하고 있다. 학살 사실을 은폐하려는 궤변에 지나지 않는다. 이것이 불교인의 행위라고 부를 만한 것인가?

  내 마음속에 자리잡고 있는 조선이라는 말에 대한 애틋함은 당시 불교계를 포함한 일본의 조선 지배가 초래한 것이다.

  조동종은 조선에서 무엇을 했는가? 이 질문을 할 권리가 내게는 있다. 그리고 이 질문에 진지하게 대답할 의무 또한 조동종에 있는 것은 아닐까?

  이 책은 그 대답을 내 나름대로 찾아나선 결과이다.

※ 번거로움을 피하기 위해 각주와 참고문헌은 생략했다.
   (원서에는 각주가 없으나 번역자가 필요하다고 판단되는 곳에 각주를 달아 설명했다. 또한 번역 과정에서 필자의 요청 또는 협의를 거쳐 사진을 1장 추가하고 본문을 일부 수정했다. 역자)
※ 기본적으로 대한제국 시대는 한국, 조선 및 식민지 시대는 조선이라고 했다. 다만 의미에 따라서는 이를 고집하지 않기로 했다.

제1장

일본과 조동종의 조선 침략사 1

한일강제병합까지

조선왕조의 불교 탄압

한국·조선은 남북을 합쳐 면적이 약 22만 평방킬로미터, 인구는 약 7000만으로 영국과 비슷하다. 한반도의 모양은 토끼에 비유되는데 그런 관점에서 보면 영국도 귀가 없는 토끼와 닮았다고도 생각된다.

조선이라는 국호는 조선왕조에서 시작되었다고 해도 좋을 것이다. 조선왕조는 장수인 이성계가 고려 왕을 추방하고 만든 국가이다. 조선왕조는 1392년부터 한일강제병합이 있었던 1910년까지 500년 이상 계속되었다. 고려의 부패정치 개혁이 새로운 국가 형성의 원인이었다고 할 수 있다.

예를 들어 불교를 보면 고려 시대에는 특권이 증대하였고 그것이 또 부패와 경제의 곤궁을 초래하는 원인이기도 했다. 조선왕조는 폐불훼석을 단행하고 국가 지배의 사상으로 유교를 수용하였다. 특권을 잃은 불교는 쇠퇴하여 극히 소수만이 산속으로 들어가 간신히 명맥이 유지되는 상태였다.

조선왕조에는 여덟 종류의 천민계급이 있었다. 노비, 무당, 상여꾼, 기생, 백정, 기능공, 광대 그리고 승려. 승려는 한성(식민지 시대에 경성으로 개명, 현재의 서울)의 성내 출입이 금지되었다. 출입이 허락된 것은 승려가 토목작업 등에 동원될 때뿐이었다. 고려 시대에서 조선 시대로 바뀌자 불교는 번영의 정점에서 서서히 나락으로 떨어져 간 것이다.

승려를 비하한 조선 동요가 있다.

중중 까까중 뭐 하러 왔느냐?
탁발하러 왔다.
뭐 가지고 왔느냐?
바루 가지고 왔다.
뭘 두드리며 왔느냐?
목탁 두드리며 왔다.
염불 한 번 해 보렴.
염불은 잊어먹었다.
해 봐라, 해 봐라.
이 고개 저 고개 넘어
승냥이 밭의 가짜 중이냐?

이처럼 조선왕조의 불교 탄압은 철저했지만 불

조선 동요 그림엽서

교에 마음을 의지하는 사람들도 또한 미약하나마 끊이지는 않았다. 조선 불교가 이러한 억압으로부터 해방된 것은 일본이 조선을 본격적으로 식민지화하기 시작한 1906년 조선통감부를 설치하였을 때였다. 일본은 식민지 조선 지배에 불교를 이용한 것으로, 이것 또한 형태를 바꾼 조선 불교의 억압이었다는 점은 슬픈 일이다.

오쿠무라 엔신[7]의 부산 개교

쇄국정책을 감행하고 있던 조선이 근대국가로부터 공격을 받은 것은 1866년 프랑스 함대 및 1871년 미국 함대에 의한 강화도 공격 점거였다. 강화도는 한성의 목젖에 해당하는 섬으로 조선왕조의 왕궁을 수호하는 최전선이었다. 메이지유신 후 구미 열강에게 배워 오로지 부국강병만을 꾀하고 있던 일본이 그 배움을 실천에 옮긴 것이 1875년 군함에 의한 강화도 공격이었다. 포함외교를 통해 문호를 개방하려고 했던 것이다. 같은 해 후쿠자와 유키치(福澤諭吉)[8]가 '탈아론'을 주장한 것에도 주목하기 바란다.

이듬해 조인된 강화도조약으로 일본은 부산, 원산, 인천 세 항구를 개항시키고, 치외법권 거류지를 설정하고 영사관도 설치하였다. 식민지화의 첫걸음을 내딛은 것이다. 거류민지 설정에 따라 일본 불교도 침입하기 시작했다. 제1호는 오타니파(大谷派)의 오쿠무라 엔신. 강화도조약 체결 2년 후인 1877년 오타니파는 당시 내무경인 오쿠보 도시미치(大久保

---

7 오쿠무라 엔신(奥村圓心, 1843~1913): 진종 오타니파(大谷派) 승려. 1877년 조선의 부산 개항과 히가시혼간 사(東本願寺) 부산 별원의 윤번(승려의 직책)이 되어 원산 별원, 인천 지원을 개설. 광주를 중심으로 포교 활동을 펼쳤다. 부인 이오코(五百子)와 함께 학교를 설립하고 식산흥업에도 재직했다.

8 후쿠자와 유키치(1835~1901): 일본 개화기의 저술가이자 계몽사상가, 교육자. 조선 개화기의 사상가 유길준, 윤치호의 스승이자 한국 개화파에 영향을 준 인물. 탈아론을 주장.

利通)로부터 조선 개방을 부탁받았다. 그 배경에는 선배격인 열강 제국들이 반드시 식민지에 종교(기독교)를 동반한 점, 그리고 오타니파의 유신 정부에 대한 적극적인 자세가 평가를 받았던 것 등이 자리잡고 있었다. 부탁을 받은 오타니파가 지목한 것은 오쿠무라 엔신이었다. 사실 그의 선조인 오쿠무라 조신(奧村淨信)은 부산에 사찰을 세우고 히데요시(秀吉)의 조선 침략 때 종군승으로 참여하였다. 약 300년 후 오쿠무라가 다시 조선으로 건너간 것은 조신이 이루지 못했던 꿈, 즉 조선을 일본 불교로 침략하는 것을 의미하였다. 이런 까닭에 오쿠무라 엔신의 조선에서의 활동은 표면적으로는 불교를 포교하는 것처럼 하면서 한편으로는 정부가 의도한 조선 침략의 선봉에 선 것이었다.

오쿠무라 엔신의 일기가 남아 있다. 일기에는 경성 삼각산 흥복사의 승려가 엔신을 찾아와 종의(宗義)에 대해서 서로 문답한 내용이 기록되어 있다. 아무리 설명해도 납득하지 못하는 승려에 대하여 "미타불의 대자비를 경멸하고 우리에게 허망한 말을 내뱉었다. 그 죄가 중하다. 우리 조선의 관리에게 일러 후일 경계하도록 해야겠다."고 문답 끝에 권력을 사용하여 억압하려는 모습은 엔신의 조선관을 여실히 보여준다. 오쿠무라 엔신이 조선에서 했던 활동에 대해서는 한석희의 저서 『일본의 조선지배와 종교정책』(未來社, 1988)에 자세히 기술되어 있으니 참조하기 바란다.

또 부인 오쿠무라 이오코(奧村五百子)는 전라남도 광주에 실업학교를 창립하여 농업 지도를 하였다. 전라북도 군산의 역사박물관 앞마당에 당시 농기구가 전시되어 있다. 거기에는 족답식 수차가 있는데 이것은 오쿠무라 이오코가 현지 사람들에게 소개한 것이다. 오쿠무라 이오코는 애국부인회의 시조로 알려져 있기도 하다.

국가와 일본 불교의 결탁은 결코 드문 일이 아니다. 정부는 불교 단체를 국가조직의 하나로 이용하였고, 불교 단체는 교단 발전을 위해 그것을 환영하였다. 정부가 각 종파의 종조나 중흥조에게 대사 칭호를 수여한 것도 이 무렵이었다.

미우라 고로[9]와 조동종

조동종이 조선 개방에 구체적으로 걸음을 내딛은 것은 오쿠무라 엔신에 의한 부산 개교로부터 4반세기 후, 즉 부산 총천사(總泉寺)의 건립부터였다. 다른 종파에 비해 늦은 개교였다. 그러나 그동안 조동종은 국가 전략과 착실히 보조를 맞추고 있었다. 이른바 조선 침략의 기초다지기를 하고 있던 시기였다.

조동종에는 에이헤이 사(永平寺)와 소지 사(總持寺)의 2대 본산이 있다. 양 본산이라고도 한다. 그것은 조동종을 이분하는 파벌을 형성하고 있으며, 그 구조는 지금도 변함이 없다. 특기할 만한 것은 1892년 소지 사의 독립선언으로 비롯된 양 본산 분리 사건이다. 소위 조동종의 내분이라고 하는 것으로, 이를 화해시킨 것이 유신의 원훈인 미우라 고로였다.

유신 정부는 종교 단체 통제를 위해 관장(管長)을 두어 종파를 대표하게 하였다. 이것이 각 종파 내부에서는 소동의 원인이 되어 종파가 이분되는 분리 문제가 발생하였다. 조동종도 같은 상황이었다. 에이헤이 사는 모리타 고유(森田悟由) 선사, 소지 사는 니시아리 보쿠잔(西有穆山)에서 아제가미 바이센(畔上楳仙) 선사로 이어지던 시기의 일이었다. 분리파인 히오키 모쿠센(日置黙仙)의 요청을 거절하고 반분리파의 신뢰를 얻은 미우

---

[9] 미우라 고로(三浦梧樓, 1847~1926): 일본의 군인이자 정치인. 1895년 재조선 특명전권공사로 취임. 1895년 10월 명성황후 암살을 지휘(을미사변)했다 하여 일본에 소환, 히로시마 감옥에 투옥됨. 이듬해 히로시마지방재판소에서 열린 군법회의에서 일본인 관계자는 전원 무죄로 석방됨.

라는 양 본산의 화해를 실현시켰다. 이 사건은 미우라와 조동종을 직접적으로 결부시키는 계기가 되었다. 미우라의 저서인 『메이지 반골 중장 일대기(明治反骨中將一代記)』의 조동종 분요 문제를 보면 "… 그 후(문제가 해결된 후. 필자 주) 내 전처의 법명[10]을 써달라고 가지고 갔더니 즉시 커다란 위패를 준비하여 영대공양永代供養[11]을 해 주었다. …(중략)… 그러나 지금도 계속해서 우란분절과 연말이면 반드시 설탕 상자를 보내온다. 우란분절에는 양쪽에서 독경을 하러 온다. 약속이라도 한 듯 확실히 정해져 있다."고 말하고 있다.

미우라 고로는 조동종의 분열을 회피하고 바로 조선국 주재 특명전권공사에 취임하였다. 거기서 발생한 것이 바로 1895년의 명성황후 모살 사건이다. 이 사건에는 조동종의 승려인 다케다 한시(武田範之)도 깊이 관련되었다. 다케다는 후에 조선 조동종을 총괄하는 조선포교관리에 취임한다. 일본 정부와 조동종, 개교 승려 삼위일체의 구조를 엿볼 수 있는 것으로 특별히 오타니파의 오쿠무라 엔신에 한정된 것은 아니었다.

청일전쟁과 조동종

1910년 한일강제병합이라는 식민지화의 완성에 이르기까지 일본은 집요하게 조선의 권리를 계속해서 수탈했다. 주된 사건을 보면서 그 일에 조동종이 어떻게 연관되었는지 살펴보기로 하자.

강화도조약으로 여러 외국들에 앞서 조선에서 우선적 권리를 획득한 일본은 조선에서 중국을 배제하기 위해 청일전쟁을, 나아가 러시아를 배

---

10 죽은 사람에게 내려주는 이름.
11 절에 일정한 돈을 맡기고 고인의 기일이나 피안彼岸 등의 법회일에 경을 읽게 하는 공양. 영대독경, 영대경이라고 함.

제하기 위해서 러일전쟁을 일으켰다. 즉 이 두 전쟁은 조선의 독점 지배를 노린 것이었다.

1894년 7월에 발발한 청일전쟁은 지금까지 경험한 적 없는 전국가적인 총력전이었다. 국민을 전쟁에 동원하는 일에 불교도 협력하였다. 에이헤이 사의 모리타 고유 선사는 같은 해 9월 군인선화軍人禪話를 발표하여 전쟁의 수행에는 선禪의 마음이 불가결하다고 설파하였다. 그는 군인칙유軍人勅諭를 내려 군인의 마음가짐에 대해 다음과 같이 말했다.

> 의義가 험준한 산보다 무겁다는 것은 모두가 이해할 수 있지만 죽음이 봉황의 깃털보다 가볍다는 것은 우리 종문의 불조佛祖가 말씀하신 대도大道가 아니면 결코 깨달을 수 없을 것이다. 부처님은 '나는 일대사一大事 인연을 위해 이 세상에 나타났다'고 하셨다. 이른바 일대사 인연이란 이 생사의 인연이다. 따라서 우리의 종조인 조요(承陽) 대사[12]가 말씀하시길 '생을 밝히고 죽음을 밝히는 것은 불교인의 일대사 인연이라'고 하셨다. 불조의 대도라 함은 죽음에 대해 망설이지 않을 각오로 하는 것뿐이다. 그러니 만약 병사들이 이 글을 본다면, <u>불조가 말씀하신 대도란 '군인은 개인의 사사로운 감정을 버려야 하고 의는 험준한 산보다 무겁고 죽음은 봉황의 깃털보다 가볍다고 각오하는 것'이 그 요점이라 해도 과언이 아니다.</u> (밑줄 필자)

조동종 종무국이 간행한 『조동종무국 보달전서』를 보면 조동종이 청일전쟁에 어떻게 협력했는지 그 연관관계를 알 수 있다. 항목을 열거하면 다음과 같다.

---

[12] 조동종의 고조高祖인 도겐(道元) 선사의 시호.

1894년(메이지 27)

9월 1일	정청 사건征淸事件에 대해 휼병恤兵의 기증 및 군자 헌납
9월 28일	정청 육해군 휼병 기증품 구입비 보고
10월 1일	정청 군인 전사자 병사자 성명 조사
10월 1일	상동 전사자 병사자 정령 조위
11월 15일	정청군 휼병 기증 승인 물품 송납

1895년(메이지 28)

5월 20일	청일교전에서 황은에 보답하고 교화를 선포하여 종문의 군사에 대한 충성을 선양함 (밑줄 필자)
5월 21일	개선 군대 위문 전사병몰자 추조법회의 경비를 납부함
5월 21일	청일 교전 전사병몰자 추조법회를 거행하기 위한 과부금 납부
5월 21일	청일 교전에서 병역에 복무하다 전사, 병사한 종승에게 위패 증여
10월 5일	양 본산 관수貫首 예하의 각 사단 위문과 전사병몰자 추조대법회에 순석함
10월 5일 (호외)	양 본산 관수 예하 군대 위문 추조 순석지에 있는 종무지국 교도 이사의 집무에 대한 마음가짐의 개요를 정함
10월 18일	군대 휼병금 제2회분 헌납 보고

〔가와구치 고후(川口高風), 『조동종무국 보달전서』 총목록 참조〕

밑줄 친 5월 20일의 고유告諭는 청일전쟁에 조동종이 어떻게 결합해야 하는지 단적으로 나타내고 있다. 청일전쟁은 청나라가 약속을 파기했기 때문에 천황이 청나라를 응징하여 조선을 구하고자 한다는 대의에 따라 개전한 전쟁이라는 것이다. 그것은 동양 평화 실현이 목적이며, 그 실현은 천황의 성덕과 충성스럽고 용맹스런 병사의 전쟁에 의해 이루어진다. 그리고 조동종의 승려는 일찍이 미증유의 성스러운 일(聖事)을 만난 것에 감격하여 군사상 종문의 당연한 임무를 행하여 황은에 보답하고 교화를 선포하여 종문의 군사에 대한 충성을 선양해야 한다고 되어 있다.

그리고 10월 5일 양 본산 관수 예하의 각 사단 위문과 전사 병몰자 추조대법회의 순석에 대해서는 에이헤이 사의 모리타 고유 선사가 다카사키(高崎), 사쿠라(佐倉), 히로시마(廣島), 구레(吳), 마루가메(丸龜), 마츠야마(松山), 사세보(佐世保), 구마모토(熊本), 후쿠오카(福岡), 고쿠라(小倉), 도쿄를 담당하고, 소지 사의 아제가미 바이센 선사가 가나자와(金澤), 시바타(新發田), 센다이(仙臺), 아오모리(青森), 요코스카(橫須賀), 도요하시(豊橋), 나고야(名古屋), 오츠(大津), 오사카(大阪), 히메지(姬路)를 담당하게 되었다.

출정 군대의 전사자 및 병몰자의 영령 추도 공양 및 출정 군대의 전승 기원 법회의 내용은 다음과 같다.

〈전야〉

대시아귀회(불행하게 죽어간 사람들을 위한 공양) 보문품행도(『법화경』에 있는 관음을 찬탄한 경전을 정중하게 읽는 것. 필자 주)

〈당일〉

좌선-아침 예불-축성(천황의 만수무강을 비는 법요)-출정 군대 전승 기원-각 영령 헌공(공양)-수능엄경행도(首楞嚴經行道, 조동종에서는 가장 격식이 높은 경전)-대회향

법회는 이상과 같고, 선사가 직접 법회의 도사導師를 맡았다.

정부는 조선을 지배하기 위해 중국을 배제하려고 청일전쟁을 일으켰다. 조동종은 그것에 대하여 성스러운 일을 만난 것에 감격해야 한다며 전쟁에 협력한 것이었다.

청일전쟁이 일본의 승리로 끝나자 조선은 청과의 책봉관계를 끝냈고 일본의 권익은 크게 확대되었다. 그에 저항한 것이 고종의 황후인 명성황후였다. 명성황후는 친러정책을 펼쳤다. 1895년 10월 8일 새벽, 특명 전권공사 미우라 고로의 지시를 받은 낭인들에 의해 경복궁의 옥호루에서 명성황후는 참살당하고 기름을 덮어쓴 채 불태워졌다. 친러파를 제거하기 위해 테러를 감행한 것이다. 이 낭인들 중에 전술한 조동종의 승려 다케다 한시가 있었다. 그도 역시 허리에 일본도를 차고 명성황후를 잡기 위해 경복궁을 질주했을 것이다.

일본의 폭력은 문화면에까지 미쳤다. 조선은 일본의 요청을 수용하여 단발령을 내렸다. 이들 일련의 폭압에 대해 저항하여 일어난 것이 을미의병 투쟁이다. 반일 의병 투쟁은 그 후 다양하게 형태를 바꿔가며 일본이 패전할 때(조선의 해방)까지 계속된다.

사노 젠레이[13]의 공적

1896년 일본과 러시아는 조선 문제에 관한 의정서를 조인하고 러시아는 조선에 관여하지 않는 대신에 중국 동북부(만주 지역)의 권익을 획득하였다. 이로써 조선은 사실상 일본이 독점하게 되었다. 이듬해 조선왕조

---

13 사노 젠레이(佐野前勵, 1859~1912): 1888년 니치렌 종(日蓮宗)의 조직 개혁을 제안했지만 실패. 1910년 종무총감이 되어 조선 포교에 나섬.

는 국명을 대한大韓으로 고치고 500년 동안의 긴 역사의 막을 내린다.

이런 상황에서 니치렌 종과 정토종이 수도에서 개교를 시작하였다. 특히 니치렌 종에서 사노 젠레이가 승려의 도성 출입금지령을 해제하는 데 성공하자 조선의 승려들은 도포자락을 휘날리며 경성에 오거나 감읍하여 사노 젠레이의 덕에 감사했다고 아오야기 남메이(靑柳南冥)의 저서『조선종교사』(駿駿堂, 1911)에 나온다. 오랫동안의 차별이 일본 불교의 힘에 의해 해방된 것은 또 다른 커다란 문제를 야기했다. 조선 불교는 일본과 일심동체인 일본 불교라는 새로운 지배자를 맞이하게 되었기 때문이다.

러일전쟁과 조동종

청일전쟁으로부터 10년 후 조선의 독점체제를 위협하는 사건이 일어났다. 러일협정을 위반한 러시아가 중국의 국경을 넘어 용암포龍巖浦를 점거한 것이다. 러일전쟁의 시작이었다.

이 전쟁은 세계 최초의 근대 무기전이었다. 청일전쟁에서 얻은 막대한 배상금으로 무기 근대화를 감행하고 있던 일본과 강국 러시아의 전쟁이 초래한 불안과 긴장은 청일전쟁에 비할 수 없는 것이었다. 게다가 청일전쟁에서 일본군 전병사자 및 부상자의 합계는 1만 7000여 명이었던 것에 비해, 러일전쟁에서는 그 수가 약 27만 명에 달했다고 한다.

1904년 2월 10일 선전의 조칙을 받은 조동종은 같은 달 15일 즉시 종령을 내렸다. 그것은 조동종 승려는 조칙을 감사히 받아 충군보국의 정신으로

첫째, 천황 폐하의 옥체강녕 · 성수무궁과 군인의 신체건전 · 무운장구를 기도할 것

둘째, 단도檀徒에 대해 직무에 충실할 것과 충용의 정신으로 검약의

미풍을 함양할 것, 군인을 소중하게 여길 것을 설파할 것

셋째, 절약하여 기부할 것

을 명령한 것이었다.

군대에 대한 기부금은 거액으로 올라가고 조동종은 그 해 경비 절약을 위해 양대 본산 선사의 친화親化(선사가 직접 행하는 지방 법요. 필자 주)와 매년 행하는 가을 포교사 순회를 중지하였고, 또 1905년도 교도강습원도 휴교했다. 한편 전 사원에 군사 포교비를 부과함과 동시에 (러일전쟁) 임시 포교사를 파견하게 되었다.

러일전쟁에 임하는 조동종 승려의 마음가짐으로서 에이헤이 사의 모리타 고유 선사와 소지 사의 니시아리 보쿠잔 선사는 연명하여 교유敎諭를 내렸다.(조동종무국,『교유연의敎諭衍義』, 1905년 3월. 필자 의역)

작년 선전의 조칙이 내려지고 나서 지금까지 진리를 따르는 황군은 연전연승하고 진리에 반하는 적국은 패배를 거듭하고 있다. 이것은 모두 업인감과業因感果, 즉 인과응보임이 자명하다.

황제 폐하는 더욱이 전도는 아직 요원하기 때문에 꾹 참고 오래 견디어 봉공의 성의를 다하여 종국의 목적을 달성하기 위해 노력하라고 말씀하셨다. 원래부터 이생보은利生報恩은 불조가 말씀하신 것이다. 천황 폐하의 신민으로서 불조의 자손으로서 감분흥기感奮興起하여 책무를 다하는 것은 당연한 일이다.

본디 군사軍事, 즉 전쟁은 도리에 맞지 않는 것이지만 왕은 참다운 일로써 이를 사용한다. 참다운 군사란 인의를 토대로 한 것이다. 인으로써 난을 가엾게 여기고 의로써 폭을 억누르는 것이다. 즉 이생보은과 같은 것으로 황군이 연전연승하는 이유이다. 그러나 방심하거나 교만하게 굴면 인의는 잃게 된다. 천황 폐하가 '종국의 목적을 달성하기 위해 노력하라'고 하신 것은 이러한 뜻이다.

조동종의 승려는 불조로부터 전해져 온 계율을 지키는 입장에서, 자비효순慈悲孝順의 원행願行에 힘쓰고 충실지성의 정신으로 신속히 평화의 극복을 기하는 것이 중요하다. 천황 폐하의 신민으로서 불조의 자손임을 어겨서는 안 된다.

이때의 전쟁은 진리를 토대로 한 정의의 전쟁이다. 그리고 인의를 토대로 싸우고 있는 것이다. 천황 폐하의 신민으로서 전쟁에 협력하는 것이야말로 불계를 지키고 자비효순을 실천하는 것이다. 그것이 조동종 승려의 본분을 다하는 것이라고 한다.

러일전쟁 때에서는 전국 각지에서 전시 강화戰時講話도 행해졌다고 한다. 이하 조동종 『종보』(1905년 2월 15일 발행)에서 발췌하였다.

전시 강화는 개전의 유래, 전쟁의 목적, 러일의 국세, 시국에 대한 국민의 각오 및 의무, 게다가 개인의 선행미거善行美擧 등을 강화하여 충군애국의 의지를 고무시키고 아울러 근검절약, 역행力行, 질서, 인내 등 국민에게 필수가 되는 덕성을 함양하는 것을 목적으로 한다.

전시 강화 항목의 일례

○ 개전의 유래

  1. 동양의 형세

  2. 러시아의 욕망

  3. 러일의 전쟁

○ 전쟁의 목적

  1. 선전의 조칙

  2. 국제 도덕 및 국제법의 엄수

  3. 열국의 동정

○ 러일의 국세

  1. 러시아 국세 일반

  2. 우리 육해군의 정세

  3. 전국戰局이 유망함

○ 시국에 대한 국민의 각오 및 의무

  1. 거국일치 견인지구堅引持久

  2. 국민의 법률상 의무

    1) 병역 및 군사 부담(징발)

    2) 납세

  3. 국민의 도덕상 의무

    1) 군자 공급

      (1) 국채 응모

      (2) 헌금

    2) 물자 공급

      (1) 군수품의 공급 정진正眞 확실

      (2) 국부의 증진

        가. 각종 생산력 증가 필요

        나. 근면저축

    3) 군인의 후원

      (1) 휼병 및 장병(밑줄 필자)

      (2) 가족 구호 – 각종 단체

      (3) 부상병자의 구호 – 적십자사

○ 시국에 대한 경영

  1. 교육의 장려 발달

2. 위생의 주의

　　3. 정촌町村 경영 및 기념사업

　　　각종 모범 경영 기념림 기념 식재 및 기본 재산의 설치 등

이것은 사실상 조동종의 전쟁이었다.

조동종의 종군 포교

러일전쟁은 조동종에 커다란 영향을 끼쳤다. 전쟁과 조동종의 역할이 보다 명확해진 것이다. 조동종이 러일전쟁을 계기로 각 사단에서 종군 포교를 시작한 것도 그 한 예라고 할 수 있을 것이다.

1905년 9월 5일 러일강화조약(포츠머스조약)이 조인되고 전쟁은 종결되었다. 일본은 승리에 열광하였다. "일본이 이겼다! 이겼다! 러시아가 졌다! 러시아 군함 밑바닥이 빠졌다." 러일전쟁이 끝나고 1세기 이상이 지났는데도 필자는 어린 시절에 장단 맞추던 문구를 기억하고 있다. 일본 전체가 나를 잃어버리고 흥분하였다.

조동종의 기본 교전에 『수증의修證義』가 있다. "생을 밝히고 죽음을 밝히는 것은 불가의 일대사의 인연이다."로 시작되는 이 경전은 독자들도 들어본 적이 있을지 모르겠다. 이것을 기초한 것이 오우치 세이란(大內靑巒, 1845~1918)이다. 오우치 세이란은 메이지 시대 불교계의 지도자로 알려져 있다.

그는 포교 책자인 『전승 국민의 희망』에서 러일전쟁의 승리에 대해 신불의 힘에 의한 천우라며 "적이 진 것은 천벌과 다름없다."고 단언하고 있다. 전쟁을 긍정하고 전승에 도취된 모습에서 불교인의 정신은 찾아볼 수 없다. 우치야마 구도(內山愚童)는 이 전쟁을 반대하였지만 오우치 세

이란의 러일전쟁에 대한 인식은 당시의 불교인을 대변하는 것이었다.

조동종은 그해 10월 16일 전후의 마음가짐에 대해 설파하는 고유를 내렸다. 고유는 평화 극복克復은 생사에 얽매이지 않는 장수의 충성스럽고 용맹한 정신이 가져오는 것이고, 선禪 정신과도 통하는 것이며, 또 이것을 기회로 항상 거국개병의 의의를 이해하고 생사를 초월하여 국가에 보답하도록 포교할 것을 전하고 있다.

러일전쟁에서는 약 70명의 조동종 승려와 8000명이 넘는 단도가 죽었다. 거국개병에 따라 병사를 보충 재생산하기 위해 전사자에게는 양대 본산의 선사가 직접 혈맥(법명)을 주어 표창하였다.

조동종은 러일전쟁 후의 기본 방침을 "종문에 있어서 전후 경영의 길은 달리 없다. 크게 교선의 확장을 꾀하고 군중으로 하여금 점점 교의를 신봉하게 하여 그 본분을 지키고 국민의 책무를 완수하는 데 있다."(1905년 12월 25일 '종령')라고 하였다. 즉 국가의 방침에 따라 전쟁에 협력함으로써 조동종을 발전시키고자 한 것이다.

그 조동종의 기본 방침을 국가에 어필하려고 한 것이 청일전쟁 때 일어난 사단 위문과 대본산 에이헤이 사의 모리타 고유 선사와 대본산 소지 사의 이시카와 소도(石川素童) 선사에 의한 만주 전투지 군대 위문이었다. 공교롭게도 이 위문은 군의 기밀에 저촉된다는 이유로 허락되지 않았다. 그러나 조동종은 전후의 기본 방침을 유지하고 1907년 당시 교학부장이었던 아라이 세키젠(新井石禪, 훗날 대본산 소지 사의 선사)을 만주 전투지에 파견하는 데 성공했다.

전쟁에 협력함으로써 조동종을 발전시키겠다는 목적은 이 파견으로 여실히 드러났다.

1907년 8월 12일 자로 조동종의 관장管長 모리타 고유가 육군대신 데라우치 마사타케(寺內正毅)에게 보낸 요청서(육군성 수령일 제1769호)가 있다. 요청 내용은 한 종파를 대표하여 그 지역에 주재하는 각 군대를 위문하고, 아울러 1904~1905년에 주요 교전지에서 충성스럽게 죽은 영령에게 회향할 것을 허가해 달라는 것이었지만, 조동종이 감추고 있던 진의는 러일전쟁 후 일본의 권익이 늘어날 조선과 만주에서의 교선 확대였다.

그렇기 때문에 현지 시찰이 너무나도 필요했다. 조동종은 군의 위문과 영령 공양을 구실로 현지 종교 사정을 조사했던 것이다.

조동종이 차별 도서임을 인정하고 회수하려고 했던 『조동종 해외 개교 전도사』라는 책이 있다. 국회도서관에서 열람이 가능하다. 그 책에는 이때의 사정을 다음과 같이 기술하고 있다.

> …(전략)… 메이지 40년(1907) 8월에는 당시 아라이 세키젠 교학부장이 조선, 만주의 종교 사정을 시찰하기 위해 조선을 순회했을 때, 당시 조선포교감리였던 오사다 간젠(長田觀禪)과 만나 귀국 후 즉시 개교 규정에 대한 초안을 만들어 그해 12월 종의회에 '조동종한국개교규정'을 제출하여 가결되었다. (32쪽)

같은 해 10월 5일 자 『중외일보』는 「조동종의 만한 포교」라는 제목으로 "조동종 본산에서 일전에 아라이 세키젠 선사가 실지 조사를 한 결과를 가지고 만한(滿韓) 양국에 새 전도선을 긋게 되어 이미 그 경비는 내년도 예산에 편입되었다."고 보도하고 있다. 군대의 위문이나 영령 회향 등에 대해서는 전혀 언급하지 않았다는 점에서 조동종의 진의를 엿볼 수 있다.

아라이 세키젠의 조사는 다음과 같았다.

한국

부산(8월 29일)-대구(9월 2일)-대전(3일)-경성(5일, 6일)-인천(8일)-진남포(10일)-평양(12일)-안주(13일)-신의주(14일)-의주(15일)-용암포(17일)

만주

안동 현(安東縣, 9월 18일)-봉황성(鳳凰城, 9월 18일)-차우커우(草河口, 19일)-롄산관(連山關, 19일)-번시후(本溪湖, 20일)-펑톈(奉天, 21일)-톄링(鐵嶺, 23일)-카이위안(開原, 23일)-궁주링(公主嶺, 24일)-쑤자툰(蘇家屯, 25일)-푸순(撫順, 25일)-옌타이(烟台, 26일)-랴오양(遼陽, 28일)-안산 역(鞍山站, 29일)-하이청(海城, 30일)-다스차오(大石橋, 10월 1일)-가이핑(蓋平, 2일)-더리 사(得利寺, 2일)-와바오뎬(瓦堡店, 3일)-진저우(金州, 4일)-류수툰(柳樹屯, 5일)-뤼순(旅順, 6일, 7일)-다롄(大連, 9일)

아라이는 8월 하순부터 약 40일 동안 현지를 면밀히 조사하였다.

더불어 조선 시찰에 동행한 오사다 간젠에 대해 살펴보자.

조선에서 조동종 사원의 제1호는 부산의 총천사라고 할 것이다. 이 절은 1900년 전후에 조선 포교를 꿈꾸었던 무라마츠 요시히로(村松良寬)에 의해 기초가 다져졌다. 조동종은 1904년 4월 무라마츠를 조동종 공인 조선 주재 포교사로 임명했다. 그 배경에는 2개월 전에 발발한 러일전쟁이 있음은 말할 것도 없다. 조선에서의 조동종 교선 확장은 러일전쟁의 추세에 달려 있었다. 무라마츠는 그해 9월에 병사했다.

그래서 지목된 것이 당시 타이완 포교사였던 오사다 간젠이다. 타이완에서 오사다의 활동은 눈부실 정도였다. 그는 조동종무국 서기를 거쳐 식민지인 타이완으로 건너갔다. 타이완에서 그의 활동 기간은 9년에 이르고 그동안 타이중(臺中) 감옥의 교회사를 역임하면서 각지에 설교소를 설립하고 국어학교를 개설했다. 1903년 1월에는 타이중 시에 호국산 타이중 사(臺中寺)를 창건했다. 그는 말하자면 조동종의 해외 전개에 있어서 선봉이었다. 타이중 사를 창건한 지 얼마 지나지 않은 오사다 간젠을 조동종이 부산으로 이동시킨 것은 식민지 개교 실적을 높이 평가했기 때문이다.

7년 동안의 조선 포교 후 오사다는 귀국하여 노베오카(延岡)의 타이운 사(臺雲寺)에 주석하게 된다. 타이운 사는 미야자키(宮崎) 현 제일의 명찰이다. 절 이름이 그가 창건한 타이중 사와 닮은 것도 어떤 인연이었을까? 오사다 간젠은 가인歌人인 와카야마 보쿠스이(若山牧水)의 숙부이다.

여기서 참고로 1908년 2월 15일에 발포된 아라이 세키젠의 '한국개교규정'을 살펴보자.

종규 제12호 조동종한국개교규정

제1조 종무원은 한국의 중요한 지역에 포교소를 설치하고 하기 각 호의 사업을 거행한다.

  1. 한국 주재 문무 관료 및 거류민에게 포교할 것
  2. 한국 주재 수비 군대를 위문하고 그들에게 포교할 것
  3. 한국 관민에게 포교하고 한국의 승려를 교도할 것
  4. 필요에 따라 교육기관을 설치하여 거류민 및 한국민 자제를 교육할 것

제2조 하기의 장소를 제1개교지로 하고 점차 포교 지역 확장을 꾀하기로 한다. (밑줄 필자)

  경기도   경성

경기도　용산

　　　　　인천

경상남도 부산

평안남도 평성

평안북도 용암포

충청남도 대전

이상의 장소 이외에 포교가 필요하거나 혹은 개교에 적절한 지방에 한하여 임시 포교를 시작한다.

(이하 생략)

이 개교 규정에 따르면 조동종 개교의 주요 대상은 군 관계자와 일본인 거류민이었음을 알 수 있다. 한국 사람들에게 불교를 포교하는 것은 2차적인 문제였다. 그리고 조동종의 개교 실태는 패전할 때까지 기본적으로 바뀌지 않았다.

제2조의 '점차 포교 지역 확장을 꾀한다'는 표현에 주목해 주기 바란다. 『고지엔(廣辭苑)』[14](제6판)에 따르면 '꾀하다(謀)'란 '책략을 짜내다' 또는 '속이다'라는 뜻으로, 용례로는 '음모', '공모', '나쁜 일을 꾀하다' 등이 제시되어 있다. 식민지 종주국의 지배를 종교적으로 보완하려는 조동종의 진짜 목적(=공모)이 그대로 조문에 드러나 버린 듯하다. 부끄러울 뿐이다.

러일전쟁 후의 대한 정책

조동종이 제1개교지로 경성 등 일곱 곳을 지정한 것이나 그 후 교선敎線

---

[14] 이와나미서점(岩波書店)이 발행하는 일본의 국어사전.

의 확장을 알기 위해서는 러일전쟁 후 일본 정부의 대한 정책을 살펴볼 필요가 있다. 이 둘은 서로 밀접한 관계를 가지면서 진행되었기 때문이다.

러일전쟁 때 조선을 군사적 점령하에 두었던 일본은 그대로 조선에 주저앉아 완전 지배를 꾀했다. 병합까지 3차에 걸친 한일협약은 한국의 주권을 점차 상실시켜 갔다.

제1차 한일협약(1904년 8월 22일 체결)에서는 대한 정부에 일본인 재무고문을 취임시킬 것과 일본 정부가 추천하는 외교고문을 둘 것을 인정하게 했다. 이로써 대한 정부의 외교권을 일본 정부가 장악하려고 한 것이다. 한국의 황제는 구미 제국에 밀사를 보내 저항을 표시했지만, 러일전쟁의 종결을 알리는 포츠머스조약이 조인되자 세계는 조선에서 일본의 우월권을 승인하게 되고, 이것이 계기가 되어 이듬해 제2차 한일협약(1905년 11월 17일)이 체결되었다. 제2차 한일협약은 대한 정부의 외교권을 일본이 박탈한 것이다. 이에 따라 한국은 사실상 일본의 보호국이 되었다.

장지연은 『황성신문』 논설을 통해 개탄했다.

사설 「시일야방성대곡」(이 날에 목 놓아 통곡하노라)　　장지연

지난번 이토(伊藤) 후작이 내한했을 때에 어리석은 우리 인민들이 서로 말하기를, '후작은 평소 동양 3국의 정족鼎足 안녕을 주선하겠노라 자처하던 사람인지라 오늘 내한함이 필경은 우리나라의 독립을 공고히 부식케 할 방책을 권고하기 위한 것이리라' 하여 인천항에서 서울까지 관민상하가 환영하여 마지않았다. 그러나 세상에는 예측하기 어려운 일도 많도다. 예상치 못한 5조약이 어떻게 제출되었는가? 이 조약은 비단 한국만이 아니라 동양 삼국이 분열을 초래할 조짐인즉, 그렇다면 이토 후작의 본뜻은 어디에 있었던가?

설령 그렇다 하더라도 우리 대황제 폐하의 성의聖意가 강경하여 거절하기를

제2차 한일협약을 한탄하는 『황성신문』 논설

마다하지 않았으니 조약이 성립되지 않은 것임을 이토 후작 스스로도 잘 알았을 것이다. 그렇다 하더라도 슬프도다. 저 개돼지만도 못한 소위 우리 정부의 대표라는 자들은 자기 일신의 영달과 이익을 바라면서 위협에 겁먹어 벌벌 떨며 나라를 팔아먹는 도적이 되기를 감수했던 것이다.

아! 4천 년의 영토와 5백 년의 사직을 남에게 바치고 2천만 생령들이 남의 노예가 되었다. 저 개돼지보다 못한 외무대신 박제순과 각 대신들은 실로 무책임하고, 명색이 참정대신이라는 자는 정부의 수석임에도 불구하고 단지 입장을 이용하여 책임을 피하고 명예를 얻으려고만 했는가?

김청음처럼 통곡하여 문서를 찢지도 못했고, 정동계처럼 배를 가르지도 못하고 다만 자신의 몸을 지키려고만 했으니 무슨 면목으로 황제폐하를 뵈올 수 있으며, 어떤 변명으로 2천만 동포와 얼굴을 마주할 것인가?

아! 원통하다. 아! 분하다. 2천만 동포여. 노예된 동포여! 살았는가, 죽었는가? 개국 이래 4천 년, 국민정신이 하룻밤 사이에 홀연 망하고 말았는가? 분하고 원통하고 분하고 원통하다. 동포여! 동포여!

일본에 망명해 있던 송병준은 귀국해서 친일 단체인 일진회를 결성하여 국가를 일본에 바치려고 했지만 모두가 일본의 침략을 묵인하고 있었던 것은 아니었다. 속국이 되는 것을 옳다고 하지 않는 다수의 지도자가 상하이나 칭다오 등 해외로 탈출했다. 또 반일 의병 투쟁도 각지에서 일어났다. 한국은 요동쳤다.

제2차 한일협약을 '을사보호조약'이라고 부른다. 이 조약에 서명한 대한정부의 각료, 즉 박제순 외무대신, 이지용 내부대신, 이근택 군부대신, 이완용 학부대신 그리고 권중현 농상대신 등 5인은 '을사오적'이라고 불리어 한국에서는 지금도 엄중히 비판받고 있다.

서울 서대문구에 서대문형무소역사관이 있다. 식민지 조선 시대 일본은 지배에 저항하는 사람들을 이곳에 수용하여 말로 다할 수 없는 고문을 하고 어떤 사람은 죽음으로 몰고 갔다. 처참한 고문 장면이 이 역사관 지하에 재현되어 있다. 이곳에는 당시의 사형장도 보존되어 있다. 일본의 교수대는 중국의 뤼순감옥(안중근이 처형된 곳)과 이곳에서만 볼 수 있는 귀중한 건축물이다.

일본인 관광객은 거의 방문하지 않는 반면 한국의 어린이들은 자국 역사교육의 일환으로 반드시 이곳을 찾아온다. 2층에는 민족저항실이 있다. 민족저항실에는 앞서 말한 을사오적도 소개되어 있다. 그리고 제2차 한일협약에 마지막까지 반대한 참정대신(내각수반)과 자결로써 항의한 민영환 육군부장을 찬탄한다.

제2차 한일협약(을사보호조약)은 조선의 통분이자 소위 '한恨'이었다.

민영환의 유서를 보자.

대한 2천만 동포에게 남기는 글

슬프도다! 국가와 민족의 치욕이 이 지경에 이르렀도다. 우리 인민은 마침내 생존경쟁 속에서 모두 멸망하겠구나. 무릇 살기를 바라는 자는 반드시 죽고, 죽음을 기하는 자는 반드시 삶을 얻는다는 것을 모두 다 알고 있으리라. 영환은 죽음으로써 황은皇恩을 갚고 우리 이천만 동포에게 사죄한다. 영환은 죽었다 한들 죽은 것이 아니다. 모두를 황천에서 반드시 도울 것이다. 반드시 우리 동포형제는 노력을 배가하여 자기를 굳게 하고 학문에 힘을 쓰며 서로 협력하여 우리의 자유와 독립을 회복하면 죽은 자도 당연히 지하에서 기뻐 웃을 것이다. 슬프도다! 하지만 조금이라도 실망할 것 없다.　　민영환

(국서간행회, 『사진으로 아는 한국의 독립운동(상)』, 56쪽)

이 '한'이 후에 초대 통감 이토 히로부미(伊藤博文)를 사살한 안중근으로 이어진다. 안중근에 대해서는 나중에 이야기하기로 하겠다.

한국 황제는 제2차 한일협약 체결 2년 후 네덜란드 헤이그에서 열린 만국평화회의에 밀사를 보내 그 무효를 호소하였다. 그러나 세계는 한국이 이미 실질적으로 일본의 피보호국임을 인정하고 있었다. 이 헤이그 사건이 제3차 한일협약을 이끌게 되었다.

1907년 7월 일본은 한국의 황제 고종을 퇴위시켰고 그달 24일 제3차 한일협약이 체결된다. 협약 내용을 보면 전년도에 설치된 통감부가 한국의 시정을 전담한다는 것으로, 내정과 외교 모두 완전히 일본에 귀속되는 것이다. 한국 병합은 눈앞에 와 있었다.

조동종의 제1개교지

여기서 1908년 2월 15일에 발포된 조동종의 '한국개교규정'으로 돌아

가고자 한다. 이 규정에서 제1개교지는 경기도 경성, 경기도 용산, 경기도 인천, 경상남도 부산, 평안남도 평양, 평안북도 용암포, 충청남도 대전 등 일곱 곳이다. 이곳들은 모두 러일전쟁 후 일본의 권익 확대를 위한 중요한 지점임을 알 수 있다.

경성과 평양은 한국의 중심지로 말할 것도 없지만 인천과 부산은 강화도조약으로 일본인의 거류가 허용된 치외법권 지역이다. 용암포는 러일전쟁 발발의 계기가 된 중국 동북부와의 국경 지역으로 군사적 요충지이다. 군에 밀착했던 조동종의 자세를 알 수 있다. 그러나 러일전쟁 직후는 별도로 하더라도 그 후 용암포의 군사적 중요성이 떨어졌기 때문인지 조동종이 이곳에 포교소를 설치한 것은 무려 20년 후인 1927년의 일이었다. 그것은 제1차 개교 붐(1912년), 제2차 개교 붐(1917년)이 지나간 뒤의 일로서, 조동종 조선 개교의 막바지에 마침내 개설되었다. 조동종의 예상이 빗나간 것이었다.

한편 대전은 물자 집산의 요지로 생각되어 일본인의 유입이 예상되었기 때문에 1907년 3월에 서둘러 태전사太田寺가 창립되었다. 조동종은 전쟁과 경제적 발전에 따라 확대되는 일본인 사회를 상대로 전개해 갔던 것이다. 책 뒤쪽의 '자료 1 조선의 조동종 사원·포교소 일람'을 참조하기 바란다.

종교의 선포에 관한 규칙

이 무렵 한국에서의 종교 시책으로 '종교의 선포에 관한 규칙'을 보기로 하자.

이 규칙은 통감부를 개설한 1906년에 내려진 것이다. 일본 정부의 전권을 맡은 이토 히로부미 초대 통감은 한국의 종교 시책에도 착수하였다. 이 규칙은 일본의 종교 단체가 한국에서 포교할 경우 통감의 인가를 필요로 한다는 것을 내용으로 하고 있다. 단적으로 말하면 통감의 뜻에 맞지 않는 종교 단체의 한국 내 종교 활동을 금지한 것으로, 공인公認으로 제어한 양날의 칼이었다. 또 일본 국내에서의 활동 실태도 공인의 조건이 되었던 것 또한 명백하여 한국에서 교선을 확장하고자 하는 교단의 중추도 제어하였다.

종교의 선포에 관한 규칙

제1조 제국에서 신도, 불교 기타 종교에 속하는 종파로서 포교에 종사하고자 할 때는 해당 관장 또는 그에 준하는 자, 한국에서의 관리자를 선정하여 이력서를 첨부하여 아래 사항을 갖추어 통감의 인가를 받아야 한다.

제2조 제1조의 경우를 제외한 제국 신민으로 종교의 선포에 종사하고자 할 때는 종교의 명칭 및 포교 방법에 관한 사항을 갖추어 이력서를 첨부하여 관할 이사관을 경유하여 통감의 인가를 받아야 한다.

제3조 종교용으로 공급하기 위한 사원, 당우, 회당, 설교소 또는 강의소 등을 설립하고자 할 때는 종파의 관리자 또는 제2조의 포교자는 아래 사항을 갖추어, 그 소재지 관할 이사관의 인가를 받아야 한다.

1. 명칭 및 소재지
2. 종교의 명칭
3. 관리 및 유지 방법

제4조 종파의 관리자 또는 제2조의 포교자, 기타 제국 신민으로 한국 사원의 관리 위촉에 응하고자 할 때는 필요한 서류를 첨부하여, 그 사원 소재지의 관할 이사관의 인가를 받아야 한다.

이 규칙은 한국에서의 일본 불교의 활동에 법적 증거를 부여한 효시로 주목된다.

한국의 폐멸(아편의 이용)

통감부의 목적은 한국의 폐멸에 있었다. 속설에 이토 히로부미는 병합 반대론자였다거나 안중근의 히로부미 살해가 한국 병합을 이끌었다는 의견이 있는데 이것은 긍정할 수 없다.

예를 들어 이토 히로부미 사살이 한국 병합을 이끌었다는 설에 대해서 사실을 확인하면 다음과 같다.

이토 히로부미가 하얼빈 역에서 사살된 것은 1909년 10월 26일이었다. 그러나 그해 7월 6일에 이미 한국 병합은 결정되어 있었다. 이 자료는 아시아역사자료센터의 레퍼런스 넘버 A03023677200으로 열람할 수 있다.

제국의 한국 정책은 우리 실력을 반도에서 확립하고 그것의 엄밀한 파악에 있음은 말할 필요도 없다. 러일전쟁 개시 이후 한국에 대한 우리의 권력은 점차 그 크기를 더해 마침내는 작년 한일협약의 체결(제3차 한일협약. 필자 주)과 더불어 이 나라에서 시설은 크게 그 면목을 고쳤을지라도 우리 세력은 오히려 아직 충분히 충실하지 않다. 이 나라 관민의 우리에 대한 관계 또한 아직 완전히 만족하지 못하므로 제국은 앞으로 점점 이 나라에서 실력을 증진하고 깊이를 깊게 하여 내외에 대해 싸울 세력을 수립하는 데 노력할 필요가 있다. 그리고 이 목적을 달성하기 위해서는 이 제국 정부에서 아래의 큰 방침을 확정하고 그것을 토대로 제반 계획을 실행할 필요가 있다.

첫째 적당한 시기에 한국 병합을 단행할 것.

한국을 병합하여 그것을 제국 판도의 일부로 하는 것은 반도에서의 우리 실력을 확립하기 위한 가장 확실한 방법이다. 제국이 내외의 형세에 비추어 적당한 시기에 단연코 병합을 실행하여 반도를 명실공히 우리 통치하에 두어 한국과 제 외국과의 조약 관계를 소멸시키는 것은 제국 백년의 장기적인 계획이다.

둘째 병합의 시기가 도래할 때까지는 병합의 방침을 토대로 충분히 보호 실험을 하고, 노력하여 실력의 부식을 꾀할 것.

전 항과 같이 병합의 대방침이 이미 확정되었더라도 적당한 시기가 도래할 때까지는 병합 방침을 토대로 우리의 제반 경영을 진척시켜 반도에서의 우리 실력 확립을 기할 필요가 있다.

또 이토 히로부미가 통감으로서 했던 수많은 한국 지배 시책이 한국 병합의 사전 준비였음은 명백한 사실로, 병합을 반대했다고는 도저히 할 수 없다. 1907년 이토 히로부미 통감은 한국의 내각총리대신 이완용과 제3차 한일협약을 체결하였다. 이로써 황제는 양위되고 한국군은 해체되었다. 이것은 한국의 멸망을 꾀하는 것이었다.

아울러 한국에서는 아편이 엄격히 금지되었는데, 1904년 제1차 한일협약을 즈음하여 아편 행상이 허가되었다. 이는 아편으로 한국의 치안 붕괴를 노린 것이라고 생각된다. 아편은 또 공식적으로 불가능한 자금도 조달할 수 있었다. 아편은 한국을 병들게 했다.

일본의 동아시아 진출에 있어서 유곽과 아편은 깊은 연관이 있다. 일본인이 거류했던 각지에는 반드시 이 두 가지가 관계하고 있고, 유곽에서는 아편이 반쯤 공공연히 사용되고 있었다. 예를 들면 청일전쟁 후 일본 거류지가 설치된 중국의 한커우(漢口)에서는 지역 사투리로 '일본 조계

租界[15]로 간다'고 말하면 '불결한 나쁜 일에 종사한다'는 뜻이라고 한다〔오사토 히로아키(大里浩秋)·손안석 편저, 『중국에서의 일본 조계』, 253쪽〕. 중국의 일본 조계로 알려진 톈진(天津)은 "(아편을) 철저히 단속하면 톈진에 사람이 없어질 것이다."〔후지와라 데쓰타로(藤原鐵太郞), 『아편제도 조사보고』〕라고 할 정도였고, 러일전쟁의 명장 아키야마 요시후루(秋山好古)의 이름을 딴 아키야마거리는 유명한 아편거리였다.

한편 일본은 국제적인 비난을 피하기 위해 아편 밀매인 검거에 나섰지만 유곽과 아편의 공공연한 관계는 덮어둔 채 체포되는 것은 으레 한국인이었다.

톈진에는 관인 사(觀音寺)라는 조동종 사찰이 있었다. 후에 베이징에 포교총감부가 설치될 때까지 조동종 화북 전개의 중심적 존재였다. 톈진의 관인 사는 군과 관계가 깊었던 요정 '시키시마(敷島)'의 원조로 창립한 사찰로 '시키시마의 절'이라는 별명으로 불릴 정도였다. 톈진의 번창과 더불어 관인 사가 탄생한 것인데, 그 번창의 뒤에는 군과 아편이 있었다. 톈진의 빛과 그림자를 생각하지 않을 수 없다.

한국에서의 아편 사정은 아편보다 더 강력한 모르핀으로 옮겨갔다. 아편 환자 수를 표면적으로 줄이기 위해 모르핀을 사용하도록 한 것이 지적되고 있다. 총독부의 어용 신문인 『경성일보』를 보면 아편과 모르핀 밀매로 체포된 한국인에 대한 기사가 놀랄 정도로 많다.

이중 장롱에 아편덩어리 은닉 밀수한 밀매 가족중개인도 검거

【평양】18일 오전 1시 지나 부내 칩관리 11 매약상 김정수(45) 집에 모르핀 중독자처럼 보이는 남자가 들어가는 것을 연말 경계 중이던 평양서 직원이 발

---
[15] 세계 제2차대전 전에 중국의 개항 도시에 있던 치외법권의 외국인 거류지.

견, 수상하게 여겨 이 집으로 뛰어들어 가택수사를 해 보니 장롱의 이중 바닥에서 시가 3천 엔 분량의 아편덩어리가 발견되어 압수하고 주인 김정수와 처 배 씨(52)와 함께 모르핀을 사러 와 있던 이윤식(29), 중개인 한석룡(51)을 검거해 철수하였다. 모르핀은 안동 현에서 밀수입한 것이라고 주장하고 있지만 상세한 것은 목하 조사 중. (이하 생략. 『경성일보』, 1936년 12월 20일)

한국에서는 원래 금지되었던 아편이 일본의 진출로 거래되고 그것이 결국 한국 사회를 망친 과정, 그리고 나라를 잃고 신음했던 사람들을 생각하니 일본의 한국에 대한 지배정책이 얼마나 폭력적이고 비인간적인 행위였는지 되새길수록 마음이 아프다.

가스이사이의 재주 히오키 모쿠센의 '만한 순석록'

그런데 1907년에는 전술한 것처럼 아라이 세키젠 교학부장이 '조동종 한국개교규정' 제정을 위해 만주와 한국을 시찰했는데, 그해 1월 시즈오카(靜岡) 현 후쿠로이(袋井) 가스이사이(可睡齋)의 재주齋主인 히오키 모쿠센(日置黙仙)도 만주와 한국에 가서 위령을 하였다. 그 모습이 『히오키 모쿠센 노사 만한 순석록滿韓巡錫錄』(1907년 10월 20일 발행. 비매품)에 상세히 기술되어 있다. 히오키 모쿠센은 만주와 한국을 방문하고 나서 10년 후에 대본산 에이헤이 사의 선사가 되어 제8대 조동종 관장에 취임하였다. 이 순석록은 히오키 모쿠센 혼자만이 아니라 당시의 조동종 중추부가 러일전쟁을 어떻게 받아들였는지 알 수 있는 귀중한 자료라고 할 수 있다. 게다가 한국 병합을 위해 뒤에서 관여하고 있던 다케다 한시나 전술한 조선포교감리 오사다 간젠, 단독 사원인 일한사日韓寺의 이름도 보여서 매우 흥미롭다.

히오키 모쿠센(1847~1920)은 돗토리(鳥取) 현 도하쿠(東伯) 군에서 히오키 지키치(日置治吉)의 차남으로 태어났다. 네 살 때 어머니를 여의고 열 살 때 동생을 잃자 세상의 무상함을 깊이 느끼게 된 것이 출가 동기라고 한다. 고승 가운데 가족을 잃은 슬픔 때문에 출가한 예가 많은데 히오키 모쿠센도 그 중 한 사람이었다.

가스이사이의 재주인 니시아리 보쿠잔(1821~1920)은 가스이사이를 떠나면서 히오키 모쿠센을 후계자로 지명하였다. 두 사람은 스물두 살 이상이나 나이차가 났지만 어딘가 서로 통하는 것이 있었던 모양이다. 굳이 말하자면 폐불훼석廢佛毁釋[16]을 뛰어넘은 행동력이랄까. 니시아리는 조동종 홋카이도(北海道) 개교의 핵심으로 삿포로(札幌) 주오 사(中央寺)를 개창한 것으로 알려져 있다. 가스이사이 시대에도 폐불훼석으로 폐사되어 폐허가 된 가람의 중흥을 위해 여념이 없었다. 또 조동종의 사설 학교 제1호로 불리는 반쇼가쿠샤(萬松學舍)를 경내에 설립하였다. 히오키도 폐불훼석으로 폐허가 된 담바(丹波)의 엔츠 사(圓通寺) 중흥에 착수하였다. 엔츠 사는 처참하게 황폐하여 건물 훼손이 심하고 빗물이 새는 등 손쓸 도리가 없는 상태였다고 한다.

니시아리 보쿠잔이 히오키 모쿠센에게 보낸, 가스이사이의 후임을 부탁하는 편지가 있다. 편지에는 16년 동안 가람을 수리했지만 아직 불충분하다는 점, 건강이 좋지 않다는 점, 그리고 가스이사이는 조동종 유수의 대사원으로 포교의 요충지이기 때문에 '자칫 주지를 잘못하면 피해가 그 사찰에만 그치는 것이 아니라 종국에는 종문 전체에 파급'될 것이므로

---

16 1868년 1월 3일에 수립된 일본제국(메이지 정부)이 불교사원과 승려들이 받고 있던 특권을 무너뜨리기 위해 1868년 4월 5일 발표한 태정관 포고 '신불분리령神仏分離令'과 1870년 2월 3일에 발행된 조서 '대교선포大教宣布' 등의 정책을 통해 불교사원과 불상, 불경 등을 훼손한 사건.

반드시 히오키 모쿠센이 뒤를 맡아주면 좋겠다고 적혀 있다. 원래부터 사숙하고 있던 니시아리 보쿠잔의 간절한 부탁이었으므로 히오키 모쿠센은 가스이사이의 재주에 취임할 것을 결심했다. 가스이사이에서의 그의 사명은 가스이사이의 정비와 발전이었다.

메이지 초기 폐불훼석의 큰 파도는 정부의 힘에는 결코 이길 수 없다는 트라우마를 남겼다. 자기 교단을 발전시키기 위해서는 정부에 적극적으로 협력하는 것이 전제가 되었다.

만한 순석의 목적은 두 가지였다. 하나는 러일전쟁의 전쟁터에서 전사자를 위령 공양하는 것이고, 또 하나는 전쟁터의 흙이나 유골의 남은 재를 모아오는 것이었다. 히오키 모쿠센은 가스이사이에 호국탑을 건설할 것을 발원하였다. 흙이나 타고 남은 재를 전쟁터에서 가져와 이 호국탑에 묻기로 한 것이다. 호국탑은 야스쿠니신사(靖國神社)의 불교판이라고 할 수 있다. 전사자를 표창함으로써 전쟁을 미화하고 또한 병사를 재생산하는 것이다.

만한 순석의 코스는 다음과 같았다.

1907년(메이지 40) 1월 8일 도쿄 출발

만주

1월 21일 다롄. 22일 뤼순. 27일 진저우. 28일 더리 사. 30일 다스차오. 31일 잉커우(營口). 2월 1일 탕강쯔(湯崗子). 2일 랴오양. 5일 펑톈. 10일 톄링. 12일 창투(昌圖). 14일 옌타이. 15일 푸순. 18일 펑톈. 20일 번시후. 21일 차우커우. 22일 봉황성. 23일 안둥. 24일 주롄청(九連城). 25일 안둥.

청나라 잉커우(營口) 충혼비(『히오키 모쿠센 노사 만한 순석록』 중에서)
맨 위 줄 왼쪽이 히오키 모쿠센

한국

2월 27일 의주, 정주. 28일 평양. 3월 2일 경성. 6일 부산. 24일 가스이사이에 돌아옴.

이 일정을 보면 일 년 중 가장 추운 시기에 극한의 땅을 둘러보았다는 것을 알 수 있다. 환갑이 지나서도 발휘되는 정신력, 선승의 면목이 엿보인다.

이 순석록의 대부분은 각지의 당시 전쟁 상황을 자세히 그려서 일본군의 용맹함을 소개하는 데 할애되었다. 히오키의 법어나 한시漢詩도 들어 있다. 불교적 시각으로 전쟁을 바라보는 관점은 없다. 국가가 하는 전쟁은 무조건 '정의'이고 그에 협력하는 것은 불교인의 당연한 의무가 되었다. 이것이 당시 조동종의 입장이었다.

히오키의 만한 순석은 종문 내외에 선행으로 받아들여졌을 것이다. 호국탑 완성이 그것을 말해주고 있다. 1911년 4월 1일 호국탑 제막 개탑식이 거행되었다. 호국탑에는 궁내청으로부터 300엔이 하사되었다. 호국탑 건설회의 발기인 대표에 명성황후를 살해한 미우라 고로의 이름도 있었다.

통도사에서의 히오키 모쿠센의 법어

그 책에 한국의 고찰 통도사에서 히오키 모쿠센이 한국 승려들에게 했던 법어가 실려 있다. 긴 문장이지만 전문을 소개하고자 한다(밑줄 및 주석 필자).

나는 이번 만주를 순석하고 돌아오는 길에 경성에 들러 하세가와(長谷川) 군 사령관을 방문했습니다. 그때 한국 불교의 작금에 대해서 이야기가 나온 끝에 하세가와 대장은 한국 불교의 흔들림을 개탄하며 내게 꼭 한국의 큰 사찰을 시찰하고 호법 홍교를 장려함이 어떠하냐고 권하였습니다. 그래서 부산에 와서 일부러 이 사찰로 나선 바입니다. 여러분과 이 절에서 만나 그것에 대해 이야기하는 것 또한 부처님의 인연인 바 부디 경청을 부탁드립니다. 그런데 『불유경』(부처님의 유언을 경전으로 한 것. 필자 주)에 "모든 제자가 전전하여 그것을 행하면 여래의 법신(정신. 필자 주)은 항상 하여 멸하지 않으리." 라는 말씀이 있습니다. 그것을 강연의 주제로 하기로 하겠습니다.

여러분도 아시는 바와 같이 인도, 중국, 일본, 조선 이 네 나라의 불교는 말하자면 모두 같습니다. 근원을 인도에서 시작하여 중국, 조선을 거쳐 우리 일본에 전해진 것입니다. 내가 이 절에 와서 보더라도 아무래도 그 근원이 똑같아서 그런지 가람(사원의 건물)의 웅장함이나 산수의 아름다움이 거의 일본과 다르지 않은 느낌입니다. 그것은 즉 여래의 법신이 멸하지 않았음입니다. 그렇더라도 가람이나 승려만으로는 법신이 항상 하시어 멸하지 않는다고는 할 수 없습니다. 여래의 법신은 실제로 불심이 없어서는 안 됩니다. 몸과 정신이 반드시 서로 견고한 발달을 이루지 않으면 안 되는 것입니다. 다만 형태만 있고 정신이 겸비하지 않으면 아무런 도움이 되지 못합니다. 그리하여 지금 한국 불교의 상태를 관찰하니 형태는 있으나 정신은 빠져 있지 않은가 생각되는 바입니다. 저 기독교가 도시 곳곳에 회당을 설치하고 한국인을 향해 활발히 포교하고 있음에도 불구하고, 반대로 한국 승려는 어떠하냐면 이씨 왕조의 창정創政 당시의 관계라고는 하더라도 수백 년 동안 그 왕성에 들어가는 것이 금지되었다가 마침내 4, 5년 전에 금지가 풀려 겨우 세력이 붙었다지만 아직 완전하다고 할 만한 지위에 이르지 않았습니다. 여기 살고 있는 300여 명의 승려 중 불행佛行을 닦고 있는 자 몇 명인지 실로 소수가 아닙니까? 그에 반해 기독교는 날로 교선을 확장하여 한국민을 감화시키는 힘이 상당합니다. <u>오늘날 반일의 열기가 높아지지 않는 것은 필경 정신적 교육을 기독교가 힘써서 하고 있음에 기인한다고 모 씨는 말했습니다.</u> 아무래도 그럴 것입니다. <u>돌이켜보면 한국 승려가 오늘날처럼 천박한 사상으로 있으면 도저히 여래의 광명을 일반에게 보급시키는 것은 생각지도 못할 일입니다.</u> 따라서 제군도 남들보다 분발해야 하며 일본 승려라 하더라도 한국 승려를 비하하지 말고 서로 협력해야 할 책임이 있습니다. 한국 승려 일본 승려가 똑같이 여래의 제자이기 때문에 <u>일본 승려는 한국 승려를 도와 한국 불교의 쇠퇴를 회복하는 데 노력하지 않으면 안 됩니다.</u> 나는 그런 각오입니다. 따라서 첫 번째로 통도사, 해인사, 범어사 등 유명한 큰 사찰의 사람들이 서로 돕고, 선각자로서 크게 힘쓸 것을 기대합니다.

다음으로 불교 교리가 저 기독교에 비해 뛰어나다는 것을 일례를 들어 말하겠습니다. 미국은 유명한 예수 국가입니다. 그 나라에 육군대신 H. S. 올콧(H.S. Olcott)[17]이라는 사람이 있는데 이 사람은 열렬한 불교신자로 일찍이 우리 일본으로 만유를 왔었습니다. 그 당시 나는 고베(神戶)에 있었는데 외국어학교의 히라이 긴자(平井金三) 씨를 통역으로 데리고 올콧 씨를 방문해 그가 불교 신자가 된 유래를 들었습니다. 그의 말에 따르면 올콧 씨가 열두 살, 즉 소학교 때 엄마와 함께 교회당에 가서 '진짜 아버지는 하늘에 계십니다. 진짜 아버지의 은혜에 보답해야 합니다'라는 설교를 듣고, 문득 의심이 생겨 엄마에게 우리 진짜 아버지는 왜 하늘에 있느냐고 물었습니다. 엄마가 대답하기를 목사님이 말하는 것처럼 정말로 하늘에 있다고 했습니다. 그러면 엄마는 그 진짜 아버지와 만났느냐고 재차 물었습니다. 엄마는 단지 목사님이 말하는 것을 믿으라고만 했습니다. 더욱더 의심의 구름은 걷히지 않고 생각하면 할수록 이치에 맞지 않았습니다. 어린아이지만 아버지를 만나지 않으면 안심할 수 없었습니다. 예를 들어 천 엔의 돈이 있는데 이 돈을 가지고 장사를 하라고 하면 그 돈을 보지 않으면 안심이 안 되는 것과 마찬가지로, 그것을 보지 않는 상태에서 도저히 기독교에 대한 신앙심이 일어나지 않았습니다. 그런데 엄마가 크게 꾸짖으며 신에게 죄를 짓는 것이다, 이렇게 의심이 깊어서는 신에게 가까이 갈 수 없다고 말했습니다. 그러나 기회를 얻어 이 의문을 풀지 않으면 안 되겠다고 생각하고 있던 중에, 나이 스물이 되어 몸을 군적에 두고 남북전쟁에 참전하면서 종교 연구도 할 수 없었습니다. 전쟁이 끝나고 세상이 태평해지자 그는 일을 그만두고 종교의 근원이라고 할 인도에 만유를 떠나 기존에 가슴 깊

---

17 H.S. Olcott(1832~1907): 미국 출생. 신지학회의 창시자로 초대회장을 역임했다. 프로테스탄트 불교의 출발에 영향을 끼쳤다. 불교와의 공식적 대화를 한 최초의 미국인으로 유명함. 신지학회의 초대회장으로 불교학의 새로운 장을 여는 데 공헌했다.

이 응어리져 있던 의심을 풀기 위해 수만카라 존자를 찾아가 신에 대한 의심과 똑같이 "부처는 어디에 있는가? 기독교처럼 신은 하늘에 있는가?"고 물었습니다. 수만카라 존자가 대답하여 이르기를 "부처는 하늘에 있지 않고 땅에도 있지 않다. 부처는 어느 곳에 있는가 하는 마음이 곧 부처니라." 하였습니다. 이 한마디를 듣고서 비로소 그동안의 의심은 해소되고 일대 안심을 얻었습니다. 올콧 씨는 이후 미국에서도 불교 보급에 힘써 해외 불교인으로서 그 이름이 사방에 알려지게 되었습니다. 수만카라 존자의 대답처럼 부처를 멀리 있는 존재로 여기고 중국이다 일본이다 조선이다 하고 벽을 만들어서는 안 됩니다. 여래는 모두의 마음속에 존재합니다. 이로써 손이 닿고 발길 닿는 곳 모두 불타의 광명이 되어 활동하지 않으면 안 됩니다. 한국의 승려도 지금은 수백 년 동안의 굴욕에서 벗어나 경성에 들어오는 것이 허락되었고, 더불어 통감부에서도 종교제도를 두어 각각을 보호해 충분히 편의를 제공한다(후에 발령되는 '사찰령'을 가리킴)고 하므로 여러분도 이때를 놓치지 말고 활약 운동을 해야 합니다.

마침 일본에서도 메이지 최초로 우리가 청년이던 시절에 신기관神祇官[18]이 설치되어 불교를 몰아낸 소위 파불훼석破佛毁釋론이 들끓었습니다. 그때 각 종파의 고승들이 도쿄에 모여 태정관太政官[19]에 건의하고 온 힘을 다 쏟자 결국 교부관敎部官이라는 것이 설치되어 점차 불교가 성대해졌지만, 그 고승들이 모였을 때 난젠 사(南禪寺)의 덴쇼(天章) 스님이 시를 한 수 읊으셨습니다. 내용은 다음과 같습니다.

---

18 고대의 율령제로 설치된 국가기관의 하나. 메이지 시대 초기에 다시 설치되어 궁중의 제례를 관장하고 지방의 신사를 통괄함.
19 제사를 담당하던 신기관과 더불어 정치를 담당하던 국가의 최고 기관. 태정관은 중무성, 식부성, 민부성, 치부성, 병부성, 형부성, 대장성, 궁내성의 8성을 총괄했다.

히오키 모쿠센이 방문했을 당시의 경상남도 통도사. 조선의 '폐불훼석'으로 말미암아 사찰은 산속에서 간신히 유지되었다. 통도사는 일시적으로 폐사된 적이 있다. (『조선사찰 31본산 사진집』)

又聞海口虜夷窺　起撫柱杖暫思惟
山中縱有懶雲好　是於石上不眠時

이 시를 일동에게 보여주었습니다. 과연 산중에 있어서 먹을 것도 있고 밭을 일구면서 세상과 떨어져서 나른한 구름에 휩싸여 세월을 보내고 있으면 더할 나위 없이 한가롭고 좋기는 하지만, 여래의 제자된 자로서 말씀드리면 실로 좋다고는 말할 수 없습니다. "모든 제자가 전전하여 그것을 행하면 여래의 법신은 항상 하여 멸하지 않으리니."라고 하였습니다. 더구나 일본에서는 예로부터 한국의 불교가 본가라고 하였습니다. 그 본가가 쇠퇴하는 것을 보고 돌아가는 것은 나의 본의가 아닙니다. 또한 같은 불제자로서 법신 불멸의 가르침을 이어받아 그 기운으로 서로 연대하여 통감부의 편의를 제공받아 크게 발전하는 길을 열어야 한다고 생각합니다. 여러분은 내가 하는 말을 흘려듣지 말고 이때를 놓치지 않도록 주의해야 함을 부탁하여 마지않을 따름입니다. 체류하며 느긋하게 이야기하고 싶지만 돌아갈 시간이 급하여 이번에는 유감스럽지만 이것으로 인사드리겠습니다. (박수갈채)

히오키 모쿠센의 설법은 하세가와 군사령관의 뜻에 따라 이루어진 것이다. 한국 불교계에 대한 대처 공작을 목적으로 한 것이었다. 한국 병합 시에 발령된 사찰령(조선 불교를 총독부의 지배하에 둘 것)에 대해 언급하고 있다는 점에도 주목해주길 바란다. 당국과 이미 협의를 마쳤을 것이다.

권력이 종교를 포섭하는 것은 권력 유지를 위한 공식이다. 권력을 배경으로 확장하려는 일본 불교는 그 뜻에 따라 한국 불교를 지도하는 역할을 맡았다. 소위 호혜 관계였다.

이 설법(이라고도 생각할 수 없는 내용이지만)은 통감부의 어용 신문인 『조선시사신문』에도 게재되었다. 국가권력, 미디어, 일본 불교의 삼위일체의 구조를 여기서 확인할 수 있다.

1908년 아라이 세키젠의 조사를 토대로 조동종한국개교규정이 발포되었다. 같은 해 다케다 한시가 조동종무국에서 자금을 확보해 경성의 용산에 조계사曹谿寺를 건립하고 조동종 조선포교감리에 취임했다.

항일 의병 투쟁

통감부는 한국의 사법사무를 접수하였고 한국은 이미 빈사 상태였지만 항일 의병 투쟁은 계속되었다. 1907년과 1908년에는 경성 탈환 작전이 실시되었다. 항일 의병 투쟁을 철저히 진압한 것은 하세가와 요시미

본보기를 위한 공개 처형

치(長谷川好道) 통감대리 겸 군사령관이 지휘했던 남한토벌대작전이다. 이 작전은 마을을 불태우는 초토화작전으로, 이로 인해 2만 명 가까운 의병이 살해되었다.

의병 지역에 들어가 현장을 취재한 캐나다인 저널리스트 F. A. 매켄지는 일본군에 의한 파괴의 참혹함을 저서 『조선의 비극』에 기록하였다. 『조선의 비극』에는 "일본군은 가는 곳마다 불을 지르고, 반란군을 도왔다고 의심이 가는 사람을 다수 사살했다. …(중략)… 일제사격을 퍼부은 뒤 소탕을 지휘하던 일본군 장교는 사체에 다가가 검으로 찌르거나 베었다."고 기록되어 있다. 중국에서 자행한 삼광작전(三光作戰,[20] 殺光(다 죽

---

[20] 중일전쟁 때 일본군이 화북의 해방구解放區를 근절하려고 했던 작전. 삼광이란 살광殺光, 소광燒光, 창광搶光을 의미한다.

이다) · 燒光(다 태우다) · 搶光(다 빼앗다)]의 원형을 보는 듯하다.

　매켄지가 촬영한 의병의 사진이 있다. 해산된 전 한국 군인, 구식 엽총을 들고 있는 사람들, 앳된 아이들도 섞여 있다. 그들의 눈에는 모두 겁이 없다. 정의를 바라보는 강렬한 눈이다. 어쩌면 이들 사진에 담긴 사람들도 죽임을 당했을 것이다. 그러나 일본의 폭력이 민족 독립에 대한 그들의 꿈을 막을 수는 없었다.

의사 안중근

동학혁명과 안중근

  1908년 9월 15일 경성박람회가 열렸다. 이토 히로부미 통감이 기획했다. 한국이 일본의 힘으로 발전하고 있음을 한국 내외에 알리기 위한 것이었다. 그러나 민족을 희생시킨 발전을 결코 용서할 수 없는 남자가 있었으니 그는 안중근이었다.

  서울 남산공원에는 안중근의사기념관이 있다. 서대문형무소역사관과 함께 한국의 근대역사 교육에서 빼놓을 수 없는 곳이다. 남산 북쪽 기슭은 일본인이 많이 살던 지역이다. 당시에는 마치 일본 거리 모습을 하고 있었다고 한다. 대략 반경 500미터 안에 통감부를 비롯하여 헌병사령부, 관저들, 학교, 사원 그리고 조선신궁(1924년 완성)이 있었다. 안중근의사기념관은 조선 지배의 상징인 조선신궁이 철거된 자리에 세워졌다.

  2010년 가을 기념관이 재건되어 이전의 몇 배 규모가 되었다. 기념관은 안중근을 공경하고 추모하는 시민들의 자발적 모금으로 세워졌다. 모금에는 만 명 이상의 시민이 참여하여 총액 34억 7600만 원이 모아졌다. 서거한 지 100년이 지났음에도 불구하고 안중근의 의거에 대한 시민들의 평가는 변함이 없다.

기념관에 들어가면 우측 정면에 커다란 안중근 동상이 있다. 안중근은 처형에 앞서 어머니가 준비한 흰 수의를 입고 있다. 뒤에는 '대한독립'이라고 적

경성박람회 기념 그림엽서

힌 커다란 국기가 걸려 있다. 결의를 담아 피로 쓴 글씨이다. 지하 1층에서는 안중근의 가족과 생애를 전시하고 있다. 1층에서는 가톨릭 입문부터 독립운동까지, 2층에서는 이토 히로부미 총격부터 처형될 때까지를 전시하고 있다. 뤼순 일본군 관동법원에서의 재판 모습이 재현되어 있어 안중근의 눈이나 얼굴이 리얼하게 움직이는 것을 볼 수 있다.

반투명의 박스를 늘어놓은 것 같은 모던한 느낌의 새로운 기념관은 한국독립의 공로자인 안중근 의사를 만나러 오는 사람들을 맞이하고 있다.

안중근은 한일 간에 강화도조약이 체결되고 3년 후인 1879년 황해도 해변의 해주 광석동에서 태어났다. 아버지는 양반으로 과거에 급제한 진사였다. 당시 황해도 출신의 양반은 정부의 반주류파로 소외되어 있었다. 출세길이 막혀 있던 안 씨 일가는 일족을 데리고 해주에서 북방 산간 마을인 신천군 청계동으로 이주하여 그곳에서 소작인을 고용해 밭에서 나오는 수입으로 생활했다. 안중근이 여섯 살 때의 일이었다. 안중근의 자는 응칠應七이었다. 경박함이나 성급함을 경계하기 위해 붙여졌다.

안중근은 청계동 서당에서 공부했지만 점차 책을 멀리하고 수렵에 열중하게 된다. 조선은 근대화에 늦어 정체되어 있었다. 동학혁명이 일어난 것은 안중근이 열여섯 살 때였다. 동학혁명은 신천군에도 이르렀다. 안중근은 청계동으로 밀려오는 동학당을 공격하여 진압에 성공했다. 수렵으로 단련된 안중근은 총을 잘 다루었다. 그후 아내를 맞았다. 아내 김아려는 황해도 재령군 부호의 딸로 안중근보다 한 살 위였다. 당시 조선에서는 아내가 연상인 것이 일반적이었다.

안중근은 의리가 강하고 불합리한 일에는 과감히 맞섰다. 그러나 성미가 급하고 화를 잘 내기도 했다. 동학당한테 빼앗은 최신식 러시아 총을 항상 지니고 있어서 풍파를 일으키는 일도 적지 않았다고 한다.

동학혁명은 청일전쟁을 불러왔다. 청을 무너뜨린 일본은 갑오개혁을 주도했고 그 결과 청이 배제되고 대신 러시아와 일본이 조선에서 영향력을 갖기 시작했다.

안중근의 아버지는 국가의 근대화를 위해서는 외국의 지식이 필요하다고 생각하고 가톨릭교에 입문했다. 그 무렵 동학당을 진압했을 때 동학당으로부터 빼앗은 쌀 천 섬의 반환을 요구받았다. 원래대로라면 동학당이 나라로부터 빼앗은 것이니 나라에 상환하라는 어처구니없는 요구였다. 안중근의 아버지가 이를 거부하자 체포영장이 떨어졌다.

체포를 피해 경성에 있는 가톨릭교회인 종현성당에 숨어 있던 중 가톨릭의 교의를 배웠다. 당시 가톨릭은 정치적으로도 큰 영향력을 가지고 있었다. 프랑스인인 뮤텔 사제는 러시아 공사에게 부탁하여 이 사건을 해결해 주었다. 혐의를 벗어 비난을 면하게 된 안중근의 아버지는 점점 가톨릭을 신봉하게 되었다.

빌렘 신부와의 만남

황해도에서의 포교 책임자는 빌렘 신부(한국명 홍석구 교사)였다. 청계동 안중근의 집을 포교소 삼아 세례식이 진행되자 이때 안중근도 입교하였다. 세례명은 토마스. 열일곱 살에 가톨릭교도가 된 안중근은 이 신앙을 평생 버릴 수 없었다. 또 빌렘 신부도 안중근이 뤼순에서 처형될 때까지 평생 버릴 수 없었다.

아버지는 청계동 공소(포교소)의 회장에 취임했다. 그는 양반의 권위를 포교에 이용하여 때로는 강제로, 심지어 채찍을 써서 신자를 확보해 갔다. 청계동의 신자 수는 1000명이 넘었고 마을에는 다른 종교를 믿는 사람이 없을 정도였다고 한다.

안중근은 빌렘 신부의 부사(복사)를 하게 되었다. 신자가 늘었기 때문에 빌렘 신부는 청계동의 사교가 되었고 안중근과 함께 포교에 전념했다. 빌렘은 안중근의 강직한 성격을 높이 평가하여 신뢰하였다. 그는 안중근에게 프랑스의 정신인 자유, 평등, 박애와 잔 다르크의 일화를 들려줬다. 안중근은 빌렘으로부터 큰 영향을 받았다. 나라는 억압받고 있었다. 프랑스의 정신이 필요하다고 안중근은 생각했다.

안중근의 격정적인 성격은 아버지로부터 물려받은 것인지도 모른다.

앞에서 말한 것처럼 안중근의 아버지는 입교를 거부하거나 불평을 하는 사람에게 사적으로 형벌을 내린 일도 있었다. 실제 안중근도 포교 중에 조롱하는 남자를 때린 일도 있었다. 한편 빌렘도 엄격한 신부였다. 빌렘이 안중근 아버지의 고용인을 도둑질을 한 죄로 태형에 처한 일이 계기가 되어 두 사람은 대립하게 되고, 결국 안중근의 아버지는 공소회장을 그만두었다.

그리스도교가 교선을 확대해 간 이유로 안중근의 아버지처럼 개화사상을 배울 목적으로 그리스도교를 받아들인 사람들이 있었던 점을 먼저 지적할 수 있을 것이다. 그리고 또 하나는 그리스도교회의 배후에 구미열강이 대기하고 있었던 점이다. 정체되어 있던 조선에서 사람들은 곤궁해 있었다. 지배계급은 특권을 가지고 오로지 자신의 배만 불리고 다른 사람들의 소리에는 귀를 기울이지 않았다. 그 피난처가 된 것이 그리스도교회였다. 그리스도교회는 조선에 압력을 행사해 신도의 고충을 처리할 수 있었다. 일본의 불교사원이 결국 일본인 사회에만 퍼졌던 것은 조선 사람들을 현실적으로도 정신적으로도 구제하지 않았기 때문이다.

안중근은 포교에 관여함과 동시에 작은 서당을 열어 지역 아이들을 가르쳤다. 안중근은 후에 사립학교를 경영하는데 이 서당이 교육자로서의 출발점이 되었다.

의를 위해 박해당하는 사람들은 행복하다(예수의 산상수훈).

성당에서 명상에 빠져 기도하기보다 밖으로 나가 불의와 싸워 사랑을 실천하라.

빌렘으로부터 안중근은 많은 것을 배웠고 그것이 안중근을 강인하게 만들어 갔다. 러시아 총을 어깨에 멘 그리스도교도 안중근. 그는 지역 교회의 경호원 같은 존재이기도 했다. 청계동에서 황해도 전도 여행에 나서기도 했다. 그러나 조상숭배를 미신이라며 버리라는 교의는 쉽게 받아들일 수 없었다. 안중근은 신에 대한 신념은 종종 벽에 부딪쳤고 포교 여행도 힘들었지만, 적극적인 포교 활동으로 신자들 사이에서 조금씩 이름을 알렸다.

무엇을 하든 자금이 필요하다.

신자 김응호는 수천 명의 회원을 가진 만인계萬人契를 운영하고 있었다. 적립금은 2만 4000냥 이상, 이자만 연간 5000냥이나 되는 큰 조직이었다. 1900년 스물두 살이던 안중근은 김응호의 뒤를 이어 만인계의 운영을 맡았다. 임원은 의사나 향장 외에 농민, 뱃사공, 상인, 유랑 예인으로 당시 민중 사회를 상징하는 조직이었다. 이 사람들의 귀중한 돈이 놀랄 정도로 빠르게 진출하고 있는 일본인이나 부패한 관리에게 뇌물로 사용되지 못하도록 하고, 자금을 모아 국가를 위해 공장이나 학교를 건설해야겠다고 안중근은 생각했다. 그러나 그 꿈은 김응호의 체포로 실현되지 못했다. 김응호가 살인을 저질렀던 것이다.

안중근은 무엇보다 근대화가 급선무라고 생각했다. 그것을 스스로 실천하기 위해 안중근은 단발을 했다. 당시 미국 교회는 서울에 근대적 교육기관(배재학당, 이화학당)을 개설하여 인재를 육성하고 있었다. 가톨릭과 프로테스탄트의 차이는 있지만 인재 육성은 안중근이 만인계의 경영으로 목적했던 것과 같았다. 안중근은 교육이 한국을 자립시킬 것이라고 생각하고 있었다.

미국 교회는 안중근의 고향인 황해도에도 교선을 확대해 재령에 제중병원과 명신학교를 세웠다. 가톨릭교회는 침울한 분위기였다. 안중근은 빌렘을 따라 서울에 도착해 종현성당의 뮤텔 신부를 방문했다. 그곳에서 가톨릭교회와 근대적 교육을 하는 대학을 개설해야 한다고 주장했지만 일언지하에 거절당했다. 한국인에게는 신앙만이 중요하지 교육은 필요 없다는 것이 뮤텔의 생각이었다.

안중근과 가톨릭교회는 근본적인 부분에서 맞지 않았다. 안중근은 서양식 근대교육으로 자국민을 계발하여 자립하는 것을 목표로 했지만, 가톨릭교회는 프로테스탄트와 같은 교선 확대를 첫 번째 목표로 하고 있었던 것이다.

안중근은 수도 서울에서 자국의 공사관을 보호한다는 명목하에 주재하고 있는 각국의 병사들을 보았다. 2년 전 조선은 국호를 대한으로 바꾸었다. 한국은 흔들리고 있었다. 국가의 미래를 생각하자 안중근은 불안으로 잠을 못 이룰 지경이었다.

청계동교회의 종식과 항일 의병

1903년, 황해도에서 가톨릭 탄압이 강행되었다. 그 사건은 해서교안 사건[21]이라고 불린다. 조상숭배를 비롯하여 조선의 전통문화와 가톨릭의 교의는 융화되지 않는 것이 많았다. 한편 안중근 일가가 무리하게 입교를 강요한 측면도 있어 그에 대한 불만이 사라지지 않고 있었다. 의료나 교육으로 지역에 기여하였더라면 그다지 불만이 없었을지도 모른다. 국왕 직속 특명검사 검찰관이 나와 청계동교회의 중요 인물인 안중근의 숙부들에게 체포장을 내밀었다. 안중근의 일신에도 위험이 닥쳤다. 안중근은 동학당이 은거하던 근처 구월산으로 도망쳐 난을 피했지만, 이 탄압으로 신도는 격감하고 아버지와 숙부는 도망쳐서 추격자로부터 몸을 숨겼다. 청계동교회는 폐쇄되었고 8년에 걸친 안중근의 교회

---

21 1900년~1903년 해서 지방에서 일어난 가톨릭 신자들과 민간인, 그리고 관청과의 충돌로 빚어진 소송사건.

활동에 종지부가 찍혔다. 그러나 안중근의 신앙은 마지막까지 흔들리지 않았다.

안중근은 구월산에서 항일 의병과 만났다. 구월산은 조선의 시조인 단군과 연관이 있는 성지이다. 의병의 애국심에 안중근은 감동했다.

그해 일어난 러일전쟁에서 일본군은 한국의 중립 선언을 무시하고 한국을 군사적으로 점령했다. 전후에 체결된 제2차 한일협약은 한국의 주권을 빼앗았다. 이 협약은 유신의 원훈인 이토 히로부미 추밀원 의장이 직접 나서서 병사를 투입해 공갈하면서 체결을 맺었다.

안중근은 이토 히로부미가 당초 말했던 '동양의 평화'를 믿고 있었다. 사실 청일전쟁에서 일본이 청을 몰아내 주었기 때문에 안중근은 러일전쟁에서도 일본이 이기기를 빌기까지 했다. 하지만 일본의 진심은 한국을 지배하는 것이었고, 안중근의 환상은 깨졌다.

제2차 한일협약으로 한국이 일본의 속국이 되자 뮤텔은 신도의 감소를 막기 위해 친일로 전향했다.

안중근은 민족 독립운동에 몸을 바치기로 마음을 굳혔다. 금연을 할 정도였다. 제2차 한일협약을 옳지 않다고 생각하는 많은 한국인들이 외국으로 떠났다. 상하이에는 특히 상류 계급이 망명하였다. 안중근은 국내에서 독립운동의 어려움을 생각해 상하이로 갔다. 그러나 안중근의 기대는 어긋났다. 상하이의 한국인들은 민족의 독립보다 자신의 생활을 소중하게 생각하고 있었기 때문이었다. 안중근은 망명도 의병도 아닌, 한국에 머무르며 민족의 자력을 키울 것을 다짐했다. 그것은 즉 교육에 착수하는 것이었다. 교육의 필요성은 안중근이 평소에 생각해 오던 것이기도 했다. 상하이에서 돌아와 보니 아버지 안태훈은 이미 죽어 있었다. 부모의 임종을 보지 못하는 것 이상의 불효는 없다. 속죄하는 마음이 안중근을 더욱 더 강하게 민족의 독립으로 향하게 했다.

민족 교육과 사업

가장이 된 안중근은 재산을 정리하여 평안남도 진남포로 이사했다. 안중근이 이사한 1906년은 이토 히로부미가 초대 통감으로 부임한 통감부가 설치된 해이기도 하다. 진남포에서 안중근은 경영난에 있던 용정리 가톨릭계 돈의학교를 매입하였고, 가난한 사람들을 대상으로 한 야간학교인 삼흥학교(사흥, 민흥, 국흥)를 양도받았다. 동생 정한과 공한 외에 협력자 네 명이 교사 역할을 맡았다. 안중근의 교육 목표는 민족의 독립에 있었으므로 교육 내용은 특이했다. 체육 시간에는 민족 악기인 북을 쳤다. 총검술 수업도 있었다고 한다.

이 무렵 양반이나 유복한 한국인 자제들은 일본이 운영하는 공립학교에 다녔다. 설비나 교육 내용에 차이가 있었고 더욱이 통감부는 열악한 사학에서 공립학교로의 이적을 권했다. 삼흥학교의 경영은 좋지 않았다. 학교 운영 자금을 염출하기 위해 안중근은 쌀장사를 시작했다. 학생 수는 두 학교 합해서 100명 안팎이었다. 근대 학교라고는 하나 설비나 교육 내용은 개선해야 할 것들이 많았다.

게다가 안중근은 평양에서 삼합의三合義라는 회사를 설립하여 석탄 채굴 사업에도 손을 댔다. 전 재산을 건 승부였다. 그리고 1년도 지나지 않아 크게 실패했다. 사업 실패는 안중근의 성급함이 초래한 것이라고 할 것이다. 학교는 매제가 계속하였지만 쌀가게는 채권자에게 넘어가고 안중근 일가는 빚에 쫓기게 되었다.

안중근의 꿈은 민족의 독립이었다. 사업 실패 따위는 그에게는 하찮은 일이었는지도 모른다.

일본은 한국에 1300만 엔을 빌려줬다. 담보는 국가의 재원으로 빼놓을 수 없는 관세 수입이었다. 이에 반대해서 일어난 것이 국채보상운동이다.

안중근은 재빨리 관서지부(관서는 평안도임)를 설립하여 모금을 했지만 이 운동도 또한 점차 시들해져 실패로 끝났다. 한국에는 또 애국계몽운동도 있었다. 교육이나 산업을 육성하여 독립을 목표로 하는 것이다. 한국의 완전한 지배를 노리는 통감부는 1907년에는 보안법과 신문법을, 이듬해에는 학회령을 내려 독립운동을 탄압했다. 그리고 많은 단체는 해산으로 내몰렸다.

안중근의 민족 독립 활동은 암초에 부딪쳤다. 안중근에게 마지막으로 남은 길은 오로지 하나 의병 투쟁이었다.

국경을 넘어

한국 내 독립운동은 철저히 탄압받고 있어서 국내에서 의병 투쟁을 하기는 불가능했다. 그래서 다수의 의병이 중국 동북부 국경에 인접한 간도로 이동하고 있었다. 안중근은 스승 빌렘의 만류를 뿌리치고 독립을 목표로 하는 지하조직인 신민회의 지시에 따라 간도로 들어갔다. 간도가 의병의 집합소인 것을 경계하고 있던 통감부는 그곳을 관할하에 두고 병력을 증강시켜갔다.

안중근은 간도 용정에서 3개월에 걸쳐 동지를 모으려고 했지만 실패로 끝났다. 용정에는 안중근이 사격 연습을 했다는 바위산이 있다. 선바위라고 불린다. 그 우뚝 솟은 모습은 안중근의 굳은 결의를 말해주는 듯 지금도 성지의 한 곳이 되고 있다.

신민회는 안중근에게 블라디보스토크로 가도록 지시를 내렸다. 블라디보스토크에서는 신민회 회원이었던 대동공보사에 몸을 의탁했다. 그곳에서 유진율이 주최하는 청년회에 가입하여 일본의 스파이를 적출하는 시찰 대원이 되었다. 아울러 연해주 각지의 한국인 마을을 방문하여 독립운동 계몽을 계속했다. 안중근의 계몽활동은 흑룡강 유역까지 미쳤다.

「인심결합론」

이 무렵 안중근이 『해조신문海潮新聞』에 실은 글이 있다. 「인심결합론」 이라고 한다.

> 대저 사람이 만물보다 귀하다는 것은 다름 아니라 삼강오륜*을 알기 때문이다. 그러므로 사람이 세상에 처하되 첫째는 몸을 닦고, 둘째는 집을 정돈하고, 셋째는 나라를 보호하는 것이다.
> 그래서 사람은 몸과 마음을 서로 합하여 생명을 보호하고 집은 부모와 처자에 의해서 유지되고 나라는 국민 상하의 단결에 의해서 보존되는 것이거늘, 슬프도다! 우리나라는 오늘날 이같이 참담한 지경에 빠졌다. 그 까닭은 다름 아닌 서로 화합하지 못한 것이 제일 큰 원인이라고 할 것이다.
> 이 불화하는 병의 원인은 교만병이다. 많은 해독이 교만으로부터 생겨나나니, 소위 교만한 무리들은 저보다 나은 자를 시기하고 저보다 약한 자를 업신여기며 동등한 자는 서로 다투어 아랫사람이 안 되려 한다. 그러니 어찌 서로 결합할 수 있겠는가?
> 그러나 교만을 바로잡는 것은 겸손이 바로 그것이다. 사람이 만일 각자 겸손함을 주장삼아 자기를 낮추고 남을 공경하여 남이 자기를 질책하면 관대히 받아들이고, 자기의 공을 남에게 양보한다면 사람이 짐승이 아니거늘 어찌 서로 불화하겠는가?

옛날에 어느 나라 임금이 죽을 적에 왕자들을 머리맡에 불러 경계의 말을 남겼다.

"너희들이 만일 내가 죽은 뒤에 마음을 합하지 못하면 틈이 생겨 쉽게 남에게 굴복당할 것이다. 마음을 합하면 호락호락 남에게 굴복당하는 어리석은 일은 당하지 않을 것이다."라고 타일렀다고 한다.

이제 고국의 산천을 바라보니 동포들이 원통하게 죽고 있고, 죄 없는 조상의 백골이 깨지는 소리를 도저히 귀를 막고서 듣지 않을 수가 없다.

깨어라! 연해주에 재류하는 동포들아! 본국의 이 소식을 듣지 못했는가? 당신들의 일가친척은 모두 대한의 땅에 있고 당신들 조상의 분묘도 모국 산하에 있지 않는가?

뿌리가 마르면 가지 잎사귀도 마르는 것이니 같은 조상의 피를 받은 족속(민족)이 이미 굴욕을 당했다. 내 몸은 장차 이제부터 어떻게 하리오. 동포들아! 우리 동포는 지금부터 불합의 두 글자를 깨뜨리고 단합(단결)의 두 글자를 빨리 이루도록 하자. 어린 아이들을 교육하고 나이든 자들은 뒤에서 지지하고 청년 형제는 결사적으로 우리 국권을 하루 빨리 회복하여 태극기를 높이 들어 일족을 이끌도록 하자. 그리하여 독립의 장에서 다시 모여 대한제국 만만세를 일심으로 외쳐 육대주가 진동하도록 대한독립만세를 부를 것을 약속하자. (통일일보사 편·강창만 감수, 『도록 평전 안중근』, 56쪽)

* 삼강은 국왕에 대한 충, 부모에 대한 효, 지아비에 대한 지조. 오륜은 효행, 충성, 부부유별(남녀의 역할), 장유유서(노소의 질서), 벗과의 신의.

안중근은 오로지 민족의 독립을 위해 살았다. 다양한 사업이나 활동도 그 하나로 집약된다. 그러나 모든 것이 실패로 끝났다. 일본의 압력도 있었지만 동포의 불화도 있었다. 「인심결합론」에는 그런 안중근의 고뇌가 묻어나는 듯하다.

젊은 날의 안중근은 가톨릭의 교의를 따라 조상 공양을 미신으로 배척한 적이 있었다. 이 격문에서 죄 없는 조상의 백골이 깨지는 소리를 도저히 이 귀를 막고 듣지 않을 수 없다고 말하며, 민족이 지키는 신앙을 소중히 하고 그것을 독립운동의 힘의 하나로 하고 있는 점에 주목하기 바란다. 안중근의 신앙은 가톨릭을 조선 문화로 음미한 것이라고 할 수 있다. 안중근의 신념은 신과 민족의 양면을 보고 있었던 것이다.

대한독립군

안중근이 블라디보스토크에서 활동하고 있을 때 독립파의 거물인 이범윤을 수장으로 하는 의병 준비 조직인 창의회가 결성되었다. 그리고 국경선인 두만강에서 가까운 연해주 연추(烟秋, 현재의 크라스키노)에서는 러시아 정부로부터 무기 원조를 받은 독립 의병 조직인 동의회가 결성되었다. 부회장에는 헤이그밀사사건으로 눈물을 삼킨 이위종이 취임했다. 이들 둘이 합병하여 결성된 것이 의병 1000명으로 조직된 대한독립군이다. 대한독립군의 총독에는 이범윤이, 군대장에는 전략가인 김두성이 취임했다. 안중근은 의병에게 총 다루는 법을 가르쳤다.

4월 20일 두만강에서 작전이 펼쳐졌다. 일본군 헌병수비대 초소를 공격하는 것이었다. 이 작전에서 안중근의 활약으로 초소에서 일본군의 무기와 탄약, 식량을 탈취하는 데 성공했다.

함경북도 백두산에서는 최대의 의병 조직인 홍범도의병대(의병 3000명)가 은거하고 있었다. 대한독립군은 홍범도와 연대하기 위해 백두산으로 이동했다. 참모중장이 된 안중근은 이 작전에서 선봉대로 참가했다. 하지만 이 합류 작전은 일본군에게 발각되어 고전 끝에 참패했다. 합류 작전에 참여한 의병의 절반을 잃었다. 안중근 자신도 제대로 먹지도 못한 채 40여 일 동안 산속을 헤맸다. 구사일생으로 연해주 연추에 도착했을 때는 만신창이가 되어 있었다.

전투 중에 안중근은 일본군 포로를 석방한 적이 있었다. 포로에 관한 국제법에 따른 것이었지만 의병으로서는 도저히 납득이 안 되는 일이었다. 풀려난 일본군 병사는 귀대하는 즉시 의병의 동향을 보고할 것이고, 그러면 의병이 궁지에 빠지게 될 것이 뻔했다. 사실 결과는 걱정했던 대로였다. 이 사건은 안중근의 실수로 엄중히 비판을 받게 되었다.

어쨌든 근대 장비를 갖춘 일본군에 맞서기에 의군은 너무나도 역부족이었다. 이 참패로 동의회는 해산되고 대한독립군은 붕괴되었다. 안중근은 이 땅에서 더 이상 의군을 조직할 수 없었다.

단지동맹

안중근은 소수의 항일유격대를 조직하였다. 1909년 2월에 결성된 애국결사 단지동맹(斷指同盟, 단지혈맹 또는 동의단지회라고도 함)이 그것이다. 연추 하리의 여관에 모인 열두 명은 왼손 약지를 도끼로 자른 후 그 피로 태극기에 대한만세라고 썼다. 그때 안중근은 3년 이내에 이토 히로부미를 죽이겠다고 맹세했다고 한다.

교육에 의한 계몽도, 의병에 의한 해방도 실패로 끝났다. 전년도에 동의회 회원이 미국의 친일파 스티븐스를 사살한 일이 있었다. 이 의거가 민족 독립운동에 큰 반향을 불러일으킨 사실을 안중근은 기억하고 있었다. 민족 최대의 적은 제2차 한일협약을 강제로 체결시키고 한국을 지배하는 통감부의 초대 통감이 된 이토 히로부미였다. 안중근의 목표는 이토 히로부미의 사살, 오직 그 하나로 모아졌다.

안중근은 한국 내에서 지명수배자가 되어 있었다. 이미 고국에 돌아갈 수도 없었다. 표면적으로는 대동공보사 연추통신원으로 활동하면서 오로지 이토 히로부미를 총살할 기회를 기다렸다. 이토 히로부미는 그해 5월 통감직을 사임하고 일본으로 귀국하여 다시 추밀원 의장에 취임했다.

이토 히로부미 사살

그 무렵 블라디보스토크의 대동공보사에 이토 히로부미의 만주 방문 소식이 전해졌다. 대동공보사의 사장 유진율은 안중근과 전 의병 우덕순에게 이토 히로부미의 총살을 지시했다. 유진율은 두 사람에게 총 세 자루와 활동 자금, 그리고 새 외투를 주고 의거 이유를 종이에 적어 전달했다. 그것은 다음의 열다섯 항목이었다.

첫째 명성황후를 살해한 죄
둘째 광무9년(1905) 11월 한일 제2차 협약으로 보호조약을 강제로 체결한 죄
셋째 융희 원년(1907) 7월 한일신협약 7조항을 강제로 체결한 죄
넷째 광무제를 폐위한 죄
다섯째 대한 육군을 해산시킨 죄
여섯째 양민을 학살한 죄
일곱째 대한의 이권을 탈취한 죄
여덟째 대한의 교과서를 소각한 죄
아홉째 신문잡지의 발행을 금지한 죄
열 번째 일본의 제일은행권을 발행하여 유통시키고 대한국의 경제를 흡수한 죄
열한 번째 국채 천삼백만 엔을 강제로 모집한 죄
열두 번째 동양의 평화를 깨트린 죄

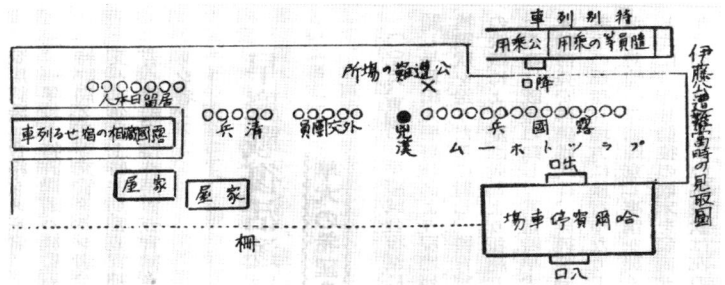

하얼빈 역의 총살 현장 약식도(『호치신문』, 1909년 11월 4일)

열세 번째 보호정책의 명실을 함께하지 않은 죄
열네 번째 일본 천황이 아버지 고메이(孝明)를 살해한 죄
열다섯 번째 일본과 세계를 기만한 죄

안중근은 체포된 후 11월 6일에 이러한 이유들을 재판소에 제출하였다. 거기에서는 첫 번째 이유로 열네 번째 항목을, 열다섯 번째 이유로 열두 번째 항목을 들고 있다. 메이지 천황이 아버지를 죽였는지 어떤지는 확실하지 않지만 마지막에 동양의 평화를 둔 것은 의미가 크다. 안중근이 이토 히로부미를 총살한 참뜻은 물론 복수에 있었던 것은 아니다. 옥중에서 완성하지 못한 『동양평화론』이라는 책의 제목에서 엿볼 수 있듯이 동양의 평화야말로 그의 염원이었다. 한국을 지배한 이토 히로부미는 동양의 평화를 파괴하는 자였던 것이다.

안중근은 살상력을 높이기 위해 총탄 끝에 열십자를 새겼다. 체내에서 부서져 흩어지는 이 탄환은 담담탄이라고 불리는 것으로 국제법상 사용이 금지되어 있던 것이었다.

1909년 10월 26일 오전 9시, 이토 히로부미를 태운 특별열차가 하얼빈 역 1번 홈으로 도착했다. 러시아의 재무대신 코코체프가 열차에 뛰어

올라가 이토 히로부미와 함께 열차에서 내렸다. 이토 히로부미가 관람대로 향하던 중 눈앞까지 왔을 때 안중근은 이토 히로부미에게 세 발, 주위 관계자 세 명에게 각각 한 발씩을 발사했다. 안중근은 러시아 헌병에게 끌려가면서 러시아어로 대한만세를 외쳤다고 한다. 한편 열차로 옮겨진 이토 히로부미는 한국인에게 저격당했다는 소리를 듣고 "어리석은 짓을!"이라고 말하고 숨을 거두었다.

옥중의 안중근

1910년 2월 14일 판결은 사형. 2월 16일 자 『도쿄 아사히』는 사형 판결을 받은 안중근을 "안중근은 사형 선고를 받았음에도 지극히 평온했다. 틀림없이 사형은 이미 각오하고 있었을 것이다."라고 보도하여 안중근의 당당한 태도를 전했다.

뮈텔은 안중근을 파문했다. 그러나 안중근은 신앙을 버리지 않았다. 형이 집행되기 2주일 전에 동생들이 빌렘과 함께 면회를 왔다. 안중근은 빌렘에게 죄를 참회했고, 빌렘은 감옥에서 미사를 올리고 안중근에게 세례를 주었다.

안중근의 어머니는 수의로 안중근에게 순백의 한복을 보내 '의롭게 순직하는 것이므로 당당하게 죽음에 임하라'고 전했다. 안중근은 항소하지 않았다. 빌렘과 동생들의 면회 모습이 사진으로 남아 있다. 책상을 사이에 두고 안중근 앞에는 빌렘과 두 동생이 앉아 있고 좌우와 뒤를 에워싸듯이 구리하라(栗原) 형무소장과 간수들이 있다. 안중근의 동생들은 침통한 얼굴을 하고 있지만 안중근은 대조적이다. 빌렘에게 안중근이 눈을 반짝이며 뭔가 강하게 호소하고 있다. 그 표정에서는 망설임이나 후회는 털끝만큼도 느껴지지 않는다.

옥중에서 안중근은 자서전을 탈고하고 이어서 『동양평화론』 집필에 들어갔다. 사형 집행이 3월 26일로 정해졌다. 안중근에게 『동양평화론』을 완성할 시간은 주어지지 않았다. 그는 붓을 놓고 동생과 어머니, 아내, 빌렘 등 여섯 명에게 유서를 썼다. 마지막 휘호를 간수 치바 도시치(千葉十七)에게 주고, 동생들에게는 울지 말라고 하며 "유골은 하얼빈공원 옆에 묻어다오. 그리고 때가 와서 조국이 해방되면 조국으로 가져가다오."라는 부탁을 남겼다.

안중근(1879~1910)

어머니가 보내주신 수의 착용은 허락되지 않았다. 푸른색 죄수복을 입고 두 눈에 흰색 천을 씌운 채 마지막 기도를 올리는 중에 사형이 집행되었다. 사형 집행에 일본인 승려도 입회했다고 한다. 이 불교인은 어떤 마음으로 안중근의 최후를 지켜보고 있었을까?

안중근은 가랑비 내리는 뤼순감옥 뒷산에 매장됐다. 그곳에는 표식조차 없었다. 일본은 안중근의 사상에는 눈길도 주지 않고 오로지 폭도로 처리했던 것이다.

안중근 일가는 보복이 두려워 러시아의 연해주로 이주했다. 앞에서 적었듯이 명문가였던 안 씨 일가는 파산했다. 당시 일곱 살이던 딸 현생은 경성의 명동성당 수도원에 맡겨졌다. 모르츠크로 이주한 장남 분도는 일본 밀정이 준 독 캐러멜을 먹고 살해되었다고 전해진다. 이토 히로부미 총살 후 안 씨 가족은 험난한 가시밭길을 걸어야 했다.

일본은 안중근을 결코 인정하려 하지 않았지만 안중근의 행동을 의거로 평가하는 일본인도 있었다. 고토쿠 슈스이(幸德秋水, 1871~1911)는 샌프란시스코 평민사가 만든 안중근 그림엽서에

舍生取義(생을 버려 의를 취하고)
殺身成仁(몸을 죽여 인을 이루다.)
安君一擧(안 군의 일거)
天地皆振(천지를 모두 흔들다.)
슈스이(秋水)

라고 적었다. 대역사건으로 체포되었을 때 고토쿠 슈스이는 이 그림엽서를 소중히 소장하고 있었다고 한다.

『동양평화론』

안중근은 현재 한국·조선의 국민적 영웅이다. 그러나 안중근에 관한 물건이 현재 잘 보존되어 있다고 하긴 어렵다. 예를 들면 이토 히로부미 사살 현장을 현재 하얼빈 역에서는 찾아볼 수 없다. 안중근은 한국·조선 입장에서는 영웅이지만 중국 입장에서는 특별한 의미가 없기 때문이다. 안중근이 꿈꾸었던 동양의 평화는 이런 점에서 실현되지 않았다.

특히 결정적인 것은 안중근의 유골 자체가 아직까지 소재 불명 상태라는 점이다.

뤼순은 중국의 군사적 요충지라는 이유로 일본인은 극히 일부만이 들

어갈 수 있었다. 마침내 개방된 것이 2009년 말이다. 안중근 유골 조사에 대해서는 아직까지 목표가 세워져 있지 않다. 안중근에 관한 자료가 어디에 있느냐 하면 실은 일본에 있다. 안중근의 유골은 한·중·일 3국 사이에서 지금도 떠돌고 있다.

이토 히로부미는 막부를 무너뜨리고 일본을 근대화시킨 정치가이다. 구미 제국을 방문하여 개화사상을 배우고 일본을 아시아의 선진국으로 끌어올렸다. 20세 때는 다카스기 신사쿠(高杉晋作) 등과 함께 영국공사관을 불 지르던 양이파였다. 외국으로부터 일본 민족의 독립 수호가 이토의 주제였던 것은 명백하다. 그것은 안중근과 전혀 다르지 않다. 그러면 왜 이와 같은 결말을 맞이해야 했을까?

그것은 두 사람의 평화에 대한 개념의 차이에서 기인하는 것이 아닐까 필자는 생각한다.

이토는 동양의 지배를 동양 평화의 목표로 삼았다. 한편 안중근은 동양의 국가들이 자립·공존하는 것을 동양 평화의 목표로 삼았던 것이 아닐까?

『동양평화론』의 요점은 「이토 공작의 만주 시찰 1건」이라는 파일 안에 '살인범 피고 안중근'의 조서에 실려 있다고 한다. (통일일보사 편, 『도록 평전 안중근』, 316~317쪽)

이 책에서 인용해 보자.

1. 뤼순 항을 개방하여 일본, 청나라, 한국 3국의 군항으로 한다.
2. 이를 세계에 알리고 일본이 특히 야심을 품고 있지 않음을 보여주기 위해 뤼순을 일단 청나라에 반환하고 평화의 근거지로 하는 것이 최선이다.
3. 이로써 일본은 당장은 괴로울지도 모르지만 세계 각국은 일본에 감복하

현재의 뤼순감옥. 안중근 때문에 특별 옥사가 준비되었다. 오른쪽은 간수 휴게실

여 결국 일본의 이익이 될 것이다. 그리고 3국은 영원한 평화와 행복을 확보할 수 있을 것이다. (이하 생략)

처형을 이틀 앞두고 집필을 중단하지 않을 수 없었던 『동양평화론』. 이 미완의 작품을 완성시키는 것은 현재를 살고 있는 우리의 몫인지도 모른다. 지금도 전쟁이 끊이지 않고 있음을 생각하면 안중근이 주장한 평화론은 우리의 태도에 대해 끊임없이 질문을 던진다.

(안중근의 경력에 대해서는 한석청 저·김용권 역, 『안중근』을 주로 참고했다. 이 책은 '인간 안중근을 처음으로 사람의 크기로 그린 작품'이다. 소설 형식을 취하고 있지만 사실을 꼼꼼히 조사해 낸 역작이다.)

내 마음속의 안중근

2011년 9월 15일 『내 마음속의 안중근(부제: 치바 도시치-합장의 생애)』의 저자인 다이린 사(大林寺)의 주지 사이토 야스히코(齋藤泰彦) 스님을 만나러 갔다. 다이린 사는 안중근을 현창하고 있는 것으로 알려진 미야기 현(宮城縣) 구리하라 시(栗原市) 와카야나기 정(若柳町)에 있는 조동종의 고찰이다.

『내 마음속의 안중근』은 뤼순감옥에서 간수를 했던 치바 도시치의 안중근에 대한 공경과 흠모하는 마음을 그린 작품이다. 치바 도시치는 다이린 사의 신자였다. 사이토 주지의 필치는 치바 도시치의 심정과 같이 한없이 부드럽다. 내 마음은 치바 도시치의 마음임과 동시에 사이토 주지의 마음이기도 한 것 같다. 꼭 한번 만나서 이야기를 듣고 싶었다. 아오모리에서 도호쿠(東北) 자동차도로를 타고 와카야나기간나리(若柳金成) 인터체인지까지 약 세 시간이라고 어림잡았다. 도중에 휴게소에서 점심을 먹고 네 시간이 걸려 다이린 사에 도착했다. 자동차로 먼 거리를 이동한 것은 오래간만이었다.

도호쿠 자동차도로를 남하함에 따라 도로 보수공사가 눈에 띄었다. 3·11동일본대지진은 이런 내륙까지도 파괴했다. 마에사와(前澤) 휴게소에서 점심을 먹었다. 대지진이 있었어도 계절은 어김없이 찾아왔다. 더 위는 아직 남아 있었지만 휴게소의 산책로에는 밤이 떨어져 있었다. 밤이라면 구리하라 시에서는 구리코마 산(栗駒山)이 유명하다.

무츠 구리코마 산의 목련나무 베개는 있지만 당신의 팔베개(『고금화가집古今和歌集 6첩』)

높이 1627미터. 높지도 낮지도 않은 도호쿠의 산들은 혹독한 기후 덕분에 낮은 산에서도 다양한 고산식물을 볼 수 있다. 산은 도호쿠만 한 곳이 없다고 필자는 생각한다. 구리코마 산에는 여러 번 올랐다. 특히 단풍은 한마디면 된다. '비단으로 짠 것 같다'는 말은 구리코마의 단풍을 위해서 있는 말 같다.

점심은 지진 복구에 일조하는 마음으로 마에사와 스테이크를 먹었다. 식당 입구 좌측에는 이와테 현(岩手縣) 오츠치 정(大槌町)의 꽃가게가 임시로 만들어져 있었다. 오츠치 정은 이번 쓰나미로 인해 시가지는 괴멸되고 1600명 이상이 죽거나 행방불명되었으며 약 6000명의 이재민이 발생했다. 필자는 이번 대재해 피해 지원으로 특히 오츠치 정을 대상으로 하고 있는데 이 작은 꽃가게를 보자 눈물이 핑 돌았다. 진홍색의 만주사화가 슬픔과 절망의 늪에 빠져서 간신히 버티고 있는 오츠치 정 사람들의 모습과 겹쳐졌다. 꿈, 희망, 소망, 평화 그것들을 실현하기 위해 필요한 친절, 성실, 협력, 나눔…. 인류가 아직 달성하지 못한 다양한 명제들. 삶의 도중에 죽은 수많은 생명들. 그 이루지 못한 염원을 내가 짊어지고 싶다. 불교의 원점인 지혜와 자비를 어떠한 경우라도 잃어버리지 않게 해 달라고 부처님께 기도한다.

와카야나기간나리 인터체인지를 빠져나오자 바로 4번 국도로 이어진다. 정면에 안중근기념비(다이린 사)라는 커다란 안내판이 있다. 화살표는 왼쪽을 가리키고 있지만 지도상으로는 오른쪽으로 가는 것이 가깝다. 대형차를 위한 안내일 것이다. 도호쿠 신칸센 옆길로 나가면 T자형 도로에 닿는다. 또다시 안내판. 많은 안내판이 안중근과 다이린 사가 지역주민들과 함께하고 있음을 말해주고 있다.

아타고신사(愛宕神社) 옆 좁은 언덕길을 내려가니 다이린 사가 있다.

주지스님은 "작은 절이 보이니까."라고 전화로 말씀하셨지만 너무나 훌륭한 가람이었다. 경내 오른쪽의 넓은 주차장에 주차하고 주지스님의 거처로 찾아간 것이 약속시간인 오후 1시였다.

곧바로 응접실에서 이야기를 나누었다. 처음 만나는 사람과 이야기할 때에는 누구라도 긴장하기 마련이다. 그러나 사이토 야스히코 스님과의 대화가 익숙해지기까지는 그리 오래 걸리지 않았다. 스님의 성실함과 부드러움 때문이리라. 특히 때때로 보여주는 웃음은 실로 순수 그 자체였다. 이토 히로부미를 사살한 안중근을 현창하는 데 있어서 고충이 이만저만이 아니었을 것이다. 미간에 주름 잡는 일 없이 온화한 표정을 유지해 온 것은 사이토 스님에게 흔들림 없는 사상이 있었기 때문이리라.

신자의 120%가 반대했고 때로는 협박도 당했다고 한다. '안중근을 비판하는 사람들은 히로부미 살해에 대해 말한다. 그리고 그 이유를 생각하지 않는다. 그것이 문제'라고 사이토 스님은 지적했다. 사이토 스님은 원래는 저널리스트였다. 사물을 올바로 바라보는 눈은 그런 경험에서 길러진 것이다.

그런데 여담이지만 실은 꼭 여쭙고 싶은 것이 있었다. 그것은 사이토 타이젠(齋藤泰全)이라는 조동종 승려의 일이다. 이름이 한 글자만 다르고 똑같다. 그래서 필시 어떤 관련이 있지 않을까 하고 기대하던 바였다. 사이토 타이젠은 졸서 『조동종의 전쟁』에서 얘기한 지난(濟南)[22] 다줴 사(大覺寺)의 마지막 주지이다. 북지포교총감부 강사 겸 북경 별원 고도(後堂),[23] 재단법인 화북계연요양소 전무이사라는 경력을 가졌다. 계연요양소는 아편 정책의 일환으로 일본이 설치한 것이다.

---

22 중국 산둥 성에 있는 도시.
23 後堂首座의 줄임말로 수행하는 승려들을 지도하는 역할을 하는 사람.

기대는 완전히 빗나갔다. 전혀 관계없다고 했다. 그러나 인연이란 불가사의하다. 잡담을 하던 중에 은사인 ○○선생에 대해서 얘기했더니 사이토 스님도 잘 아는 분이라고 했다. 학생 시절에 적지 않은 교류가 있었다고 한다. 그 후 수십 년 동안 소식이 끊긴 상태였는데 이야기를 들은 순간 옛날이 그리워진 모양이었다. 다음 날 그 소식을 ○○선생에게 전했다. 즉시 전화로 오랜만에 소식을 전했다고 한다. 사람과 사람과의 만남이 생각지도 못한 전개를 보여주는 경우가 있다.

다이린 사의 안중근 현창 활동은 지역에서 굳건하게 뿌리를 내렸다. 매년 9월에 열리는 '안중근·치바 도시치 거사 추도회 일한친선교류의 모임'은 이미 일대 이벤트가 되었다. 작년에는 30회라는 전기를 맞아 한일 양국 합해서 300여 명이나 되는 사람들이 참가했다. 한국의 사단법인 안중근숭모회에서도 참가했다. 안중근 처형 100년, 한국 병합 100년이던 2010년에 사이토 스님은 한국에 초청되어 경남 창원대학교에서 강연을 했다. 강연에서는 안중근의 저작인『동양평화론』을 기초로 한 동북아의 평화와 발전에 대해서 말했다. 한국에 준 고통을 내 일처럼 받아들이고 평화 실현의 중요성에 대한 말씀과 함께 실제로도 활발한 활동을 하고 있는 사이토 스님에게 고개가 숙여졌다. 올해는 대지진으로 모임을 연기하려고 했으나 지진 피해 지원을 겸해서 관계자들이 다이린 사에 모였다고 한다. 가슴 훈훈해지는 에피소드가 있었다.

한참 이야기를 나눈 후 본당을 안내받았다. 비닐로 응급조치를 해 놓은 본당 창문이 애처로웠다. 본당을 장엄하고 있던 불구나 부서진 불상 등이 아직까지 제자리를 찾지 못하고 상자에 담겨 있었다. 우리의 방문에 맞춰 정리와 청소를 했다고 했다. 송구스러운 일이었다. 얼핏 보면 깨끗해 보이지만 둘러보니 여기저기에 지진이 할퀴고 간 흔적이 남아 있었다.

안중근이 치바 도시치에게 준 유묵 '위국헌신군인본분爲國獻身軍人本分'이 본당 왼쪽에 걸려 있었는데 그것은 복제품이었다. 진품은 치바 도시치가 죽은 뒤 안중근 탄생 100주년을 기념해 서울에 있는 안중근의사기념관에 기증되었다.

이것은 처형 직전에 쓴 것이라고 한다. 죽음이 눈앞에 와 있음에도 불구하고 전혀 흔들림이 느껴지지 않는 힘찬 필체가 경이롭다. "국가에 헌신하

안중근의 유묵을 설명하고 계신 사이토 야스히코 노스님

는 것은 군인의 본분이다." 안중근의 확고한 정신을 보여준다. 또 그것은 간수인 치바 도시치에게 남긴 최후의 메시지이기도 했다. 뤼순감옥에서 안중근의 사상을 접한 치바는 안중근에게 점차 마음을 빼앗겼다. 이토 히로부미를 총살한 안중근은 일본의 적이다. 하지만 안중근의 사상, 즉 동양평화론은 치바도 이해할 수 있었고 치바의 이상이기도 했다. 치바는 한국과 일본 사이에서 고민했다. 이 갈등을 안중근이 알아챈 것이리라. 국가에 헌신하는 것이 군인의 본분이라는 말은 곧 '당신은 당신의 본분을 지켜야 한다. 고민할 필요 없다'는 뜻으로, 흔들림 없는 확신과 한없는 부드러움이 안중근의 진면목이었다.

치바 씨 일가의 묘지를 사이토 스님이 안내해 주셨다. 해가 약간 기울어 묘지의 그림자가 짙어지기 시작했다. 추석까지 시간을 맞추려고 신

자들이 열심히 비석을 수리했다고 한다. 그러나 일부는 깨진 채 방치되어 있었다. 구리하라 시에서는 동일본대지진에서 최대인 진도 7이 기록되었다. 지진이 일어난 직후의 묘지 모습이 어땠을지 상상이 된다. 치바 일가의 묘는 본당 뒤편에 있었다. 검은 비석이 왼쪽에 세워져 있다. 비문은 한글로 적혀 있었는데 치바가 염원했던 한일 간의 상호 이해를 상징하고 있었다. 비문은 활자라고 생각했으나 사이토 스님이 직접 붓으로 적은 것이라고 들으니 다시 한 번 안중근과 치바 도시치에 대한 스님의 깊은 마음을 알 수 있었다.

현창비는 참배로 오른쪽에 있었다. 앞면에는 치바에게 남긴 유묵과 같은 글이 새겨져 있고, 뒷면에는 미야기 현 지사명의 현창비문이 새겨져 있다. 다음은 비문의 내용이다.

국가가 쇠망해 가는 것을 보고 의병을 일으켜 구국의 영웅이 된 대한 의병 안중근 참모중장(1879~1910) 때인 1909년(메이지 42) 10월 한민족의 주권을 강탈한 일본의 대륙 침공 선봉이었던 이토 히로부미는 안중근의 손에 의해 하얼빈 역에서 죽었다.

이 사건은 일본 입장에서는 애처로운 국가 원훈의 죽음이었고, 한국 입장에서는 비원이던 민족을 지키기 위한 어쩔 수 없는 의거였다. 서로 대립적인 이 현실 속에서 총독부 육군헌병이었던 이 고장 출신(구리코마 정(栗駒町)) 치바 도시치 씨(당시 25세)는 뤼순감옥에서 죄인 신분이었던 안중근 의사(당시 30세)의 간수였다.

치바 씨는 성품이 올곧고 정의감 넘치는 도호쿠인(東北人)의 한 사람이었다. 그런 치바 씨의 눈에 비친 옥중에서의 안 의사는 국가의 운명을 걱정하고 민족의 독립과 명예를 지키기 위해 몸을 바친 청렴한 인격자였다. 그리고 치바 씨는 가끔씩 안 의사가 들려주는 평화를 향한 숭고한 사상에 크게 감동받았다. 의사라고 공공연히 칭할 수 없었던 당시의 정세였지만, 치바 씨는 의사에게 동정을 금할 수 없어 마음속으로 몰래 존경심마저 품게 되었다. 그리고 할 수 있는 노력을 다해 마침내 형장으로 사라져 갈 그 몸을 애석해하였다.

의사도 당시 일본인으로서는 보기 드문 치바 씨의 인간성 넘치는 후대에 따라 3월 26일 죽기 직전 군인인 치바 씨에게 어울리는 글을 써 줬다. 이른바 위국헌신군인본분爲國獻身軍人本分(국가를 위해 헌신하는 것은 군인의 본분이다).

치바 씨는 귀향 후에도 의사의 유영과 묵서를 불단에 모시고 날마다 향을 올려 돌아가신 분의 명복을 빌고, 아울러 한일 양국의 독립된 명예로운 친선과 평화가 오기를 기원하다가 와카야나기 정 다이린(大林, 구 오오카 촌(大岡村))에서 죽었다. 미망인 기츠요 씨도 그 뜻을 받들어 이곳에 남편의 유영을 모시고 남편이 했던 것과 똑같이 날마다 향을 올려 명복을 빌다 세상을 떠났다. 치바 씨 부부가 했던 아름다운 행동은 사후에도 그 일족에게 큰 감동을 주어 수많은 곤란한 일을 당하면서도 치바 씨의 뜻을 존중해 의사의 유묵을 70년 동안이나 소중히 보관해왔다.

전후 새롭게 독립한 아시아의 우방인 한국의 발전을 갈망하며, 1979년 안중근 의사 탄생 100주년을 기념하는 축제에 대한 소식을 듣고 결심한 미우라 고우키(三浦幸喜)·구니코 부부 등 치바 도시치 씨의 유족은 도쿄 한국연구원을 통해, 고국의 수도 서울에 개관하는 안중근 의사 숭모관에 이 유묵을 바쳤다.

국가로서는 귀중한 유품을 그 국가의 국민들에게 돌려준 이 일을 기념하여 안중근 의사 및 치바 도시치 씨의 흔치 않은 돈독한 관계를 현창하려는 일본의 문화인과 정치가, 일본 거주 한국인 및 미야기 현의 유지들이 치바 씨가 잠들어 있는 와카야나기 정 다이린 사에 이 비를 건립하였다.

안 의사 기일에 즈음하여 한일 양국의 영원한 우호를 기념하며.
1981년 3월 26일 미야기 현 지사 야마모토 소이치로(山本壯一郞)

사이토 스님의 저서 『내 마음속의 안중근』에는 "치바가 자란 일본의 도호쿠 지방에서는 예로부터 중앙정권의 괴롭힘에 대한 반골정신이나 약자의 편을 드는 기질이 소박한 생활 속에도 항상 있었다."고 치바 도시치가 안중근을 흠모한 이유 중 하나를 시사하고 있다. 중앙국가로부터 도호쿠는 언제나 뒷전으로 밀려나 있었다. 그리고 '쌀 보내라, 군사 보내라, 딸 보내라, 원전 세워라'라는 말만 들어왔다. 무기 없이 평화롭게 살았던 조몬 시대(繩文時代)의 중심지는 사실 도호쿠였다.

사이토 스님은 치바 도시치라는 사람의 인간성을 그림으로써 스스로 도호쿠 사람으로서의 정체성도 암시적으로 표명하고 있다고 생각된다.

전쟁의 최대 이유는 이익이다. 일본이 한국을 병합하기 위해 청일전쟁과 러일전쟁을 일으킨 것도 오로지 이익을 얻기 위해서였다. 그 옛날 중앙국가가 도호쿠를 지배한 것도 마찬가지다. 지배당한 사람으로서 안중근과 치바 도시치, 사이토 야스히코 스님의 뿌리는 같다. 그리고 나도.

같은 조동종에 일찍이 같은 도호쿠 지방에 이런 훌륭한 불교인이 있다는 사실에 나는 감동했다.

다이린 사에 머물렀던 세 시간은 눈 깜짝할 사이에 지나갔다. 운전석에 앉아 차창을 닫으려 할 때 사이토 스님은 내게 "이런 문제는 천천히 확실하게."라고 말씀하셨다. 내가 위험스러워 보였을 것이다. 한일의 깊은 골, 초면인 내게 말할 수 없었던 것도 많았으리라. 아쉬움도 있었다. 창문을 좀처럼 닫을 수 없었다. 다이린 사 고마워.

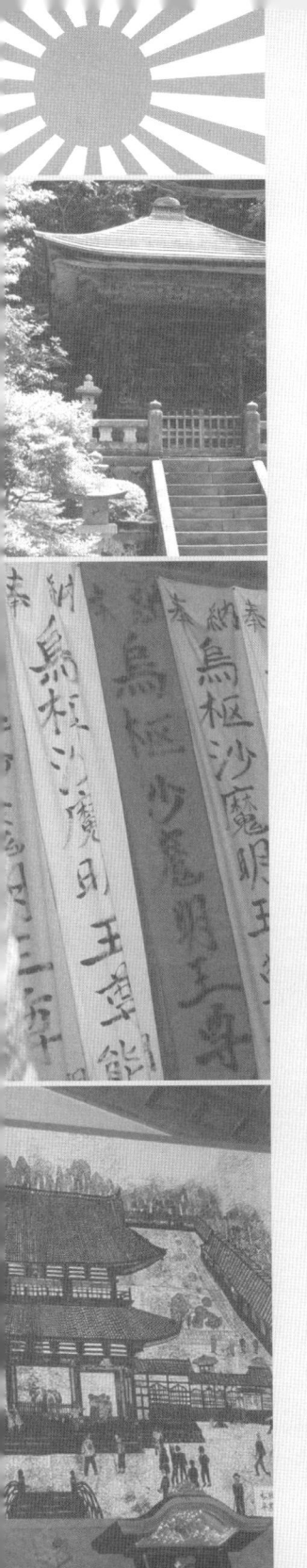

제2장

일본과 조동종의
조선 침략사 2

제1절

한국 병합

한국 병합

고바야카와와 가토, 고니시[24]가 아직까지 살아 있다면
지금 이렇게 일본 땅이 된 조선에 떠오르는 달을 어떤 기분으로 바라볼까?

1910년 수많은 통분을 힘으로 억누르고 일본은 한국을 식민지로 삼았다. 이 노래는 8월 22일 병합 조인식이 끝난 날 밤에 초대 조선 총독에 취임한 데라우치 마사타케(寺內正毅)가 감격에 겨워 읊은 시이다. 도요토미 히데요시(豊臣秀吉)가 조선을 공격했던 임진왜란은 실패로 끝났지만 그 이룰 수 없었던 꿈을 실현한 자부심과 기쁨이 넘쳐나고 있다. 참고로 고바야카와는 히데요시군의 총사령관이었던 고바야카와 히데아키(小早

---

[24] 고바야카와, 가토, 고니시는 임진왜란 때 조선 출병에 나섰다가 성공하지 못하고 퇴각한 장수들.

川秀秋)이고, 가토는 호랑이 퇴치로 유명한 가토 기요마사(加藤淸正), 고니시는 고니시 유키나가(小西行長)를 가리킨다.

병합 다음 날인 8월 23일 자 『도쿄 아사히신문』은 그 내용을 다음과 같이 전하고 있다.

병합협약 내용

합병협약 내용은 총 78개 조항으로 그 요지는 다음과 같다.

- 한국의 주권은 우리 일본이 거둔다.
- 한국 황실의 존엄을 유지하기 위해 황실비를 지급한다.
- 한국의 명칭은 폐하고 조선이라 칭하여 우리나라의 일부로 한다.
- 한국의 황족 및 유공자에 대해 훈장 등으로 작위 또는 재산을 준다.
- 내각을 폐하고 우리 관헌 아래에 둔다.

(생략)

그 본질은 합방, 즉 식민지화에 있었지만 표현을 바꿈으로써 저항을 완화시켰다. 합방이라는 말도 병합이라는 완곡한 말로 바꾸었다. 그러나 이 기사에서는 제목은 병합이라고 쓰고 본문에서는 합병이라고 바꾸어 말함으로써 그 본심이 드러났다.

그해 8월 29일 내각 총리대신 가쓰라 다로(桂太郎)는 조선총독부 설치를 공표했다. 조선총독부는 육해군을 통솔하고 일체의 정무를 통괄하는 기구이다. 한국의 황제는 태왕太王으로 격하되었다. 한국이 그때까지 체결했던 일체의 외교조약은 파기되고 식민지 조선 내에 헌병경찰제도가 만들어졌다. 즉 군이 치안을 담당한 것이다. 시민의 권리는 박탈당하고 종주국인 일본의 사정만이 우선시되었다. 조선총독부는 조선 위에 군림

하여 조선의 생살여탈권을 장악했다. 한국 병합은 사람들에게 영원히 지울 수 없는 국치가 되었다.

그것은 일본 입장에서도 그렇게 말할 수 있을 것이다. 근대화를 부국강병에 의한 무력 침략이라고 인식했던 일본은 식민지화에 따라 지불해야 하는 대가도 있다는 것을 알지 못했다. 포스트콜로니얼의 대가는 데라우치 마사타케가 상상도 못할 정도로 컸다. 한일의 깊은 골은 지금도 해결되지 않고 있다. 한가로이 달을 바라보던 데라우치가 만약 '세상에 있다면' 지금까지도 남아 있는 깊은 골을 보고 어떤 생각을 할까?

필자는 2011년 8월 서울의 동국대학교에 조사를 하러 갔다. 동국대학교는 한국 최대의 불교 종단인 조계종이 경영하는 불교계 대학이다. 해방 전 이곳에 조동종 양 본산의 별원이 있었다.

서울에 도착한 날은 신기하게도 8월 22일로 병합 조인일이었다. 1910년의 8월 22일은 음력 7월 18일이었으므로 데라우치가 바라본 달은 아직 기울지 않았을 거라 생각된다. 101년 후인 오늘은 음력으로는 7월 22일이므로 보름이 일주일 정도 지나 달은 상당히 작아졌을 것이다. 이렇게 말하는 것은 즐비한 빌딩들에 가려 달을 올려다 볼 수 없었기 때문이다. 달을 찾으면서 일본어가 가능한 택시 기사에게 '한국 병합 조인일'이 어떻게 보도되었는지 물었다. 전혀 알려지지 않았다고 한다. 1945년의 해방(한국에서는 광복이라고 함)은 36년 동안의 식민지로부터의 독립이다. 그 시작이 한국 병합 조인일이다. 해방 후 66년이라는 시간에 한국의 기억도 희미해져갔다.

한국 병합과 오우치 세이란

앞에서 소개한 불교인 오우치 세이란은 이 병합을 어떻게 평가하고 있었을까? 책『전도』제146호(1911년 1월호)는 병합 특집호에 맞추어 다음과 같이 기록하고 있다.

> 이때 조선이 우리 일본에 병합되었다는 것은 참으로 축하할 만한 일로 우리 일본 국민 5000만 명의 기쁨은 더할 나위 없고, 황공하오나 천황 폐하께서 얼마나 만족하실지 실로 기쁘지 아니할 수 없다. 이 병합을 위해 예로부터 오늘에 이르기까지 수천 년의 긴 세월 동안 우리나라의 천자님과 인민들이 얼마나 고생을 하였고, 얼마나 많은 돈을 쓰고 목숨을 잃었는지 알 수 없다. <u>현재 메이지유신 이후 불과 40여 년 동안만 해도 메이지 10년에 있었던 사츠마전쟁, 27~28년에 있었던 청일전쟁, 37~38년에 있었던 러일전쟁이 모두 조선을 위해 일어난 것이다.</u> …(중략)… 다행스럽게도 우리 천황 폐하(천자님)의 한없이 인자하신 취지가 철저하여 원래 한국의 황제, 즉 지금의 이왕 전하가 안전하고 평화롭기 위한 의논을 하여 한국의 통치권을 전부 우리 폐하에게 넘기게 된 것이 즉 이번 병합이다. 실로 이렇게 경사스러운 일이 또 없으니 천자님도 우리 국민도 모두 더할 나위 없이 기뻐하지 않을 수 없다. (밑줄 필자)

한국의 식민지화는 일본의 슬픈 바람(悲願)이다. 그것이 선양이라는 형태로 이루어진 것에 대해 '천자님도 우리 국민도 모두 더할 나위 없이 기뻐하지 않을 수 없다'라고 오우치는 말한다. 다른 나라를 침략하는데 아무런 의문을 품지 않고 거리낌 없이 기뻐할 만한 일이라고 말하는 오우치에게서 불교인으로서의 관점은 조금도 느껴지지 않는다.

한국 병합과 조동종

한국 병합에 맞춰 조동종은 관장 이시카와 소도(石川素童) 이름으로 고유告諭를 발표했다. 조동종은 '천황 폐하가 동양의 평화를 보장하고 한국 민중의 복리를 증진'하기 위해 병합하였으니 앞으로 조선인을 동포로서 유도 계발해야 한다는 내용이다. 그리고 조동종 전 사원에서 병합을 기념하는 축하 법요를 봉행하여 천황의 만세를 기도할 것, 조선의 이태왕과 새로 복속된 민중의 축복을 기도할 것, 청일전쟁과 러일전쟁의 전사자를 위한 추조법요를 할 것을 고시하여 널리 알렸다. 한국 병합은 한국인을 위한 것이지 침략이 아니라는 조동종의 인식은 오우치의 생각과 같다. 게다가 청일전쟁과 러일전쟁을 한국을 위한 것이라고 인식하고 있는 점도 양자는 일치한다.

한국 병합 9년 후인 1919년 7월 일한사 및 조계사(후에 경성 양 본산 별원)를 창립한 오타카 다이죠(大隆大定)는 일한병합기념종이라는 거대한 범종을 경내에 매달았다.

찬문은 "天固大東. 日韓併合. 有衆斯競. 功莫與京. 是無量佛. 默佑而成. 于何物相. 永紀厥庸. 洒考伽藍. 繼之洪鐘. 聲大遠故. 四方以風. 警我大界. 一切衆生. 永發深省. 底善信者. 緊誰慈悲. 是大定師."라고 적혀 있다. 그 내용은 대체로 '이 범종은 일한 병합을 기념하여 오다카 다이죠(大隆大定) 스님이 기증한 것이다. 이 범종의 소리를 들을 때마다 스님의 공적을 기리도록 하여라'라는 뜻이며 그 뒤에 '다이쇼 8년 7월. 사이죠 사(最乘寺) 현 주지 아라이 세키젠 찬문'이라고 부기되어 있다.

한국 병합과 한국 불교계

한편 한국 불교계는 병합을 어떻게 받아들였을까?

지금까지 봐 왔듯이 한국은 중국, 러시아, 일본 등 외국의 영향을 끊임없이 받았다. 그리고 그 과정에서 어떤 나라를 선택하느냐가 중대한 문제였다. 그것은 한국 불교계도 마찬가지였다. 특히 러일전쟁으로 일본의 영향력이 커지자 그에 반발하는 사람도 있었고 영합하는 사람도 있었다. 한국 불교계는 분열되었다.

이회광(李晦光, 1862~1933)은 한국 불교를 일본에 통합하려 한 것으로 알려져 있다. 이회광은 병합 전 앞에 나왔던 조동종의 초대 포교관리인 다케다 한시를 원종圓宗 고문으로 맞이하였고, 한시는 원종을 한국을 대표하는 불교교단으로 만들려고 계획했다. 즉 조동종을 중심으로 하여 한국 불교계를 분리하려고 했다. 이회광은 조동종 종무원을 모델로 원종 종무원을 설립하고, 승려 양성 기관에 조동종에서 교사를 파견할 계획까지 세웠다.

이회광은 한국 병합을 축하하기 위해 궁내성을 방문했는데 조동종 관장(대리)이 동행했다. 당시의 축하 글이 남아 있다.

> 법본산 해인사 주관 이회광
> 조선 13도 각사 승려 대표자 71명을 대표하여 이에 삼가 한국 병합을 축하드리고 아울러 천자께 문후를 드리옵니다.

궁내성 방문 이듬해에 다케다 한시가 죽음으로써 이회광과 조동종을 연결하는 끈이 떨어지고 조동종의 조선 불교 독점 전략은 좌절한다. 이회광이 생각했던 원종 종무원 계획도 조동종이 주도권을 장악할 것을 염려한 다른 종파의 반대나 조동종과 합체하는 것을 싫어한 조선 승려들의 반대에 부딪쳐 총독부의 인가를 얻지 못하고 결국은 실현되지 못했다. 조동종은 다케다 한시라는 훌륭한 조정자를 잃었다. 통한하기 짝이 없었을 것이다.

조선 사원에 대한 조동종 계획의 차질

이런 경위가 1911년 8월 22일 자 『중외일보』에 게재되어 있으므로 소개한다. 제목은 「조선 사원에 대한 조동종 계획의 차질」이다.

> 조선 개교에 관해서는 각 종파에서 종종 고심하고 획책하는 자가 많지만 그중에서도 조동종에서는 경성에 양 본산 별원을 설치하여 그것을 중심으로 각지에 교세를 확장하려고 하였다. 특히 조선 사원에 대해 작년 이후 타 종파와 달리 특수한 활동을 하고자 여러 가지를 계획하고 있었다. 그것은 전 일진회와 관계있는 조동종 출신의 고 다케다 한시 스님이 있어서 상당한 편의를 얻을 수 있었다. 하지만 이 스님이 지난 6월 말 서거했기 때문에 그 계획에 파탄을 가져오게 되었다. 지금 그 속사정을 이야기하면, 작년에 일한합방이 되자 조선 13도에 산재한 각 사원의 대표자 80여 명이 경성에서 회합을 하여 그 장래에 대해 많은 협의를 한 결과 조선 땅에 원종 종무원을 설치하여 각 도 사원의 통일을 꾀하기로 하였다. 또 승려학교를 세워서 승려 자제를 양성하는 것과 관련하여 조동종의 원조를 받기로 하고 그 종무원과 같은 것을 조동종 종무원을 모범으로 하여 조직하기로 결정했다. 하지만 그 이면에는 다케다 스님이 있어서 이 획책을 이루었다. <u>각 사원의 대표를 대신하여 이회광 씨는 작년 10월 시자 및 통역을 데리고 도쿄에 왔다. 당시 조동종 종무원의 총무 히로츠 셋조(弘津說三)와 변관인 오다 운간(織田雲巌)을 회견하고 위와 같은 취지에 따라 장래</u>

조선 불교의 개교를 위해서 조동종의 원조를 바란다고 말하는 한편, 승려학교에는 조동종에서 교사를 파견할 것 등의 비밀 계약을 체결하고 조선으로 돌아갔다. 이에 조동종 종무국에서는 그해 12월에 열린 종의회에서 조선 개교 보조비로 돈 1만여 엔의 지출을 결의했다. 또 조선 개교를 주관할 인선을 하여 도쿄 시바(芝)에 있는 세이쇼 사(青松寺) 전 주지 기타노 겐포(北野元峯)를 선정하였다. 그러나 다케다 스님은 생각하는 바가 있어 합방 후 얼마 지나지 않아 내지로 돌아왔다. 한편 이회광 씨 등이 계획했던 원종 종무원 설립은 총독부에 출원한 것이 허가를 받지 못했기 때문에 한동안 그대로 있었지만, 다케다 스님은 그동안 비밀리에 조동종과 이 씨 일파 사이에서 많은 것을 계획하고 있었다. 허나 이미 영원히 계획을 이루지 못하게 되었다. 게다가 다케다 스님은 암중비약을 시도하려고 했는데 우연히 상피암에 걸려 지난 3월 도쿄의 네기시(根岸)양생원에 들어가 약 2개월 동안 병상에서 신음하다 결국 돌아오지 못하는 신세가 되었고, 이에 그 고심도 완전히 수포로 돌아가게 되었다. 조동종과 이 씨 일파의 기존 관계는 완전히 다케다 스님이 있었기 때문으로 그에 따라 조동종도 앞으로 크게 조선에 특수한 활동을 하려고 계획하고 있었는데 이렇게 다케다 스님을 잃고 바야흐로 그 계획에 큰 차질이 생기면 조동종 종무 당국에서도 약간 난처해질 입장이다. 그렇기 때문에 조동종의 조선 개교 방침은 앞으로 다소 변경을 피할 수 없어서 종무 당국자는 목하 많은 연구를 하고 있다고 한다. (밑줄 필자)

그렇다 하더라도 다케다 한시(1863~1911)라는 인물은 조동종 안에서 실로 커다란 존재감을 가진 자이다. 사후 26년이 흐른 뒤 중일전쟁이 시작되자 다케다 한시는 다시 부상하고(사위인 사쿠모 반죠(祥雲晚成)가 『중외일보』에 13회에 걸쳐 연재) 태평양전쟁 때에도 다시 등장한다(이노우에 아키라,

『다케다 한시 전기-흥아풍운담(武田範之傳-興亞風雲譚)』. 전쟁과 다케다 한시의 밀접한 관계는 말 그대로 전쟁과 조동종의 관계라고 할 수 있다. 다케다 한시는 침략 전쟁에서 담당했던 조동종의 역할을 상징한다고 할 수 있다.

한국 병합과 조동종의 팽창

한국 병합은 조동종에게 광대한 개교지를 갖게 했다. 병합이 이루어진 해 12월에는 서둘러 조선 개교 확장비 지출 건(종령 6호)을 결정했는데 총액은 1만 5000엔이었다. 내역은 신설 각 포교소 설치비 6000엔, 신설 각 포교소 봉급 제급 및 제 잡비 4200엔, 어학 연구생 급비 및 제 비용 3000엔, 조선 승려 지도에 필요한 제 비용 1000엔, 임시비 800엔이다. 총액인 1만 5000엔은 지금 돈으로 환산하면 약 4억 5000만 엔에 상당하는 액수로 당시의 대학 운영비(봉급, 경비를 포함한 연간 운영비)와 거의 맞먹는다. 조동종이 얼마나 힘을 쏟았는지 알 수 있다.

이듬해인 1911년(메이지 44) 조동종은 신설된 개교 확장비를 재원으로 하여 1908년에 제정한 한국개교규정을 개정하고 본격적으로 조선 개교에 나섰다.

조동종조선개교규정   종규 제25호(메이지 44년 6월 1일 발포)

제1조 종무원은 조선 각도의 중요한 지역에 포교소를 설치하여 다음 각 호의 사업을 실시한다.

1. 문무 관료 및 이주자에게 포교할 것
2. 수비 군대를 위문하고 그들에게 포교할 것
3. 조선인 관민에게 포교할 것

4. 필요에 따라 교육기관을 설치하여 이주자 및 조선인 자제를 교육할 것

5. 조선 승려를 지도하여 그 포교 및 교육을 보익할 것

제2조 아래 각 곳을 제1기 개교지로 하여 점차 교역의 발전을 꾀한다.

경기도 경성

경기도 용산

경기도 인천

경기도 개성

경상남도 부산

경상남도 마산

경상남도 진해만

경상북도 대구

충청남도 대전

평안남도 평양

평안남도 진남포

평안북도 용암포

평안북도 의주

전라북도 군산

전라남도 목포

함경남도 원산

이 외에도 포교의 필요가 촉박하거나 개교에 적절한 지방은 임시 포교를 시작하여 개교지의 순서를 변경할 수 있다.

제3조 조선에 포교관리(동년 11월에 포교총감이라고 호칭된다. 필자 주) 1명, 포교사 약간 명을 둔다.

제4조 관리는 총독부 소재지에 주재하여 종무원의 명령을 받아 각 포교소

를 감독하여 개교 사업을 총괄한다.

포교사는 담임 포교소에 주재하여 종무원 또는 관리의 지도를 받아 포교 사업을 관장한다.

제5조 (생략)

제6조 포교소는 점차 유지 독립의 기초를 확립하여 양 본산 별원 또는 사원 조직을 이루도록 한다.

제7조 (생략)

제8조 종무원은 조선어에 통달한 포교사 양성을 목적으로 그 어학 연구생 약간 명을 양성한다.

제9조 (생략)

제2조에 있는 것처럼 한국 병합을 기회로 조동종은 7개소였던 개교지를 16개소로 늘려서 조선의 요지 대부분을 망라하게 되었다. 이때 추가된 전라북도 군산에 대해서는 나중에 제5장에서 상술한다.

제6조는 현지에서의 전개 방침을 서술하고 있다. 1908년에 발포된 한국개교규정과 거의 같은 문장인데 3개년이라는 기한이 없어졌다. 너무 짧다고 생각했는지도 모르겠다. 포교사는 우선 현지에 가서 포교소를 설치했다. 대부분은 민가를 빌려서 포교를 시작한 듯하다. 그래서 신자를 모으고 보시금을 모아서 본격적으로 사원을 건설했다. 건물이 완성되면 종무원에 사찰명을 신청했다. 종무원은 양 본산 직말사로 인가하는 것이 일반적인 전개였다. 그리고 ① 포교소 개설→② 사원으로 격상→③ 격상된 사원이 복수의 포교소 개설→④ 그것들이 또 사원으로 격상, ③과 ④를 반복함으로써 기하급수적으로 교선을 확대하려는 것이 조동종의 계획이었다.

또 제8조와 제9조에서 조선어를 할 줄 아는 포교사의 양성을 시도하였다. 조선개교규정과 동시에 발포된 조동종 조선어학 연구생 규정에 따르면, 연구생은 조동종대학 졸업생 또는 동등의 수학 이력이 있을 것, 일정한 승려 자격이 있을 것, 건강할 것, 포교 경험이 있을 것 등이 요구되었다.

조선개교규정 제1조의 포교 사업은 조선에 체류하는 일본인이 주요 대상이었지만, 당초는 조선어 습득에 따라 조선인에 대한 포교도 목표로 하고 있었음을 알 수 있다. 하지만 후에 총독부가 일본어를 국어로 하고 조선어를 배제해 간 점, 또 일본의 개교 사원이 민족의 벽에 부딪친 점 등의 이유로 조선인 사회로의 포교가 되지 않고 결국은 포교 대상을 일본인으로 좁힐 수밖에 없게 되자 조선어의 습득은 필요 없게 되었다.

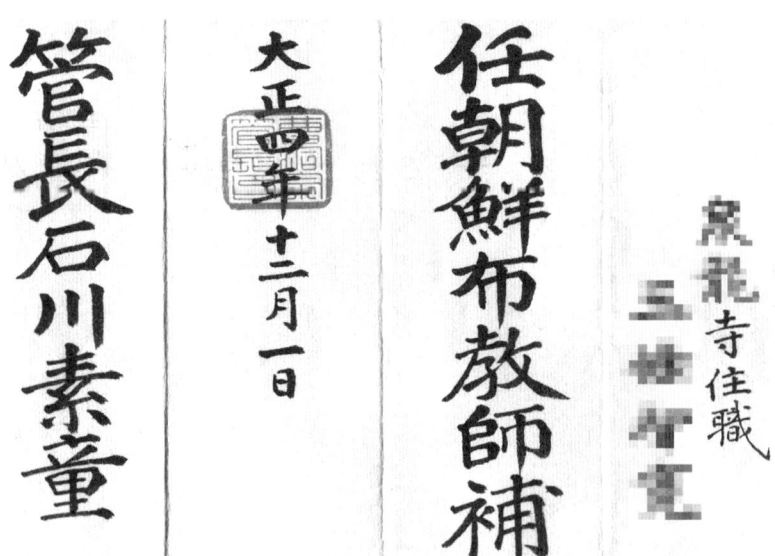

조선 포교사 임명장

경상북도 김천의 조동종 포교소에 내려준
'일불양조一佛兩祖' 두루마리

'일불양조'의 이서 뒷면. 개교사들은 조동종
으로부터 받은 두루마리를 짊어지고 포교에
나섰다. 이 두루마리는 조동종 조선 개교사
에서 제1급 자료라고 할 수 있다.

조동종의 조선개교규정과 사찰령

조선총독부는 식민지정책을 잇달아 발령했다. 전술한 헌병경찰제도는 내정을 폭력으로 제어하는 것으로, 나아가 범죄즉결령을 정함으로써 재판을 거치지 않고 헌병 단독의 생각으로 벌할 수 있었다. 악명 높은 조선태형령은 실로 일본의 권력을 조선의 몸에 배어들게 하기 위한 본보기였다.

조동종이 조선개교규정을 발포한 이틀 후인 6월 3일에 총독부가 제정한 것이 조선 불교를 통괄하는 사찰령이다. 사찰이란 조선 불교사원을 가리킨다. 참고로 일본의 절은 사원으로 구별해서 불렀다. 사찰령은 조선 시대에 피폐했던 조선의 사원을 법률로 공인하여 총독부의 관할하에 두는 것이었다. 이후 해방될 때까지 35년간 조선의 불교는 조선 총독에 예속되었다.

태형 모습

조선 승려들 사이에서 찬반양론이 일어났다고 한다. 사찰령에 이어 나온 사찰령시행규칙으로 조선의 불교사원은 30본산(후에 31본산)으로 통합되고, 규칙을 위반했을 경우에는 인가 취소나 벌금이 부과되었다. 제5조에는 "주지가 부정행위를 하고 직무를 게을리하거나 기타 사유로 부적당하다고 인정될 때는 그 주지의 인가를 취소할 수 있다."고 되어 있다. 총독의 의지와 맞지 않을 경우 즉시 주지를 파면할 수 있었다.

각 본산은 총독의 승인을 얻은 종파의 규칙을 정하도록 했다. 종파에 자유는 없었다. 조선 총독은 조선의 불교를 지배하여 통치에 이용했다.

조선 불교 조계종 대본사 유점사 본말사법

필자의 손에는 1943년 6월 21일 자 '조선 불교 조계종 대본사 유점사 본말사법'이 있다. 이것은 서울에 있는 동국대학교 도서관에서 복사한 것이다. 유점사는 31본산의 하나로 강원도에 있는 고찰이다. 본말사법이란 유점사파의 규칙이다. 그 제7장 법식 부분을 살펴보자.

제7장 법식

제40조 본사에서 거행하는 법식을 나누어 항례법식 및 임시법식의 두 종류로 한다.

1. 사방배 **1월 1일**(천황이 천지사방에 절하고 황위의 무궁과 천하태평, 만민안녕을 기원하는 의식)

2. 원시제 **1월 3일**(천손 강림, 황위의 시초를 축하하여 궁중 3전에서 천황이 친히 드리는 제사)

3. 기원절 **2월 11일**(진무 천황 즉위일)

4. 세존열반회 **2월 15일**

5. 사문흥륭 호암虎巖 선사 기일 **3월 3일**

6. 지구절 **3월 6일**(황후 탄생일)

7. 춘계 황령제皇靈祭, 역대 조사 기일 **춘분일**(역대 천황과 주요 황족을 한꺼번에 제사 드리는 제의)

8. 진무 천황제 **4월 3일**

9. 세존탄생일 **4월 8일**

10. 결제법회 **여름 4월 15일, 겨울 10월 15일**

11. 천장절 **4월 29일**(천황 탄생일)

12. 원조 도의道義 국사 기일 **5월 2일**

13. 법맥전조 환성喚惺 선사 기일 **7월 7일**

14. 해제법회 **여름 7월 14일, 겨울 1월 14일**

15. 우란분회 **7월 15일**

16. 추계 황령제, 역대 조사 기일 **추분일**(위의 7번과 같음)

17. 개기공덕 노춘盧椿 대사 기일 **10월 15일**

18. 신상제神嘗祭 **10월 17일**(새로운 곡식을 아마테라스오미카미(天照大神)에게 바치는 제의)

19. 명치절 **11월 3일**(메이지 천황 탄생일)

20. 신상제新嘗祭 **11월 23일**(천황이 새로운 곡식을 천신지기에게 권하고 또 친히 이것을 먹는 제의)

21. 세존성도회 **12월 8일**

22. 종지소흥 함월涵月 선사 기일 **12월 13일**

23. 본사소류 청노淸盧 선사 기일 **12월 23일**

24. 종조 태고太古 국사 기일 **12월 24일**

25. 다이쇼 천황제 **12월 25일**

당시의 조선 사원

26. 역대 조사 다례회 **청명일, 추석일**

태평양전쟁 당시의 것으로 시대는 약간 다르지만 종파의 연간 행사에 일본의 신도 행사가 다수 포함돼 있다. 이것은 물론 총독부의 지도에 의한 것으로 총독부가 조선 불교를 지배하고 있었다는 것을 잘 알 수 있는 자료이다.

조동종 조선 초대 포교총감-기타노 겐포

한국 병합으로 조동종은 일시에 포교소를 신설한다. 이 책 끝부분의 '자료 1 조선의 조동종 사원·포교소 일람' 다음에 첨부한 그래프 '조선에 설치된 조동종 사원 및 포교소 수의 추이'를 참조하기 바란다. 1912년에는 9곳의 포교소를 개설하여 전반기의 정점을 이루었다.

조동종은 조동종조선개교규정 제3조를 개정하고 조선에서의 포교 책임자를 포교관리에서 포교총감으로 변경하였다. 포교관리인 다케다 한시가 죽은 후 새로운 체제로 개교에 돌입하기 위해 좀 더 견고한 조직을 만들기 위한 것이었다(다만 조선총독부는 기존 그대로 포교관리로 취급하였다).

초대 포교총감에 취임한 것은 기타노 겐포(北野元峰, 1842~1933)였다. 기타노는 도쿄의 명찰 세이쇼 사(靑松寺) 주지를 역임하고 대본산 소지사(總持寺)의 감원監院에 취임, 양대 본산 관수(선사)와 함께 종문의 작법인 '동상행지규범洞上行持規範'을 편성했다. 그리고 사회 포교 활동에도 참여하여 황족, 은행, 회사, 군대, 감옥, 병원, 학교 등 도쿄의 많은 단체에서 애국적 교화를 했다고 일컬어진다. 포교총감에 임명되었을 때 기타노는 이미 세이쇼 사를 은퇴한 뒤로 70세를 바라보고 있었다. 후에 (1920년) 대본산 에이헤이 사 제67세 관수貫首[25]에 취임한 기타노 겐포는 조동종의 고승이었다.

1911년 10월 기타노는 부총감과 함께 조동종대학 출신 어학 연구생 10명을 데리고 경성으로 갔다. 기타노는 약초若草의 양 본산 별원(가칭)에서, 부총감인 우에노 헤이죠(上野甁城)는 다케다 한시가 포교관리로 있던 용산의 서룡사瑞龍寺에서 활동을 시작했다. 어학 연구생은 경성에서 어학 습득에 들어갔다. 당시 모습이 1912년 3월 18일 자 『중외일보』에 게재되었다.

조선 포교 이야기　　조동종 조선 포교총감 기타노 겐포 스님의 이야기

경성은 추위가 매우 심하므로 내가 늙은 몸이고 하니 만일 몸이라도 상하면 안 된다며 잠시 내지로 돌아가 조금 따뜻해지면 다시 오는 것이 좋겠다는

---

25 한 종파의 우두머리를 의미하는 말로 특히 조동종의 경우 에이헤이 사와 소지 사 양대 본산의 주지를 관수라고 한다.

데라우치 총독의 권유로 일전에 돌아왔지만, 다음에 가면 활발하게 활동할 생각이다.

작년 10월 처음으로 경성에 갔을 때 데라우치 총독의 요청으로 군인 장교 모임에 나가 첫 법문을 했다. 그리고 용산에 있는 칙임관(고급 관료. 필자 주) 등의 독서회에도 나가 도덕이라는 제목으로 보리심(깨달음을 얻기 위해 불도를 행하려는 마음. 필자 주)에 대해 말했다. 중생의 성불은 발보리심이다. 단지 지위를 얻거나 돈을 벌거나 명예가 높다 해도 그것은 결코 진정한 성공이 아니다. 그러나 발보리심은 성불이다. 자리이타원만自利利他圓滿이다. 즉 동물성이어서는 안 된다. 사람을 구하는 것이 첫째이고, 그 다음에 나를 세운다. 석가모니나 공자, 예수는 모두 자리이타원만한 사람들로 그들이 참으로 성공한 사람이다.

독서를 하더라도 오로지 책을 읽기만 하는 것은 아무런 도움이 되지 않는다. 읽는 것보다 행하는 것이 제일이다. 행하기만 한다면 읽지 않아도 된다. 무엇보다 실행이 제일이다. 그러기 위해서는 보리심이 필요하고, 그것을 근본으로 하지 않으면 안 된다. 석가도 공자도 책상물림이 아니라 실행가이다. 그것을 틀리지 않도록 해야 한다고 말했다.

그 다음에 연말인 29일 밤에는 총독 주최로 총독부의 중요 임원을 모두 모아 먼저 총독의 훈시적인 얘기를 듣고, 다음으로 내가 도덕에 대해 보리심에 대한 이야기를 했다.

용산의 장교 모임에도 갔는데 작년에는 날을 확실히 정하지 않고 모임을 열었지만 금년부터는 날짜를 정해서 개최해야겠다고 생각했다. 작년에는 유마(『유마경』. 필자 주)의 한 구절을 이야기했다. 또 정신 수양을 위한 모임이기 때문에 반연攀緣(집착. 필자 주)을 끊을 필요가 있다는 이야기를 했다.

경성 별원에서는 매주 일요일에 벽암(선의 고전인 『벽암록』. 필자 주)과 유경(부처님의 유언을 담은 경전, 즉 『불유경』. 필자 주)을 가지고 법문을 하는데, 총독부 임원과 재판소 임원 60~70명이 들으러 온다. 상인들은 한 명도 오지 않는다. 모두 다 아주 열심이다.

신도를 위해서는 매월 5회 정도 모임을 열고 있다. 부인 신자 어린아이도 다수 모이는데 작년에는 주로 내가 법문을 했지만 올해에는 우에노 부총감에게 맡길 생각이다.

그 밖에 공소원控訴院 임원들의 모임이 있다. 거기에는 작년에는 한 번 가서 삼독(탐·진·치, 즉 번뇌를 말함. 필자 주)에 대한 이야기를 했지만, 올해에는 아마 매월 한 번씩 법문을 하게 될 것이다.

또 선인鮮人 감옥과 일본인 감옥에도 가서 법문을 했는데 모두 다 상당히 기뻐해 주었다. 그리고 일본 상인만을 모아서 법문을 한 적이 있는데 내용은 상도덕에 대한 이야기로, 도덕을 바탕으로 하여 상업을 하지 않으면 안 된다, 결코 폭리를 탐하거나 사기를 쳐서는 안 된다고 말했더니 다음 날 한 상인이 과자를 가지고 인사를 왔다. 그리고 자신은 애초부터 전혀 잘못 생각하고 있었다, 앞으로는 마음을 바꾸어 장사를 하겠다고 말하며 여러 차례 인사를 하고 돌아갔다.

그런 다음 조선의 승려를 각황사覺皇寺(경성에 있는 고찰로 조계사의 전신이라 함. 필자 주)에 모아 법문을 했는데 200명 정도 모였다. 그리고 '장래의 각오'라는 제목으로 이야기를 했는데 오랫동안 칠천七賤의 하나로 게으름에 빠져 있던 승려들이기 때문에 도대체 얼마나 알아들었는지 알 수는 없지만, 나는 꼭 선인 승려를 활용해야겠다고 생각하고 있던 터라 총독에게도 여러 가지 상담을 한 적이 있는데 당국은 손을 쓰지 않을 생각인 것 같으므로 전혀 구체적인 상담을 할 수 없었다. 그러나 나는 어떻게든 어떠한 방면으로든 그들을 활용해야겠다고 생각하고 있다.

조동종 조선어학 연구생은 별원 근처에서 모두 열심히 선어 학습을 하고 있다. 선어 교사 중 한 사람이 김상숙이라는 승려인데 잘 가르치고 있다. 금년부터는 현지에 대해 포교도 하도록 할 계획이다.

경성 약초정에 별원을 설립한 초창기 상황을 잘 알 수 있다. 조동종은 총독부와 연계하면서 특히 관료나 군을 대상으로 수신修身 강화를 하고 있었다. 흥미로운 것은 조선총독부는 이 시기 조선을 지배할 장치로서 조동종을 이용한다는 생각을 그다지 크게 하지 않았다는 사실이다. 총독부가 기대했던 것은 내부의 정신 수양이었다.

한편 조동종은 교세 확장이 중요한 목적이었기 때문에 선인 승려를 활용하고 싶었던 것은 이해할 수 있는 일이다.

데라우치 마사타케 총독은 무단통치로 알려져 있다. 조선을 통치하는 것은 힘이므로 불교를 이용하는 것에는 그다지 관심이 없었을지도 모른다. 그러나 나중에 무단통치가 파탄하고 민족 독립운동이 왕성해지자 총독부는 방침을 바꾸어 불교를 이용하게 된다. 그러나 때는 이미 늦어서 조선 사회가 일본 불교에 관심을 보이지 않게 된 것은 얄궂은 일이다. 일본 불교는 일본인에게만 통용되게 되었던 것이다.

그런데 기타노의 이야기에 '선인'이라든가 '선어'라는 말이 눈에 띄는데 이것은 차별하고 천하게 여긴 표현이다. 약어는 차별을 동반하는 경우가 많다. 예를 들면 전쟁 중에 미군 병사가 일본인을 '재패니즈'가 아닌 '잡'이라고 부른 것을 생각하면 알 수 있다. 보리심이니 자리이타니 또는 도덕이라고 아무리 떠들어대도 차별하는 자는 불교와 거리가 멀다. 이웃 나라 조선에 대한 뿌리 깊은 차별의식에 마음이 아프다.

또 상업자에게 감사받은 이야기는 실로 뒷맛이 개운치 않다.

조동종은 식민지정책에 추종하여 조선에 들어갔다. 식민지정책은 폭리를 탐하고 사기적인 일을 하는 것이 본질이다. 총독부와 각별한 조동종도 조선의 입장에서 보면 침략자와 다르지 않다. 기타노가 말한 상인의 길은 조동종이야말로 진지하게 자성하지 않으면 안 되는 일이었다. 그리스도교회가 많은 신자를 얻은 것은 그곳이 서민의 피난처였기 때문이라고 앞에서 말했다. 일본 불교가 조선에서 신뢰받는 일 따위는 도저히 있을 수 없는 일이었다.

경성 약초정-조동종 임시 별원

앞서 얘기했던 것처럼 1912년에는 경성의 약초정에 조동종 조선 개교 본부라고 할 만한 임시 별원이 설치되어 활동을 시작했다. 같은 해 각지에 일곱 곳의 포교소가 설립되었다. 지금까지 창립된 것과 규모가 아직 불충분한 포교소를 합치면 그 지역은 대전(충청남도), 부산(경상남도), 용암포(평안북도), 군산(전라북도), 인천(경기도), 마산(경상남도), 대구(경상북도), 원산(함경남도), 철원(강원도), 청주(충청북도), 진주(경상남도), 광주(전라남도), 전주(전라북도), 진남포(평안남도) 외에 13도 중 12도에 조동종 포교소가 설치되었다. 이 책 끝부분의 '자료 1 조선의 조동종 사원·포교소 일람'과 조금 다른 것은 폐지되었거나 신청 시기 차이로 인한 가감이 있기 때문이라고 생각된다.

경성 임시 별원에서는 총독부 관리가 그 대부분을 차지하는 대일본훈풍회나 일반 신자를 대상으로 한 관음강 또는 보은강이 열렸고, 그 밖에 애국부인회 등 각종 단체가 기타노 포교총감을 초청하여 설법회를 개최하였다.

임시 별원은 아직 설비나 가람 등이 충분하지 않았기 때문에 조동종은 그해 종령 제12호 '양 본산 경성 별원 건설비 지출 건'을 결정하고 부지 구입 및 건물 건설비로 2만 5000엔을 내놓았다. 또 조선 각 도에 더 많은 포교소를 설치하기 위해 부지 구입비로 1만 엔을 지출하는 것도 정해졌다. 부산 총천사는 일찍부터 조선 개교의 중요 사원이자 인근 지역에 일본인도 다수 거주하고 있었기 때문에 조동종은 특별히 2000엔을 지출하여 승려의 처소 보수비로 충당했다. 조동종은 착실히 교세를 확장하고 있었다.

신조선포교규정과 원산 흥복사

데라우치 마사타케 총독의 무단정치는 그가 내각총리가 되어 사임한 뒤에도 후임인 하세가와 요시미치(長谷川好道) 총독에게 이어져, 1919년까지 약 10년 동안 계속되었다. 무단정치에 반대하여 민족 독립운동이 한창이던 1916년 12월 조동종은 새로운 조선포교규정을 제정했다. 1911년에 발포된 조동종조선개교규정에서 개정된 주된 내용은 명칭을 개교규정에서 포교 규정으로 변경한 것, 포교소의 기초가 확립된 것은 사원으로 승격하고 그것을 모두 양 본산 직말(동 제5조)로 한다는 것 등이다. 양 본산 직말은 사원에 있어서 크나큰 지위이다. 새 포교 규정은 현지의 개교를 활성화시켜 이듬해 1년 동안 여덟 곳의 사원 및 포교소가 문을 열었다. 이는 한국 병합 직후 다음으로 많은 개설 수였다.

일례로 이때 함경남도 함흥에 설립된 흥복사를 살펴보자.
이 절을 세운 것은 나가노(長野) 출신의 다마이 고칸(玉井廣觀, 1876~1945)이다. 아버지는 농림업을 하고 있었다. 차남인 고칸(본명·시카지로(鹿治郞))은 병역을 만기 제대한 후 당시 시텐노 사(四天王寺) 주지였던 스즈키 덴잔(鈴木天山)의 설법을 듣고 감동하여 출가했다. 스즈키 덴잔은 뒤에 나오는 박문사의 초대 주지이다. 러일전쟁에 소집되어 귀환한 후 아이치 중학림(愛知中學林)을 거쳐 조동종대학림에 입학(중퇴), 스즈키 덴잔으로부터 인가를 받아(정식으로 제자가 되는 것) 자격을 얻어 포교사가 되었다.

1913년 아직 조동종 포교소가 열리지 않았던 함경남도 함흥에 부임했다. 함흥은 함경남도 도청소재지로 앞으로의 발전이 기대되어 일본인 인구도 증가하고 있었다. 이때는 아직 철도가 정비되지 않아서 원산에서 지붕이 없는 궤도 열차를 타고 갔다.

처음에는 싸구려 여관에서 숙식을 하며 가두 설법을 하여 건설 자금을 모았다. 함흥의 일본인(군인, 상인, 기생 등)으로부터 기부금이 모아졌다. 독립 의병의 공격으로 죽은 일본 병사의 장례도 치러주었다고 한다. 거처를 싸구려 여관에서 포교소로 옮기고 그곳을 거점으로 활동을 전개하면서 조선인에게 일본어도 가르쳤다.

조동종이 새 포교규정을 제정한 이듬해, 그리고 다마이가 함흥에 온 지 4년 후인 1917년 흥복사 본당이 완성되었다. 절 이름은 스즈키 덴잔이 지었다. 2년 후 시텐노 사에 의뢰했던 본존이 완성되어 입불식을 거행하였다. 1924년에는 이세(伊勢)에서 성관음상을 가져와 관음당을 건설했다. 당내 오른쪽 난간에는 쇼토쿠(聖德) 태자의 액자를 걸었다. 관음강이 결성되자 다마이 주지는 관음당에서 17조 헌법을 설했다고 한다. 또 장사의 번성을 기원하기 위해 내지의 도요카와 이나리(豊川稻荷)[26]를 도입하여 도하당(稻荷堂)도 만들었다.

추석이나 춘분·추분에는 본당에서 환등회가 열려 교육 칙어, 러일전쟁, 도겐(道元) 선사, 관음경 등에 대한 설명이 진행되었다. 군대나 경찰

---

26 아이치 현(愛知縣) 도요카와 시(豊川市)에 있는 조동종 사원. 정식 명칭은 묘곤 사(妙嚴寺).

에서 좌선 지도도 했다.

일어학교는 4학급을 증설하여 네 명의 전임 교사가 근무했다. 낮에는 여자부, 밤에는 남자부로 진행했다. 교육의 기본으로 교육 칙어가 만들어졌다. 식민지 조선에서 전개한 조동종 사원 중에서 흥복사의 일어 교육은 그런대로 성공을 거둔 예라고 할 수 있을 것이다.

다마이 고칸은 스즈키 덴잔을 공경했다. 그리고 스즈키도 그에 답했다. 1929년 스즈키 덴잔이 초대되어 함흥까지 왔다.

이 늙은이의 세 번째 법제자 다마이 고칸은 18년 전에 이곳에서 탁발삼매, 가두 강연의 원을 세우고 끊임없이 노력한 끝에 마침내 도청을 비롯한 유지들의 인정을 받아 흥복사라는 하나의 절을 신축하여 오늘날 조선의 한 사찰로 손꼽을 수 있게 되었다. 따라서 이 늙은이에게 한번 조선으로 오라고 했는데 이번 여름이 되어서야 조선으로 갈 기회가 되어 이곳에 20일 동안 머물렀다. (대본산 에이헤이 사, 『가사마츠(傘松)』, 1929년 11월호, 「조선행각기」)

먼 함흥까지 이어진 사제애를 생각한다. 스즈키 덴잔이 후쿠이 현(福井縣) 호쿄 사(寶慶寺)의 주지로 있던 때이다. 이 행각기에는 또 "자연 내지인에게 아직 안정감이 없어서 토지와 친근함이 없다. 실패하면 언제라도 귀국하겠다. 아니 한밑천 잡으면 철수하겠다는 마음이 많은 것 같다."고 일본인에 대해 쓴소리를 하고 "우선 종교인부터 토착사상을 일으키고, 내지인이 해마다 늘어 선인이 내지인화하는 것을 도모하지 않으면 안 된다고 느꼈다."라고 말하고 있다.

스즈키 덴잔의 이와 같은 생각은 조동종이 식민지 조선에서 전개했던 포교소의 역할을 단적으로 보여주고 있는 듯하다. 즉 포교사가 정착하여 모범을 보임으로써 내지인의 증가를 도모하는 것이다. 그렇게 함으로써 식민지 조선인들을 내지인화, 즉 황민화하는 것이다. 총독부 식민지 정책의 일면을 조동종이 담당했던 것은 이로써 명백해진다고 할 수 있을 것이다. 후에 경성 박문사 초대 주지가 된 스즈키 덴잔의 목표도 선인의 내지인화 도모였다.

흥복사는 토착 사상을 일으켜 그것을 활발히 실천한 조동종 사원이었다.

패전한 1945년 8월 함흥의 흥복사는 일본인 피난소가 되었다. 다마이 고칸은 급성간장염을 앓아 귀국하지 못한 채 12월에 흥복사에서 사망했다. (이상 다마이 고칸에 관해서는 다마이 고칸, 『선사 고칸(廣觀) 대화상 일대기』를 참고했다.)

조선 각도에서 전개한 조동종의 포교소는 대부분 같은 과정을 거쳐 개설되었다고 생각해도 될 것이다. 그리고 활동도 대동소이하다고 생각된다. 장례와 불사 외에 장병이나 헌병에게는 좌선을 통한 정신 수양을 지도하고 신자에게는 존황 호국사상을 설하고 (가능하면) 일어학교를 개설하여 조선인의 황민화를 도모하는 것이 주된 역할이었다.

제2절

3·1독립만세운동

3·1독립만세운동

총독부의 무단정치는 조선인들의 반발을 샀고, 그것의 폭발이 1919년 3·1독립만세운동이다.

이태왕, 즉 고종이 급사하고 국장이 3월 3일에 치러지게 되었다. 사인에 관해서 다양한 풍문이 떠돌았다. 그 중에는 독살설까지 있었다. 조선인들의 낙담은 컸다. 그 비탄을 배경으로 총독부의 지배에 저항하여 일어난 것이 민족 독립운동인 3·1독립만세운동이었다.

3월 1일에 인사동 태화관에 모인 33명의 조선 종교 지도자들이 3원칙(대중화, 일원화, 비폭력)을 내걸고 독립선언을 낭독하고 만세삼창을 했다. 불교를 대표하여 한용운(1879~1944)이 참가했다. 당초 예정되었던 경성 한복판에 있는 파고다공원(현재의 탑골공원)에는 수천 명의 학생이 모여 독립만세를 외치며 시내를 행진하였고 그에 찬동하는 시민도 시위에 참여하여 그 규모는 수만 명에 달했다.

경성에서 일어난 독립만세운동은 조선 각지로 불길처럼 퍼져갔다. 총독부는 헌병과 군대로 진압하였는데 사상자는 2만 명을 헤아렸고 체포자는 4만 명이 넘었다고 한다.

3월 4일 자 『산요(山陽)신보』는 그 모습을 다음과 같이 보도했다.

조선의 폭동

봉화, 가장 먼저 안북에서 오르다. 선천 및 의주의 폭동

1일 오전 3시경 경의선 연선인 평안북도 선천의 예수학교 학생들이 대거 관할 지역 경찰서를 습격하여 우리 수비 군대가 출동하여 진압 중이다.

역시 의주에도 이런 사건이 발발하였다는 정보가 모처에 도달할 터이지만 위 예수학교는 미국 선교사가 운영하는 곳으로 진작부터 불온한 주의를 고취시키고 있었는데 이번의 원인 기타 상세는 명확하지 않다.

경성의 대소요

1일 오후 3시 30분 200여 명의 선인 학생이 단체를 이뤄 대한문 앞을 엄중히 경계하는 위병 순사가 적은 틈을 타 그 제지도 듣지 않고 폭력으로 보통 사람은 허가 없이 출입할 수 없는 덕수궁 안으로 들어가 고 태왕의 침전인 함녕전 앞의 광명문까지 난입하여 소리를 맞춰 돌연 '조선○○만세'(○○는 '독립'. 필자 주)라고 선어로 수차례 큰소리로 만세를 부르고 계속해서 불온한 언동을 하며, 상심에 빠져 슬퍼하고 있는 이왕, 왕세자 양 전하를 놀라게 했다. 변고를 듣고 덕수궁 경관 파출소원이 총출동하여 이왕의 직원 등과 힘을 합쳐 간절히 훈계하자 물러갔다. 밖으로 나온 학생 등은 흰 천에 불온한 글을 빨간색으로 써서 깃발을 선두에서 높이 흔들었고 수십 명의 여학생은 깃발을 들고 입으로는 만세를 소리 높여 외치니, 처참한 기운은 전 시내로 퍼져갔다. 미국영사관 앞에서도 앞과 똑같은 불온한 언동이 있었다. 경무부에서는 해산을 명령하고 선동자들 중에 주모자가 있을 것이므로 엄중히 수사 중이다.

군중들이 뇌동하여 혹은 창덕궁으로 투석하고 혹은 일본어로 만세를 외쳤다.

대한문 안으로 난입한 불온 학생의 폭거로 문 앞에 모인 선인 노약자는 그 이유를 모르고 그들에게 뇌동하여 소란을 피우며 일본어로 만세를 외쳤다. 미국영사관 앞에서 해산당한 학생들이 무리를 지어 함께 창덕궁으로 향하였는데 창덕궁 앞에 이르렀을 때는 그 수가 수백 명에 이르러 더욱더 크게 만세를 불렀다. 그 중에는 창덕궁을 향하여 돌을 던진 자도 있어 군대 경관이 뛰어오고 잠시 후 해산하였다.

마침내 군대의 출동을 보다

경성에서 소요를 일으킨 군중은 처음에 학생, 노동자 수천 명으로서, 한 무리가 1일 오후 2시 종로 방면에서, 또 다른 한 무리는 남대문통에서, 다른 무리는 태평통에서 모두 만세를 부르며 대한문에 모였는데 군중에 뇌동하지 않는 자가 있으면 구타하는 등 폭행을 하여 이곳저곳에서 경관과 충돌했다. 또 시내에서 거리 연설을 하는 학생이 끊임없고 곳곳에서 격문을 배포하는 것은 기독교 전도 본부였는데『구세신문』도 가세하였다.

총독부는 헌병을 출동시켰고 계속해서 용산보병대의 출동을 보았다.

(생략)

전술한 서대문형무소역사관에 유관순굴이라고 불리는 여성용 지하감옥이 있다. 3·1독립만세운동으로 체포된 유관순은 이곳에서 옥사했다.

경성 이화학당 여학생이던 유관순은 3·1독립만세운동으로 학교가 휴교하자 고향으로 돌아가 고향에서 독립만세운동을 주도, 체포되어 서대문감옥에 수감되었다. 재판에서 주장을 굽히지 않았으므로 법정모욕죄까지 추가되어 7년형을 선고받았다.

　유관순은 옥중에서도 매일 아침저녁으로 독립 만세를 외쳤다. 감옥에서 심한 고문을 받았지만 그녀는 결코 뜻을 굽히지 않았다. 그뿐만이 아니라 3·1독립만세운동 1주년이 되는 날에 감옥 안에서 대규모 옥중 시위를 일으켰다고 한다. 그 후 그녀는 독방으로 옮겨져 더욱더 혹독한 고문을 받아 1920년 10월에 사망했다.

서울 장충단공원에 세워진 한국의 잔 다르크, 유관순의 동상

　유관순은 안중근과 더불어 국민적 영웅이지만 일본인에게는 그다지 알려져 있지 않다.

　서울 신라호텔에는 일본인 관광객이 많이 찾는 큰 면세점이 있다. 호텔 바로 근처에는 유관순기념비가 세워져 있는데 그것을 알아보는 일본인은 없다.

　3·1독립만세운동은 조동종에도 커다란 충격을 주었다. 이 책 뒤 '자료 1' 다음의 그래프

를 참조해 주기 바란다. 1919년부터 약 10년 동안 조동종의 조선 포교는 잠잠했다. 포교소 설치가 재개된 것은 만주사변 이후였다.

3·1독립만세운동과 기타노 겐포

여기에서 3·1독립만세운동에 대해 언급한 초대 포교총감 기타노 겐포의 감상을 살펴보자. 기타노는 1916년에 조선포교총감을 그만두었고 이때는 스기모토 도잔(杉本道山)이 포교총감을 하고 있었다. 독립만세운동이 발발하고 얼마 지나지 않은 4월 23일 자『중외일보』에 다음과 같은 기사가 실렸다.

조선 불교 교화의 장래　　전 조동종 조선포교총감 기타노 겐포 노사 이야기

　조선의 이번 소요는 가까운 시일 내에 진정될 것이다. 앞으로 어떻게든 교화의 목적을 철저하게 하는 것이 중요하다. 내가 조선에 있을 당시 자산가들이 많이 사는 어떤 부락에 가서 그 땅에서 30년이나 장사를 하고 있는 내지 실업가와 이야기를 나눈 적이 있는데, 그는 조선인 부인과 결혼하여 여러 명의 자식을 두어 말도 통하고 조선 사람의 심리를 잘 알아 신뢰를 얻고 있었다. 그 사람은 '소학교에 다니는 아이가 커서도 일본에 기꺼이 복종하게 될지 어떨지 의문이다. 이대로 잘 돼서 손자 대에까지 이어지지 않으면 지금 우리 마음과 같지는 않을 것'이라고 말했다. 융화가 쉽지 않다는 것을 이 한마디로도 상상할 수 있다.

　여러 차례 조선인 집회에 나가서 일한 병합에 대한 일본의 정신을 말한 적이 있지만 내 말에 표리가 있는 것처럼 받아들인 모양이다. 조선인 입장에서는 중이 이렇게 하는 것을 일본에 대한 변호에 지나지 않는다는 식으로 느끼고 있는 모양이다. 그런 의심을 품고 있는데 교사 선동하는 자가 있으면 바로 이번과

같은 일이 일어나게 되므로 상당히 신중하지 않으면 안 된다.

내지와 획일적으로 동화시키려고 하는 것은 불가능하고 오히려 선인의 반감을 살 우려가 있다. 풍습과 풍속을 무시하거나 배척하면 안 된다. 조선에는 조선의 선조를 모시는 의례도 있고 또 미풍으로서 내지가 배울 점도 있기 때문에 모두 내지와 똑같이 하려고 해서는 안 된다. 이태왕 전하의 국장國葬에 대해서도 내지의 신기식神祇式으로 행하는 것에 대해 선인들 사이에서는 유쾌하게 느끼지 않는다고 들었는데, 내지에서도 해군이 죽었을 때 해군장으로 장례를 치르는 것을 종종 유족 중에는 고마워하지 않고 다시 그 가족의 종교로 장례를 치르는 사람도 있다. 내지에서조차 그런 식이기 때문에 조선에서는 특히 주의하지 않으면 안 된다. 이번 국장에도 비용만 내고 의식은 종래의 습관에 따라 하도록 하는 것이 좋았을 것이라고 생각한다.

선인에 대해서는 교언영색, 즉 언사가 교묘하고 은의에 감동하는 마음이 부족하다는 비난을 자주 듣는데, 이 점은 조선인으로서 자각하고 반성할 필요가 있을 것이다. 이왕가나 관리의 말을 들어보아도, 관리로 채용되고 싶어서 지원할 때에는 그 말에 머리를 조아리고 공손하여 정중하기 이를 데 없지만 한번 선발되어 관리로 채용이 되고 나면 길을 가다 만나도 안면몰수하고 지나간다고 한다. 그런 이기주의적인 태도에 기가 막힌다고 말하지만 적어도 그런 비난을 받지 않도록 신경 쓰지 않으면 안 된다. 선인을 여기에 이르게 한 것은 조선의 기존 정치, 교육이 미치지 못한 것에도 까닭이 있으니 한편 동정할 만한 점도 있지만, 은혜를 모르고 신의를 저버리는 일이 초래되지 않도록 자중하지 않으면 안 된다.

기타노는 조동종 조선포교총감으로 있을 때 다양한 문화적 충격을 받았을 것이다. 조선의 습관을 소중히 하지 않으면 안 된다는 지적은 옳다. 그러나 3·1독립만세운동이 왜 일어났는가에 대해서는 전혀 인식조차 하고 있지 않다. 민족 독립의 염원을 이해하지 못한 것이다. 그렇기 때문에 총독부가 조선인을 교육하고 선도하지 않으면 안 된다는 극단적인 결론에 이르는 것이다. 조동종도 물론 같은 입장이었다.

안중근의 이상을 생각해 보자. 자립한 민족의 공존공영이 아시아에 평화와 번영을 가져온다는 것이 안중근의 이상이었다. 불교는 어느 쪽 입장에 서야 하는가? 선어禪語에 "춘색무고하春色無高下 화지자장단花枝自長短(봄은 온 사방에 펼쳐져 있지만 각각의 꽃가지는 저마다 개성을 가지고 있다.)"라는 말이 있다. 불교는 본래 공존의 종교라고 할 수 있을 것이다. 일본 불교는 권력에 밀착되었기 때문에 불교 본래의 모습을 잃어버렸던 것이다.

한국 승려의 민족 독립 투쟁

조선총독부는 3·1독립만세운동을 철저히 탄압했다. 그러나 조선인들의 독립 의지는 결코 약해지지 않고 오히려 거세졌다고 할 수 있다. 상하이에 대한민국임시정부가 결성되었다. 국경 넘어 중국 동북부의 간도에는 수많은 항일 무장 집단(조선독립군)이 결성되었다.

조선 승려의 독립운동에 대해서 말해주는 자료가 있다. 육군성 밀수 제102호 정보 공3중 그 3 '조선 소요 사건 관계 서류'라는 자료이다. 독립운동에 앞장섰던 조선 승려들의 체포 기록이다.

승려 신상완(30)과 김조선(28)은 1920년 4월 6일에 경성에서 체포되었다. 그들은 독립선언서의 서명자인 한용운과 함께 1915년에 설립된 불교중앙학림의 학생들에게 독립사상을 퍼뜨리고 3월 1일에는 그들을 지도했다. 관헌의 체포를 피해 상하이로 도망, 경성에 왕래하면서 동지를 모으고 상하이에서 불교도 조직 결성을 꾀하였다.

신상완이 이종욱, 김봉신, 백성욱, 김법윤 등과 함께 제작한 선언서 및 승려에 의한 독립운동 조직인 임시 의용 승군의 규칙은 다음과 같다.

선언서

한국 땅의 승려 수천 명은 2천만 동포 및 세계에 대하여 절대로 한국 땅에서의 일본의 통치를 배척하고 대한민국의 독립을 주장함을 이에 선언하노라.

평등과 자비는 불법의 종지宗旨이니 무릇 이를 위반하는 자는 불법의 적이다. 그러하거늘 일본은 표면적으로는 불법을 숭상한다고 하면서 전 세기의 유물인 침략주의 군국주의에 탐닉하여 자주 대의명분이 없는 전쟁을 일으켜 인류의 평화를 깨뜨리고, 폭력으로써 일본에 불교를 전해준 은혜를 입은 이웃 나라를 침략하여 그 나라를 멸망시키려 그 자유를 빼앗고 그 국민을 학대하니 2천만 민중의 원성이 자자하다. 특히 금년 3월 1일 이래로 대한 민족은 아주 평화로운 수단으로 아주 정당한 요구를 외쳤으나 일본은 오히려 폭력과 학대를 자행하여 수만의 무고한 남녀를 학살하니 일본의 죄악이 극도에 다다랐다. 우리들은 이미 더욱 침묵하고 더 방관할 수는 없다.

지난번 전 민족 대표 33인이 독립선언을 발표할 때 우리 불교도 중에서 한용운, 백용성 두 승려가 참가하였고 그 후에도 우리 불교도 중에서 몸과 재산을 바쳐 독립운동에 분기하는 자 많거니와 일본은 오히려 전과를 참회하지 않을 뿐만 아니라 오히려 경관을 늘리고 군대를 증파하여 더욱 억압 정책을 자행하는 한편 부정한 수단으로 불량배를 선동하여 날로 그 악과 2천만 민중의 고뇌를 더 길게 하려 하니 이에 우리는 더 참고 볼 수 없도다. 불의가 의를 억압하고 창생이 도탄에 괴로워할 때에 검을 가지고 일어남은 우리 역대 선조의 풍습이다. 하물며 몸이 대한의 국민으로 태어난 우리들이오. …(중략)…

이에 우리는 일어나리. 대한의 국민으로서 대한의 자유와 독립을 완성하기 위해, 2천 년의 영광 있는 역사를 가진 대한 불교의 일본화와 절멸로부터 구하기 위해 우리 7천 승니(僧尼)는 결속하여 일어나리. 죽어서 나라에 보답할 것을 발원하고 의를 중시하여 생을 가볍게 여기는 의기, 누가 그것을 막으리오. 한번 결속하여 분기한 우리에게 대원을 성취할 때까지 오직 전진과 혈전뿐.

대한민국 원년(1919년, 3·1독립만세운동이 일어난 해. 필자 주) 11월 11일
대한승려연합회
  대표자 오만광 이법인 김취산 강풍담 최경파 박법림 안호산 오동일
    지경산 정운봉 배상우 김동호

'평등과 자비는 불법의 종지이다. 따라서 그에 위반하는 자는 불법의 적이다.' 간결하면서도 완벽한, 실로 훌륭한 표현이다. 이 기세를 조동종은 무시하고 자파의 불교를 강요하려고 했기 때문에 제대로 될 리가 없었다. 임시 의용 승군의 규칙은 마치 의병 조직을 방불케 한다.

임시 의용 승군 헌제憲制

총령부
1. 총령부는 대한승려연합회장을 총장으로 하는 승군의 최고 본부로 한다.
2. 총령부는 임시정부(상하이. 필자 주)와 승군과의 연락 기관을 구성한다.
3. 총령부는 임시정부의 작전 계획에 따라 협의 실행한다.
4. 총령부는 대한승려연합회의 명예고문을 본부의 고문으로 한다.
5. 총령부는 다음 5국으로 조직한다.
  1) 비서국 2) 참모국 3) 군무국 4) 군수국 5) 사령국
6. 총령부는 군무를 분장하기 위해 각국에 다음과 같은 직을 둔다.

1) 국장 1인

2) 참모 약간 명

3) 집사 약간 명

4) 장서 약간 명

7. 비서국 (생략)

8. 참모국은 용병에 관한 일체 계획을 관장한다.

9. 군무국은 아래와 같은 군정을 관장한다.

1) 부대 배치, 군기, 군규軍規, 의식儀式에 관한 사항

2) 상공 포장에 관한 사항

3) 군직軍職 임면 및 보충에 관한 사항

4) 군사 심판 및 승군 회의에 관한 사항

5) 군적軍籍 고사考査에 관한 사항

10. 군수국 (생략)

11. 사령국은 아래의 사무를 관장한다.

1) 통신에 관한 사항

2) 선전에 관한 사항

3) 정탐, 조사에 관한 사항

4) 전투에 관한 사항

12. 사령국은 전국에 산재한 승군을 지휘하기 위해 각 도·군에 아래의 기관을 둔다.

1) 도대道隊

2) 군대郡隊

3) 산대山隊

13. 사령국은 각 도, 군, 산山 기관에 사무를 분장하기 위해 아래의 직을 둔다.

1) 도대

①도대장 ②도참모 ③도집사 ④도장서道掌書

2), 3)은 생략

14. (생략)

15. 본대의 대원인 자는 아래의 신조를 지킨다.

1) 당무에 대해 기밀을 절대로 준수한다.

2) 생명을 희생으로 하는 경우일지라도 당무의 비밀을 누설해서는 안 된다.

3) 매월 의무금 (   )원을 납부한다.

16. 본대는 광복이 이루어진 후에 해체한다.

17. (생략)

임시 의용 승군이 실제 조직되었는지, 실전에 가담했는지 여부는 명확하지 않다. 그러나 식민지 조선의 불교인들이 정면에서 총독부에 맞서려고 했다는 사실은 말할 수 있을 것이다. 그것도 불교 정신에 입각했다는 점이다. 일본과 조선 불교의 커다란 차이를 생각하지 않을 수 없다.

다이쇼 천황의 관제 개혁 조서

수만 명의 희생자를 내고도 조선 사회를 평온하게 유지시켜 가기는 도저히 불가능했다. 3·1독립만세운동은 일본을 충격으로 몰아넣었다. 당황한 일본은 수습을 위해 같은 해 8월, 다이쇼(大正) 천황 이름으로 관제 개혁 조서를 내린다.

짐은 일찍이 조선의 평온과 무사를 바라며 그 민중 사랑하기를 모든 사람 차별 없이 평등하게 함에, 나의 신민으로서 추호도 차별이 없으며 각각 본분을 다하여 짐의 위대한 덕을 누리기 바란다. 지금 사회 상황이 변함에 따라 총독부의 관제를 개혁할 필요를 느껴 이에 이를 시행하고자 한다. 이것은 종래의 조정 정책을 토대로 하여 상황에 따라 제도를 정하여 시정에 도움이 되고 정치의 안정을 목적으로 하는 것이니라. 지금 구주의 전란이 종식되고 세계의 정세는 크게 변하고 있다. 짐은 이를 깊이 생각하고 있노라. 점점 민중의 발달을 위해 노력하고 복리를 증진시키기를 바라노라. 모든 관료나 직원은 내 뜻을 충분히 이해하여 일을 하고 덕으로써 감화시켜서 민중이 일에 힘쓰도록 하고 그 생활을 즐겁게 하도록 끝없는 행복의 은혜를 주어 협력하여 일본의 운이 융성해지도록 노력하라.

조선의 뿌리 깊은 저항을 누그러뜨리기 위한 일시동인一視同仁 정책은 패전할 때까지 식민지정책의 기본 개념이었다. 만주사변, 중일전쟁 그리고 태평양전쟁으로 이어지는 전황이 불리해짐에 따라 일시동인은 내선 융화에서 내선일체로 모습을 바꾸어 황민화 정책과 더불어 민족 소멸 정책의 본질을 드러낸다.

조선총독부의 시정 개관

3·1독립만세운동으로 데라우치와 하세가와의 무단정치는 파탄했다. 애를 태우던 총독부가 다음에 내건 것이 문화정치라는 간판이었다. 문화정치를 실행한 주요 총독은 사이토 마코토(齋藤實)와 우가키 가즈시게(宇垣一成)이다. 사이토 마코토는 1919년 3·1독립만세운동 후인 8월에 총독에 취임하여 8년 4개월 동안 재임했다. 1927년부터 2년 동안 야마나시 한죠(山梨半造)가 후임으로 취임하여 재직했고 그 후 사이토가 다시 2년

정도 총독으로 근무했다(제2차 사이토 총독 시대). 우가키 가즈시게는 제2차 사이토 총독 시대를 이어서 1931년부터 1936년까지 약 5년 동안 총독 자리에 있었다.

1919년부터 1936년까지 17년 동안 조선 총독 정치를 대략적으로 기술하면 무단정치에서 문화정치로의 전환인데, 그 둘은 어디까지나 식민지 지배 완성을 목표로 한 것으로 전환이란 뻔한 속임수에 지나지 않았다. 특히 우가키 총독 시대에 일어난 만주사변은 식민지 조선을 긴장시켰다. 이하 그동안의 총독부 시정을 살펴보자.

사이토 마코토는 총독에 취임하자 바로 헌병경찰제도를 폐지하고 문관경찰제도를 시행하였고, 이듬해에는 태형령을 폐지하였다. 1923년에는 감옥을 형무소로 개칭하기도 했다. 한편 『조선일보』 및 『동아일보』 발행을 허가하고(1920년 1월), 1926년에는 경성방송국 라디오방송을 시작하여 식민지정책의 침투를 꾀하였다. 총독에 취임한 이듬해인 1920년에는 이왕의 아들 이은과 마사코(方子)의 결혼 특사로 정치범의 형량을 줄이기도 했다.

1923년의 관동대지진으로 인해 조선의 민족 독립운동이 고취될 것을 두려워하여 일본은 조선에서 치안유지법을 시행하게 되었다. 1925년 경성의 남산 북쪽 기슭의 조선신궁이 진좌제(鎭座祭)를 거행하였고 이 무렵 식민지 조선의 최고 학부인 경성제국대학이 설립되었다. 1930년 사이토 총독 사임 약 1년 전에는 조선의 각 학교에서 교육 칙어 발포 14주년 기념식을 거행했는데, 문화정치란 조선을 일본문화화하는 정치였다.

사이토 마코토는 총독에 취임하자마자 경성 남대문에서 폭탄 환영을 받았다. 독립만세운동은 계속 벌어져서 1920년에는 경성부 내 기독교계사립학교 여러 곳이 운동을 일으켰다. 1929년에는 일본인 학생과 조선인 학생 사이에서 싸움이 발생하여(광주학생운동) 동맹 휴교가 전국적으로 확대되었다. 민족 독립 투쟁은 결코 위축되지 않았다.

덧붙여 그동안 아편 정책(모르핀 전매화)이 실시된 것도 기록해 둔다.

우가키 가즈시게는 사이토 마코토의 후임으로 더욱더 문화정치를 추진했다. 그가 내건 테마는 내선 융화, 심전心田 개발, 자력갱생(농촌진흥운동)이었다.

내선 융화는 만주사변과 그 후의 병참기지로서 조선의 중요성이 높아짐에 따라 한층 강화되었다.

우가키는 만주국이 성립한 1932년 및 다음 해 두 차례에 걸쳐 국민정신 작흥作興에 관한 총독 성명을 내고 각오를 발표했다. 토대가 되는 국민정신 작흥에 관한 조서는 1923년 관동대지진 후의 혼란을 막기 위해 천황 이름으로 내려진 것으로, 국가 흥륭의 기본은 국민정신의 강건에 있다는 내용이다. 구체적으로는 학식과 덕행을 겸비할 것, 국가의 기강을 바로 세울 것, 풍습이 나쁜 것은 고치고 좋은 것은 장려할 것, 겉치레 없이 성실할 것, 인정 많고 공정할 것, 인륜, 친화, 공덕, 질서, 책임, 절제, 충효, 정의와 용기, 박애, 공존, 검약 등을 들어 국가의 흥륭과 민족의 안녕과 사회의 복지를 꾀해야 한다고 역설했다.

우가키는 약 10년 후에 이 국민정신 작흥에 관한 조서를 병참기지인 식민지 조선에서 이용하여 실행하고자 했다. 소위 조선인의 황민화를 꾀한 것이라고까지는 말할 수 없을지 모르나 후의 미나미(南) 총독 시대의 천황 파시즘 황민화 정책으로 이어지는 것이었다. 이하 총독 성명의 발췌문을 참고로 기록한다.

내선일체를 이루고 관민이 서로 이끌어 위와 같은 정세를 거울삼아 세계에서 동아 민족의 입장과 일본 국민의 사명 및 조선 자체의 진가를 자각하여야 한다. 동시에 호사豪奢 안일의 악습을 타파하고 근면, 검약, 노력이라는 아름다운 풍습을 지켜서 곤란을 이겨내고 궁핍을 참아내어 자신의 역할에 열심히 노력하면 능히 현 정세에 잘 대응할 수 있을 것이다. 또 생활이 더 나아질 것이라고 믿고 국민정신 진작에 관한 조칙 발포 기념일을 계기로 하여, 각자의 업무에 힘써 하루하루를 헛되지 않게 하고 지금까지의 나쁜 습관을 버려서 모두가 규율을 지키고 절제 있는 생활로 충실하고 강건하게 국가의 번영에 공헌함으로써 천황의 성스러운 뜻을 따르기를 간절히 바라마지 않는다. (1932. 11. 10.)

우리 조선에 있어서는 현재 시국 극복을 기하여 이미 민심 작흥, 사회교화 운동을 일으킨 지 이미 수년이 지나 조선 전체에서 일제히 약진하고 있다지만 더욱더 한 단계 긴장, 노력하지 않으면 속히 그 성과를 거둘 수 없을 것이니라. 관민이 이에 유의하여 한층 협력하여 고래의 가난으로부터 떨쳐 일어나기 위해 우리 국민성의 독특한 장점을 발휘해야 한다. 또 내선 혼연일체가 되어 모두 그 본무에 정진하여 더욱 기강을 세워서 게으름을 엄중히 경계하고 고루함을 배척해야 한다. 과격을 폐하고 꾸밈이 없고 성실하며 몸과 마음이 강하고 느긋하고 침착하게 기다릴 것을 대비하여, 국운의 흥륭을 참찬參贊하여 오로지 황유皇猷를 성취하기를 간절히 바란다. 이에 거듭 성명을 발표하는 까닭이니 영내 관민은 그것을 양해하라. (1933. 11. 10.)

또 융화를 철저히 하기 위해 우가키가 생각한 것은 농촌진흥운동이었다. 이것은 지방의 농촌까지 총독부의 지배가 미치도록 하려는 것이었다. 문화정치 측면에서 특기할 만한 것은 심전개발운동이다. 정신적인 측면에서의 개조를 겨냥한 운동이다. 심전개발운동에는 일본 종교계도 협력하였다. 뒤에서 자세히 기술한다.

조동종 경성 별원의 기초-이가라시 젯쇼(五十嵐絶聖)

그렇다면 1919년의 3·1독립만세운동 이후 조동종은 조선에서 어떤 활동을 하였는지 살펴보자.

총독부는 끈질긴 독립운동을 문화정치로 억압하려고 했다. 물론 종교도 그에 가담하였다.

조동종이 조선의 수도 경성에서 포교를 시작한 것은 1903년 후지 도젠(富士洞然)을 효시로 한다. 또 1908년에는 다케다 한시가 조선포교관리를 역임했던 것은 앞에서도 언급했다. 한국 병합 이듬해인 1911년 조동

1926년에 경복궁에 신축되기 전의 총독부와 히가시혼간 사(東本願寺). 식민지 지배에 일본 불교가 가담하고 있었다는 사실이 그 위용으로 짐작된다.

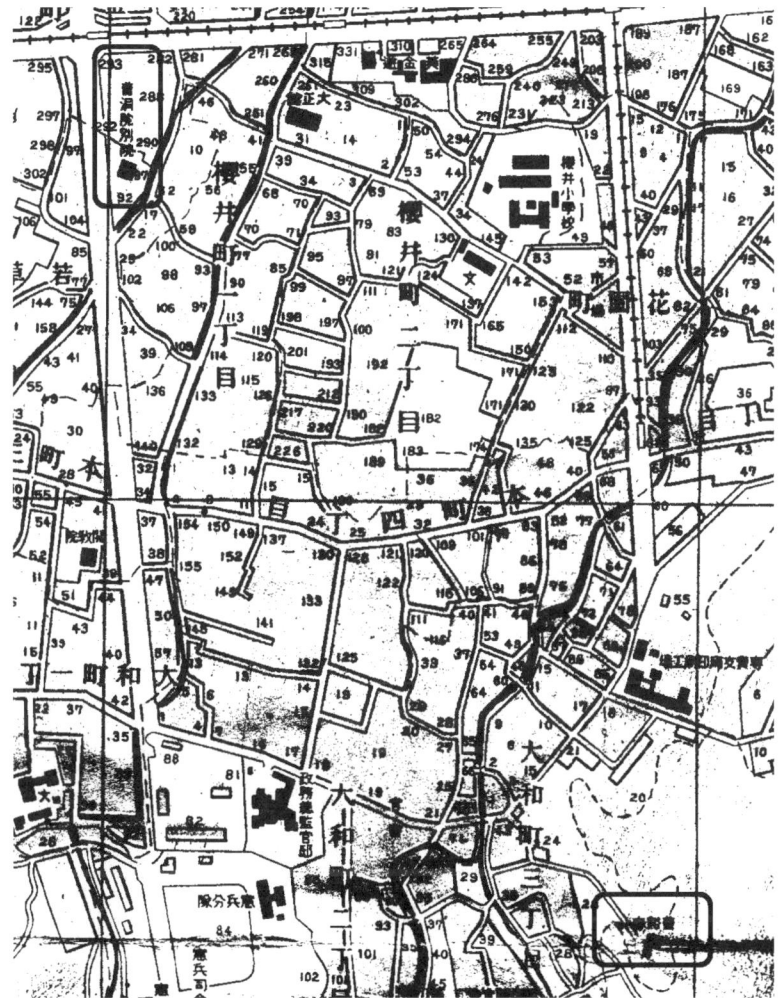

1925년 당시의 경성 지도. 약초정 조동종 별원(왼쪽 위)과 대화정 조계사(오른쪽 아래)가 보인다.

종은 조선개교총감에 기타노 겐포를 임명, 경성 약초정에 임시 별원을 설치하여 포교를 본격화했다. 조동종 경성 별원은 처음에 약초정에 두었지만 1923년에 대화정에 있던 조계사로 옮겨졌다(정식 이관은 1927년이라고 함). 필자의 손에 당시의 지도가 있다. 약초정의 경성 별원과 후에 경성 별원이 되는 조계사를 확인할 수 있다.

새로운 경성 별원의 인수처가 된 조계사를 정비하여 발전시킨 사람은 이가라시 젯쇼이다. 1916년에 발행된 『현대 불교가 인명사전』에 따르면 그는 기후 현(岐阜縣) 류타이 사(龍泰寺)의 주지, 조동종 공선의원, 양대 본산 포교사, 조동종 제3중학림(나고야) 임장을 역임한 명성 높은 승려이다. 그는 1922년부터 1928년까지 조계사 제7세 주지를 했고, 또 별원 이관에 따라 경성 별원의 제5세 포교감리도 겸했다. 1935년 대본산 소지 사 감원監院에 취임하여 2년 후에 사망했다. 최종 직함은 본산 상임 고문이었다.

이가라시 젯쇼는 제3중학림 임장을 9년 동안이나 역임했지만 한국개교규정을 제정한 대본산 소지 사 아라이 세키젠(新井石禪) 선사의 명으로 경성으로 갔다. 이가라시가 조선에 온 그 해 일본에서는 도야마 쌀 소동이 있었고, 전국수평사全國水平社[27] 및 일본공산당이 결성되었다. 1912~1926년에는 제1차 세계대전과 시베리아 출병이라는 군국화와 자유주의가 서로 충돌했던 시기라고 할 수 있다. 관동대지진을 핑계 삼아 오스기 사카에(大杉榮)를 살해하고 조선인들을 학살한 것도 이 충돌이 초래한 것이다. 그리고 조동종은 국가의 편에 서 있었다.

---

27 1922년 3월 일본에서 피차별 부락의 지위 향상과 인간 존엄 확립을 목적으로 사이코 만키치(西光万吉)를 중심으로 결성된 단체로 제2차세계대전 후에 발족된 부락해방전국위원회 및 부락해방동맹의 전신에 해당한다.

이가라시 젯쇼의 인생에서 전기가 된 것은 조동종 제3중학림 임장(교장) 취임이었다. 재임 중 교사 이전을 했을 때 당시의 야마다 에키호(山田奕鳳) 교학부장은 그의 수완에 감탄하며 "당신은 사업가가 되는 편이 낫겠어."라고 했다고 한다. 그 능력은 새로운 조동종 경성 별원의 창립으로 인정받았다. 그는 조동종의 기대에 보기 좋게 부응했다.

경성 별원-조계사

일본 국내 사정은 그대로 식민지정책의 강화로 이어졌다. 그런 배경이 있어서인지 이가라시의 조계사 확대 정비 사업에 총독부는 협력을 아끼지 않았던 것 같다.

1925년 12월 6일 자 『경성일보』는 다음과 같이 보도했다.

대화정의 새 명소 유서 깊은 황건문이 재탄생
일만 엔을 들여 평양에서 옮겨와 다시 세우다

대화정 3정목에 있는 조동종 조계사에 조선식의 근사한 대문이 만들어졌다. 좁은 장소에서 통로를 장악하고 있던 절에서는 어떻게든 큰길로 나와 그곳에 눈에 띄는 근사한 대문을 세우고 싶은 바람을 갖고 있었다. 때마침 운 좋게 평양에 국유재산으로 남겨졌던 황건문이 당국의 손으로도 어찌지 못하고 있다기에 절에서는 즉시 당국에 불하해 줄 것을 요청하여 허락을 받아, 금년 8월에 공사를 시작하여 해체한 황건문을 화차 11대에 실어 경성으로 옮겨왔다. 그리고 현재의 위치에 완성하기까지는 약 2개월의 시간이 걸렸고, 공사는 병목정에 사는 누마다(沼田) 씨가 전문적으로 담당했다. 하루 이틀 전에 겨우 완성된 문을 보자 황폐해졌던 평양 시대의 그림자와는 싹 달라진 근사한 문이 되어 길 가는 사람의 눈을 놀라게 한다. 일본 절에 순전한 조선 고풍의 대문이 세워진 것이

기묘한 느낌마저 드는데, 게다가 이 황건문에는 국제적인 인연이 얽혀 있어 흥미롭다. 무엇보다도 이 문이 세워진 것은 메이지 27, 28년경의 일로 당시 동양에 세력을 확장하던 러시아는 우선 조선을 손에 넣으려는 속셈으로 조선의 왕도를 평양으로 이전시키려고 계획했다. 당시 정부 요직에 있던 자들도 러시아 세력에 두려움을 느꼈는지 그 뜻에 따를 것을 전제로 평양 남정南町에 이궁을 만들고 그 정문에 광대한 황건문을 세웠던 것이다. 그런데 러시아의 야심은 수포로 돌아갔고 그 세력은 중국, 조선으로부터도 축출되어 황건문은 덧없이 그 잔해만 방치되어 있을 수밖에 없었다. 그리고 30여 년 후인 오늘날에는 완전히 황폐해져서 까마귀와 까치의 집이 된 채 옛 모습을 그리워할 필요조차도 없어졌다. 절에서는 이 문을 세우는 데 약 1만 엔의 비용이 들었다고 한다.

"광무 7년 6월 15일 11시 10분 의정부 찬정 겸 홍문관 학사 신 윤정구…"라고 적힌 상량문에는 당시의 요직에 있던 현관의 이름도 적혀 있었다고 한다. 그 전문도 황건문과 함께 조계사의 소유물이 되었다.

황건문을 옮겨 세우는 비용을 지금 돈으로 환산하면 수억 엔에 이른다. 신축하는 것이 절대적으로 싸게 들었을 것이다. 그럼 왜 황건문 이설移設을 고집했을까? 그것은 총독부와 일본 불교의 권위 과시가 아니었을까? 식민지 시대 이전의 역사를 지우고 그 위에 새로운 역사를 쌓으려는 의도도 있었을 것이다.

황건문은 기껏 30년이라는 역사적 가치가 낮은 것이었지만 조계사의 객전에는 약 180년 전의 회상전이, 신新 본당에는 경희궁 숭정전이 해체돼 이설되었다.

경희궁은 조선왕조의 궁전으로 대원군이 경복궁을 재건할 때까지 280년 동안 정궁이었던 곳이다. 숭정전은 국왕이 정치를 담당하는 가장 권위 있는 건물이다. 그것이 조계사 신 본당으로 옮겨진 것이다. 당시 조선인들의 탄식 소리가 들리는 것만 같다.

이들 일련의 이설을 통해 양대 본산 별원인 조계사의 건설에 협력한 사람은 3·1독립만세운동에 질려 문화정치로 방침을 변경했을 때에 총독으로 취임한 사이토 마코토(제1차)이다.

그는 조선을 떠난 뒤 수상에 취임하지만 이때 쌓았던 조동종과의 관계는 그 후에도 계속되었던 모양이다. 그는 총독 재임 중이던 시절의 추억과 내선 융화에 대한 생각을 담아 별원에 관음상을 기증했다. 별원은 그것을 약초관음으로 맞이하여 기능을 다한 임시 별원에 안치하였다. 임시 별원은 신별원 부속의 약초관음당이 되었다.

약초관음당에서는 1933년에 봉찬회를 조직하였고 이후 시끌벅적한 야시장이 열렸다. 그 모습이 잡지『조선 불교』(1933년 신년호)에 소개되었다. 그 내용은 다음과 같다.

수상이 기부한 본존 약초관음상, 야시장도 열려 성황

수상 사이토가 기부한 내선 융화의 본존 약초관음상 안치를 기념하는 야시장이 16일 저녁부터 약초대로에서 열렸다. 어쨌든 도쿄의 아사쿠사(淺草) 관음에 견줄 만한 대대적인 행사를 계획하고 있는 것으로 길가에 빛나는 150여 개의 등불도 환하게 밝혀 어두운 이 일대를 밝게 비추었다.

땅거미가 지기 시작하자 일꾼들이 천막과 상품을 어깨에 둘러메고 나와 20여 채의 가게를 일제히 도로 한쪽에 완성시켰다. 인근의 남녀노소는 나들이옷 차림으로 관음당으로 향하고 새롭게 데뷔한 노점 근처에는 혼부라당[28]이 빙 둘

---

[28] 긴자를 하릴없이 배회하는 신여성을 긴부라걸이라고 한 것에 대해 경성 본정(本町, 지금의 충무로·명동 일대)의 백화점들을 배회하는 군상들을 혼부라당이라고 함.

러서서 물건 값을 흥정하고 있다. 마침내 본당에서 찬불가가 시작되었다. 백 수십의 신도가 종소리를 반주로 와자한 코러스를 시작하자 노점의 떠들썩함도 한층 기세를 드높인다. 재일(緣日)[29]이면 노점에 으레 등장하는 풍선 가게, 인형 가게, 떡 가게, 서점 등이 있고 폭탄 3용사[30]의 사진이 1장에 20전에 팔렸다.

역대 포교총감과 그들의 약력

경성의 양대 본산 별원은 조동종의 식민지 포교에 있어서 최고 기관이었다. 역대 포교총감과 그들의 약력은 다음과 같다.

초대 기타노 겐포

임기 1911년 12월 27일~1915년 10월 18일

1842년생. 1873년 세이쇼 사(靑松寺) 주지. 같은 해 대본산 소지 사 감원. 1880년 대강의大講義에 임명. 도쿄의 남작을 비롯하여 은행, 회사, 군대, 감옥, 병원, 학교 등에서 애국적 교화를 함. 1906년 호리타(堀田) 백작이 조직한 훈풍회 강사를 역임하였고, 집필록인 잡지『훈풍』은 황후에게 헌상되었다. 한국 병합 후 1911년 조선포교관리 다나카 도엔(田中道圓)을 대신하여 조선포교총감에 취임. 데라우치 마사타케 총독과 교류. 훈풍회 경성 지회, 부인경애회, 동척(식민지의 토지를 수탈한 회사. 필자 주) 청교회 외에 은행, 회사, 학교, 군대, 병원, 감옥 등에서 교화 활동을 함. 같은 해 11월 조선 및 중국 동북부(만주)를 순석하고 조선 각 도에

---

[29] 신불과 이 세상의 인연이 강하다는 날. 약사재일, 관음재일 등과 같은 날.
[30] 일본 육군 독립공병 제18대대의 에시타 다케지(江下武二), 기타가와 스스무(北川丞), 사쿠에 이노스케(作江伊之助) 일등병을 이르는 말로, 이들은 제1차 상하이사변 중이던 1932년 2월 22일 차이팅제(蔡廷鍇)가 이끄는 19로군이 상하이 교외의 먀오싱전(廟行鎭)에 쌓은 진지의 철조망에 돌격로를 열기 위해 점화한 파괴통을 가지고 적진으로 뚫고 들어가 장애물을 폭파하고 전사했다.

20여 곳의 포교소를 신설. 1912년 약초정 97번지에 양 본산 경성 별원 부지를 구입, 1913년 당우 건설. 1915년 포교총감 사임. 1920년 대본산 에이헤이 사 67세 관수에 취임. 1933년 사망. 92세.

2대 다카다 에이사이(高田穎哉)

임기 1915년 10월 18일~1919년 7월 7일

1865년생. 러일전쟁 종군 포교사, 히로시마 사단 군인 포교사. 1912년 만주 포교사가 되어 뤼순에서 해군 등에게 포교. 1915년 경성 별원 포교사가 됨. 1933년 대본산 에이헤이 사 고도(後堂, 선사 옆을 경비하는 가장 중요한 직책. 필자 주)에 취임.

3대 스기모토 도잔(杉本道山)

임기 1919년 7월 7일~1921년 4월 11일

1847년생. 조동종대학 학감. 가나가와사이죠 사(最乘寺) 주지. 1923년 대본산 소지 사 세이도(西堂,[31] 고도와 함께 선사 옆을 경비하는 가장 중요한 직책. 필자 주)에 취임. 1928년 대본산 소지 사 독주獨住[32] 제6세 관수에 취임. 1929년 사망. 83세.

4대 나카무라 센슈(中村甑宗)

임기 1921년 4월 11일~1922년(월일 미상)

---

[31] 총림에서 결제 때에 다른 사찰의 주지를 역임했던 승려를 보고 배울 때 그를 세이도라고 부른다. 그 사원에서 주지를 역임한 승려를 도도(東堂)라고 칭하는 것에 대조를 이룸.
[32] 조동종 소지 사 등에서는 한번 주지가 되면 평생 또는 입적할 때까지 계속해서 주지를 맡는데, 이런 제도를 독주제獨住制라 하고, 그 주지를 독주라고 함.

1862년 3월 8일생. 1907년 사가師家[33] 인가. 양대 본산 포교사, 나고야 종무소장, 종의회 특선의원. 1934년 대본산 소지 사 감원(본산의 총무장. 필자 주). 소지 사 고문. 1937년 3월 18일 사망. 76세.

5대 이가라시 젯쇼

임기 1922년(월일 미상)~1928년 10월 26일

(생략, 위의 관련 내용 참조)

6대 다카시나 로센(高階瓏仙)

임기 1928년 10월 26일~1933년 12월 19일

1876년 10월 14일생. 1909년 조동종대학 교수. 1915년 후쿠오카 현 안코쿠 사(安國寺) 주지. 1916년 히오키 모쿠센(日置黙仙) 선사가 에이헤이 사 주지로 들어온 후에 수행장이 됨. 1924년 조동종 공선의원에 당선(후에 종회의장). 1931년 가스이사이(可睡齋) 재주. 1932년 경성 박문사 창설에 참여. 1940년 경성 약초사若草寺 제1대 주지. 1941년 6월 28일 대본산 소지 사(독주 12세) 관수에 취임. 같은 해 7월 17일 대본산 에이헤이 사 71세 관수에 취임. 1944년 조동종 관장. 1965년 별치 관장제에서 양대 본산 관수에 의한 2년 교대제로 제도가 바뀌지만 그 후에도 관장을 계속함. 결국 전시부터 전후까지 4반세기에 걸쳐 관장 직 유지. 1957년 전일본불교회 회장에 취임. 1967년 한국 조계종 및 동국대학교 총장의 초대를 받아 방한. 1968년 1월 19일 사망. 91세.

---

[33] 선승 중에서도 특히 수행 경험이 풍부하여 다른 승려를 지도할 정도로 학덕을 갖추고 있는 승려.

7대 다케오 라이쇼(嶽尾來尚)

임기 1933년 12월 19일~1939년 5월 16일

1867년 12월 15일생. 조동종대학 임학감, 조동종 특선의원, 대본산 소지사 부감원, 조동종무원 재정부장, 대본산 소지사 고도, 동양대학 강사. 재임 중 약초정에 3만 평의 토지를 구입하여 약초관음당 건립. 1940년 만주포교총감. 1945년 5월 25일 도쿄대공습 때 중상을 입고 그 해 6월 7일 사망. 78세.

8대 오사다 간젠(長田觀禪)

임기 1939년 5월 16일~1943년 7월 17일

1870년 10월 8일생. 1896년 조동종무국 서기. 1900년 타이중(臺中) 감옥 교회사(敎誨師). 1903년 타이중 사(台中寺) 창건. 한국 부산으로 건너가 총천사 창건. 1907년 히오키 모쿠센이 만주와 조선을 순석할 때 부산을 안내. 가인 와카야마 보쿠스이(若山牧水)의 숙부(어머니 마키의 이복형제). 1946년 12월 9일 사망. 76세.

9대 이토 다이호(伊東泰邦)

임기 1943년 7월 17일~1945년 1월

1895년 10월 24일생. 1928년부터 패전할 때까지 부산 총천사 주지. 그동안 조선에서 설립한 포교소는 총 34개소. 총천사는 신도가 6000명이라고 알려질 정도로 조선 남부 일대에서는 최대의 조동종 사원으로 유명. 조동종 조선 개교 사상 특히 주목할 만한 인물.

10대 아오야마 모츠가이(靑山物外)

임기 1945년 1월~1945년(월일 미상)

1871년 7월 13일생. 1896년 대본산 소지 사 부사 겸 아키타 시 호다 사(補陀寺) 주지. 재직 중에 아키타 연대 군인 포교사 역임. 1908년 대본산 소지 사 부감원. 1911년 조동종무원 서무부장. 1948년 2월 5일 사망. 76세.

11대 오타카 다이죠(大高大定)

임기 1945년(월일 미상)~1945년(월일 미상)

1871년 3월 24일생. 1956년 12월 28일 사망. 85세.

역대 포교총감의 경력을 훑어보기만 해도 당시 조동종이 얼마나 조선 개교를 중시하였는지 알 수 있다. 포교총감이라는 직책은 조동종 내에서는 이른바 출세를 위한 등용문이기도 했다.

1928년 지나사변 파견 부대 위문자 조사서

경성 별원과 병참기지인 조선과의 관계를 나타내는 하나의 자료가 있다.

지난사건(濟南事件)[34]과 장쭤린(張作霖) 폭살[35] 등이 있었던 쇼와 3년(1928년)의 지나사변(중일전쟁) 때 경성 별원이 만주에 파견되어 있던 부대를 위문한 기록이다.

---

[34] 1928년 5월 3일, 중국 산둥 성의 지난에서 국민혁명군의 일부에 의한 일본인 습격으로 일본의 권익과 일본인 거류민 보호를 위해 파견된 일본군(제2차 산둥 출병)과 북벌 중이던 장개석이 이끄는 국민혁명군(남군)과의 사이에서 일어난 무력 충돌 사건.

[35] 1928년 6월 4일, 중국 펑톈 근교에서 관동군에 의해 펑톈 군벌 지도자 장쭤린이 암살된 사건.

쇼와 3년 지나사변 파견 부대 위문자 조사서 (쇼와 4년 9월 조선군사령부)

보병 제40여단 사령부

1. 인명 및 신분

   조선 조동종 포교관리 이가라시 젯쇼

   　　　　포교사　쇼지 도겐(東海林道賢)

2. 내방 상황

   펑톈 주둔 중 혼성 제40여단 사령부를 방문하여 경성부 내 각 소학교 및 여학생 생도들이 쓴 위문편지를 증정함.

3. 내방자의 감상

   없음

(이하 생략)

보병 제79연대

1. 인명 및 신분

   경성부 대화정 조동종 별원 관장 이가라시 젯쇼

   경성부 신정 고야산 별원 관장 사와 고한(澤光範)

2. 내방 상황

   이가라시 씨는 쇼와 3년 5월 29일, 사와 씨는 동년 6월 13일 지나사변 때문에 만주 경비를 하고 있는 파견 장병의 위문을 위해 펑톈 주재 중 내방함. 이가라시 젯쇼 씨는 장병 전원에게 우편엽서 15매의 위문품과 특히 조선 파견 부대를 위해 아래 학교 학생들의 위문편지 증정 의뢰의 뜻을 알렸다.

   경성 제1 · 제2 고등여학교, 경성여자실업학교, 경성여자상업학교, 경성공립 · 삼판 · 남산 · 남대문 · 종로 · 약초 · 원정 · 앵정 · 용산 · 일출

각 소학교

3. 내방자의 감상

없음

(이하 생략)

(아시아역사자료센터 레퍼런스 코드 C0709552100에서 발췌. 밑줄 필자)

식민지 통치 시대의 포교란 군의 일익을 담당하는 것이었다. 그리고 또 흥미로운 것은 학생들의 위문편지를 전달한 것이다. 본래는 총독부 담당부서의 일이었을 텐데. 아니면 일본 불교 단체는 국가기관이었다는 말인지….

오키노 이와사부로의 『살얼음을 밟고서』에서

그러면 당시 군의 협조와는 별개로 어떻게 종파의 포교가 이루어졌는지 살펴보자.

오키노 이와사부로(沖野岩三郎, 1876~1956)는 전쟁이 일어나기 전에 구연동화가였다. 그는 또한 목사이기도 했다. 고토쿠 슈스이(幸德秋水)의 대역 사건에 연좌된 적도 있었으나 간신히 난을 피했다. 그는 식민지 조선에도 건너가 어린이들을 위해 동화를 들려줬다. 이 경험을 토대로 쓴 것이 『살얼음을 밟고서』(屋號商店, 1923)이다. 당시로서는 드물게 일본의 식민지 지배에 대한 비판이 여러 곳에 등장한다.

강원도 복계에서 강연했을 때의 에피소드가 그 책 277쪽에서 287쪽에 걸쳐 실려 있다. 저자가 두 번째로 등단하여 강연을 시작했을 때 갑자기 "이 썩을 중놈! 뭐라고 지껄이는 거야!" 하는 소리와 함께 연단에서 끌려 내려왔다고 한다. 나중에 들으니 포교사로 오해를 받았단다.

당시 조선·만주 철도 연선에는 강연병이라는 것이 있었다고 한다. 작품 속 인물이 다음과 같이 말한다.

> 이 조선·만주의 철도에는 강연병이라는 것이 있습니다. 예를 들면 진종의 승려 한 명이 만철회사와 담판하여 강연하며 연선을 돌고 나면 곧바로 정토종에서 강사가 오고 정토종이 갔다고 하면 천태종이 바로 몰려옵니다. 천태종이 가면 임제종, 임제종이 가면 조동종, 조동종 후에는 니치렌 종, 니치렌 종 다음으로 황벽종 이런 식으로 계속해서 몰려옵니다. 그리고 강연이 모두 근검저축 아니면 일본 민족의 발전, 충군애국의 설교로 정해져 있어서 도무지 우리들은 너무 많이 들어서 질려 있습니다. 오늘밤도 강연이 있다고는 하나 당신 얘기도 보나마나 예의 근검저축이니 도박하지 마라니, 돈을 아끼라는 얘긴 줄 알고 머리부터 아팠단 말이오.

일본의 각 종파는 다른 종파에 뒤질세라 활발히 포교에 힘썼음을 알 수 있다. 그 대상은 현지 주재 내지인이었고, 그 목적은 자기 종파의 교세 확장, 즉 종파의 이익 획득이었다.

이 에피소드에 이어 이 책에서는 1920년 말 일본 종교의 침투 상태를 기록하고 있다. 그에 따르면 (일본계) 불교는 17개파, 포교소 230곳, 사원 65곳, 승려는 400명, 신자 수 15만 명(중 조선인 1만 명). 그 밖에 조선 사찰(사원)은 1400곳, 조선 승려 7700명, 신자 수는 15만 명이다.

일본계 사원의 조선인 신자 수는 정토종이 가장 많은 6000명이고, 다음이 히가시혼간 사와 니시혼간 사이다. 교파 신도로는 천리교가 6000명의 조선인 신자를 획득하여 지지받고 있었음을 알 수 있다. 일본계 기독교회는 조선 전국에 30곳이 있었으나, 조선인 신자는 없었다.

이 무렵 구미계 기독교회는 3069곳, 포교자 3447명, 신자 수 26만 5000명이었다. (이 숫자는 1927년의 것으로 조선총독부, 『시정 25년』을 참고했다.)

조계사(경성 별원) 터

포교총감이 살던 조계사(경성 별원)의 터는 현재 조계종립 동국대학교가 되어 있다.

필자는 2009년과 2011년 두 차례에 걸쳐 조사 견학을 갔다. 황건문은 한동안 동국대학교의 교문으로 남아 있었지만 학생회관을 건립할 때 해체되어 지금은 남아 있지 않다.

황건문이 있던 장소에서 언덕길을 오르면 왼쪽에 자그마한 운동장이 나온다. 옆에 무대가 마련되어 있고 운동장 안에는 농구대가 설치되어 있다. 이 언저리에 경성 별원 조계사가 있었다. 본당으로 사용되던 경희궁 숭정전은 운동장 공사로 이전되었지만 현재도 대학 캠퍼스 안에 있다. 동국대학교 정문 근처 오른쪽으로 조금 높은 곳에 위치하여 동국대학교의 본당인 정각원으로서 건재하다.

원래의 경희궁으로 되돌리자는 계획도 있었다고 하는데 건물이 너무나 노후해서 이설이 어려웠던 점

동국대학교 정각원에 걸려 있는 숭정전 편액

도 있고 해서 현재의 위치에 놓이게 되었다고 한다. 참고로 경희궁에 지금 서 있는 숭정전은 1985년에 시작된 발굴조사의 결과를 토대로 재현된 것이라고 한다.

동국대학교에서는 김호성 교수의 안내를 받았다. 그 경위는 후술하기로 하고 정각원 내부, 정면 입구의 뒤쪽에 숭정전이라고 적힌 커다란 편액이 있다. 이것은 놀라웠다. 조동종이 경성 별원으로 사용하던 동안에도 이 편액을 파기하지 않고 보존하고 있었던 것이다. 소위 전리품으로써 자랑스럽게 걸어놓았는지도 모르겠다.

이토 히로부미의 절 박문사

1932년 일본은 만주국을 성립시키고 국제 여론을 무시한 채 스스로 떠안은 3대 국난, 즉 재정·경제·사상의 국난을 타개하려고 했다. 춘무산春畝山 박문사博文寺가 경성에 위용을 드러낸 것은 그때였다. 식민지 조선은 대륙의 병참기지로서 의미가 막중해져서 사상적으로도 한층 견고해질 필요가 있었다. 박문사는 그 역할을 책임지고 탄생했다.

그해 10월 26일 경성 교외 장충단공원에서 박문사의 낙성 입불식이 성대하게 거행되었다.

절 이름 춘무산 박문사는 이토 히로부미의 호와 이름을 그대로 사용한 것이다. 도쿄제국대학의 명예교수인 이토 츄타(伊東忠太)의 설계로 철근콘크리트 건물 지하 1층 지상 2층의 본당과 총독부에서 하사받은 경복궁의 준원전을 이축한 요사채(주거부), 경희궁의 흥화문을 이축한 경춘문과 좌선당 등으로 이루어졌고, 경내는 4182평이었다. 전 조선총독부 정무총감 고다마 히데오(兒玉秀雄)가 이토 히로부미 공 기념회를 조직하여 각계에서 기부를 받았다. 고다마는 이토 히로부미가 조선 통감이던 당시 서기관을 역임했고 이토 히로부미를 흠모했었다.

참고로 본당은 최신식 수세식 정화 장치 및 스팀 난방이 구비되어 있었다. 총경비는 45만 엔. 착공에서 완성까지 약 2년이 걸렸다. 초대 주지는 조동종의 스즈키 덴잔(鈴木天山)이 역임했다. 그 후에도 역대 주지는 모두 조동종에서 초빙되었다. 박문사가 조동종을 고집한 것은 이토 히로부미가 조동종 제6대 관장인 모리타 고유(森田悟由, 1834~1915) 선사와 친분이 있었기 때문이다. 스즈키 덴잔은 모리타 선사를 마지막까지 돌본 제자였다는 인연에서였다.

그해 10월 24일과 25일 자 『경성일보』는 박문사의 낙성 입불식을 하루 앞두고 특집을 마련했다.

춘무산 박문사 건립되다(상)
반도의 대은인 이토 공을 추억. 고다마 백작의 주창으로 실현

어수선한 오늘날의 만주에서와 같이 폭도들이 각지에서 봉기하여 난마와 같이 어지럽던 반도를 낙원으로 만들기 위해 그 몸마저 희생으로 진력한 위인 이토 히로부미 공이 서거한 지 24년, 이제야 일한 병합의 열매를 맺어 빛나는 미래를 약속할 수 있는 이때 조선 통치의 대은인 이토 공의 덕풍을 기리고 공적을 찬양하며 명복을 빌고 아울러 일선 양 민족의 굳은 정신적 결합을 꾀하고자 하는 길●(원문에 누락. 역자), 춘무산 박문사가 고인의 24주기인 10월 26일을 기하여 성대한 낙성식을 겸하여 장엄한 입불식을 거행하고자 한다. 실로 거인의 위대한 족적을 우러러 칭송함에 걸맞은 기념사업이지만 이 대도량이 메이지 대제를 신체神體로 받들고 있는 반도의 진수 조선신궁과 대제의 신임 두터운 히로부미 공을 본존으로 하는 신불을 서로 마주보게 하여 남산을 중심으로 설립된 것에 대해 우연이 아닌 깊은 의의를 느낄 수 있을 것이다. …(중략)…

쇼와 5년 3월 당시 정무총감이었던 고다마 히데오 백작의 주선으로 그 의논이 구체화되어 기념사업으로 사원을 건립하고 공의 명복을 빌어 불사를 함과 동시에 불교의 진흥을 꾀하여 반도 대중의 정신적 결합으로 통치에 공헌하고자 하는 취지로…. (이하 생략)

특히 박문사 본존이 이토 히로부미(밑줄 친 부분)라는 점에 주의할 필요가 있을 것이다. 박문사의 본존은 조동종의 관습에 따라 석가모니불이지만 실제로는 이토 히로부미였다. 남산 북쪽 기슭 일대는 일본인이 일찍부터 정착한 지역이다. 이른바 경성 속의 일본이었다. 이곳에 메이지 천황을 모신 조선신궁을 두고 그 동쪽에 이토 히로부미를 불상으로 하는 박문사를 두어 경성 및 식민지 전체를 지배하려 했던 것이다.

이 특집 하편에서는 박문사와 조동종의 관계, 박문사의 설비, 액자 등에 대해서 싣고 있다. 일부를 발췌하여 소개한다.

춘무산 박문사 건립되다(하)
철근 2층 구조의 모던한 대가람 인연 깊은 덴잔 노스님

조금 세속적이긴 하지만 이토 공의 호와 이름을 그대로 사용하여 춘무산 박문사라고 절 이름을 정하고, 종지는 공이 생전에 깊이 귀의했던 조동종의 사원으로, 조선 총독으로부터 정식으로 사원 창립의 인가를 받은 것이 8월이다. 조동종 관장으로부터 임명된 에치젠(越前) 호쿄 사(寶慶寺) 주지이자 에이헤이 사의 고문인 스즈키 덴잔 노스님이 초대 박문사 주지가 되어 승려와 포교사, 대중 여덟 명을 데리고 입산한 것이 지난 21일. 지금 박문사에서는 영광스러운 낙성 입불식을 눈앞에 두고 그 준비에 여념이 없다. …(중략)…

박문사가 이토 공의 명복사(冥福寺)이자 내선 융화라는 특별한 사명을 띠고 세워진, 일반 사원과는 전혀 격이 다른 절이기 때문에 전혀 단가檀家[36]나 신도가 없다. …(중략)…

조동종의 말사는 에치젠의 에이헤이, 부슈(武州)의 츠루미(鶴見) 양 본산에서 관할하고, 조선에서는 경성 대화정에 있는 조계사가 관할하는 입장이지만, 박문사는 전혀 격이 다른 사원으로 자유롭게 사해가 평등하고 차별 없는 불타의 가르침을 펼치게 된 것이다.

초대 주지인 스즈키 덴잔 노스님은 …(중략)… 훌륭한 승려로서, 이토 공의 덕풍을 기리며 덴잔 노스님의 가르침에 따르려는 신자가 박문사를 세웠으니 춘무산 박문사가 반도의 성지로 추앙되고, 푸른 숲이 있는 조용한 지역으로 점철되어 참배자들로 북적이는 것도 머지않을 것이다. …(중략)…

이토 공의 명예가 빛나니 황공하옵게도 각 황족들로부터 문장이 들어간 향로와 화병이 하사되고, 더욱이 간인노미야(閑院宮) 전하가 전법륜이라고 쓴 액자가 수미단(석가모니를 안치해 놓은 본당 정면의 단. 필자 주) 위에 걸리고, 이왕 전하가 친필로 춘무산이라 쓴 편액이 본당 입구 위에 걸려 있고, 주지 덴잔 노스님도 산문에 경춘문이라고 거침이 없는 필체로 건필을 쓰시어 박문사는 장엄되었다. (이하 생략. 밑줄 필자)

25일 자 『경성일보』에는 박문사 낙성 입불식 순서도 게재되어 있으니 소개한다. 이 기사에 따르면 낙성 입불식 전날 저녁 라디오국 DJ가 고다마 히데오와 즈모토 모토사다(頭本元貞, 이토 히로부미의 전 비서관이자 저널리스트)의 방송을 일본 전역에 내보내 이 이벤트의 분위기를 띄우는 한편, 낙성 입불식 당일에는 박문사 요사채[37]의 서원書院 내에서는 기념품

---

[36] 일정한 사원에 속해서 그 사원에 시주를 하는 속가.
[37] 스님들이 거처하는 곳.

전람회가, 본당 지하에서는 꽃꽂이·분재 전시가 있었다. 당일 아침 7시 반부터는 본당 앞마당에서 이토 히로부미 관련 기념 활동사진회가 이루어지고, 밤에는 또 이토 히로부미 추도 연예 방송이 있었고, 이왕직 아악부 연주소에서 아악이 중계되는 등 철저한 이토 히로부미의 날이었다.

　낙성식

　타고打鼓 1회

- 일동 착석
- 개회사
- 이사장 인사
- 공영부장 보고
- 감사장 증정 – 이사장
- 축사 – 내각 총리대신, 궁내대신, 척무대신, 조선 총독, 조동종 양 본산 특사, 내지인 대표(가토 고문), 조선인 대표(박영효 후작), 축전 소개
- 폐회사

　입불식

　타종 1회

- 입당入堂 삼배 – 일동 기립
- 점향 법어
- 헌다탕 후 일동 착좌
- 축성 타종 1회. 현 천황의 만수무강을 외칠 때 일동 경례(신호). 이토 히로부미 공의 명복을 빎
- 인사 – 이토 히로요시(伊藤博精) 공

- 소향燒香

타고 1회

- 폐회사 – 본회 간사
- 해산
- 식사

조동종 양대 본산 관수의 축사는 다음과 같았다.

  길일을 택하여 오늘 춘무산 박문사의 낙성식이 거행되는 것은 태평 세상의 융성한 기운을 상징하고 장관인 문화를 발휘하는 것으로 참으로 일본의 성대한 행사라고 할 것입니다.
  생각건대 사원을 건립하는 공덕은 정법을 확실히 하여 사람들을 구하고 영령을 도와 보토報土[38]를 청정하게 하는 것으로 현재와 미래의 이익입니다. 국내외의 정세가 심각한 이때에 새롭게 이 절이 건립된 것은 고故 대훈위 분주인덴(文忠院殿)의 영령을 더욱 돕고 또 이에 따라 국민의 종교적 신념을 기르고 내선이 서로 협력하고 화합함으로써 영원한 평화를 조선 반도에 확립하고, 인류의 이상인 불국토를 동아의 천지에 실현한다는 것에 위대한 의의가 있습니다. 이것도 모두 히로부미 공의 정신에 따른 것일 것입니다.
  이에 낙성식의 성전을 집행함에 있어서 삼가 축하드립니다.
  유시維時 쇼와 7년 10월 26일
  조동종 대본산 에이헤이 사 관수 기타노 겐포
  조동종 대본산 소지 사 관수 아키노 고도(秋野孝道)

---

38 법신불이 사는 정토 세상.

춘무산 박문사. 왼쪽 아래 두 사람을 보면 박문사의 장대함을 알 수 있다.

박문사와 조동종

박문사 초대 주지가 된 스즈키 덴잔은 잡지 『조선 불교』(1933년 신년호)에서 박문사에 대한 생각을 다음과 같이 말했다.

> 오늘 이 땅에 박문사가 생긴 것도 이토 공의 신앙이 드러난 것입니다. 특히 이토 씨의 신념인 내선 융화라는 한 마음이 드러난 것입니다. 그래서 오늘 우리가 이 절을 지키고는 있지만 너희들은 날마다 뭘 하고 있느냐고 하실지도 모르겠습니다. 우리들이 뭔가 크게 달라진 사업을 하는 것은 아닙니다. 한 명이 됐든 두 명이 됐든 가능한 정신으로나마 융화를 꾀하고자 합니다. 그것도 올해가 안 되면 내년, 나아가 내가 주지일 때에 이어서 그 다음 주지로, 백년 계획 아니 세세생생 내선 융화를 위해 노력하는 것, 그것이 보살의 사업입니다.

참으로 확신이 없는 이야기이다. 요컨대 스즈키 덴잔은 입으로는 내선 융화를 말하면서 구체적으로는 아무것도 하지 않았던 것이다. 아니 조선인들의 저항에 부딪쳐 아무것도 할 수 없었다는 것이 맞을 것이다. 고다마 히데오의 계획은 어디까지나 지배자 차원에서의 시선이었지 조선 사람들의 마음은 전혀 돌아보지 않은 것이었다.

스즈키 덴잔이 '한 명이 됐든 두 명이 됐든' 그리고 '세세생생', 즉 몇 번이고 다시 태어나서 내선 융화를 위해 노력하겠다고 한 것은 결국은 근거 없는 관념론에 지나지 않았다.

스즈키 덴잔과 동행하여 박문사 집사를 역임했던 하라 덴류(原天隆)의 인식을 살펴보자.

그는 대본산 에이헤이 사가 발행하는 월간지 『가사마츠(傘松)』에 1933년 2월호부터 3회에 걸쳐 「내선 융화의 사명에 대하여」라는 제목으로 기고하였다.

그 글에서 우선 그의 조선관을 볼 수 있는데 '(조선 사람들이 입고 있는) 흰 옷은 빨래를 하느라 시간을 허비하게 하여 경제가 발전하지 못하였으니, 어쩔 수 없이 일본과 병합하게 한 일대 원인'이라고 단정하고 있다. 게다가 조선 사람들은 미식을 좋아하고 식객에게 너그러운데 '이들 음식으로 사치하는 풍습이 재정상 피폐를 가져와 결국 일한 병합의 결과를 초래한 한 원인'이라고도 했다. 조선이 식민지가 된 원인은 일본 탓이 아니라 조선 자체에 있다는 것이다. 참으로 무모한 인식을 하고 있음에 놀라지 않을 수 없다.

이와 같은 방자한 인식을 하고 있는데 포교 따위가 될 수 없는 것은 당연지사다. 불교는 자비를 말하는 종교이다. 자비의 상징은 관음상인데 다른 이름으로 동고同苦라고도 불린다. 고통이나 슬픔을 같이할 때 비로소 자비(즉 기쁨을 주고 슬픔을 위로한다)가 가능한 것이다. 불교를 조금이라도 배운 사람이라면 누구나 알 수 있는 것이 이 시대에는 결여되어 있었던 것이다.

불교가 아닌 불교는 성립하지 않는다. 결국은 내선 화융이라거나 합병 운운은 말로도 색으로도 나타내서는 결코 안 된다. 잘못하여 말로 꺼내거나 색으로 나타내는 경우가 있다면 그것이 오히려 선인의 감정을 해하기 때문에 내색도 하지 않는 것이 내선 화융의 비결이라고 잔꾀에 의지할 수밖에 없었다.

모든 고난은 정면에서 맞서지 않으면 해결도 안 되고 마음도 깊어지지 않는다. 문제의 본질을 보려고 하지 않고 그것을 피하면 결국은 문제를 해결할 수 없다고 할 수 있다.

박문사 창건과 관련된 탓이었는지 그의 임기는 짧았다. 2년 후 그가 『가사마츠』 지방소식란에 "이곳에서 34개월, 그동안 아무것도 한 일 없이 오로지 부처님의 밥만 축냈으니 부끄럽기 짝이 없사옵니다."라고 술회하고 있는 것은 상징적이다. 나는 이것을 겸손이 아니라 참다운 반성(참회)이라고 생각한다.

에가와 다이젠(江川泰禪)의 좌절

1934년 10월 3일 부산 총천사에서 다수의 신자가 모인 가운데 성대하게 수계회가 열렸다. 이 수계회는 이토 다이호(伊東泰邦)의 진산식(주지 취임식)도 겸하고 있었다. 이토 다이호에 대해서는 제2장 2절의 '역대 포교 총감과 그들의 약력'을 참조하기 바란다. 계사는 대본산 소지 사의 구리야마 다이온(栗山泰音) 관수가 맡았다. 조동종에서는 가장 품격 높은 이른바 선사 수계회였다. 일주일 동안의 수계 기간 중 4일과 5일에는 부산공회당에서, 6일 밤에는 부산 제일소학교에서 공개 강연회를 개최하여 현지 포교도 겸하고 있었다. 이때 설교사로 참여했던 사람이 대본산 소지 사의 상임 포교사 에가와 다이젠이다.

그는 총선사에서의 경험을 소지 사의 월간지 『쵸류(跳龍)』 그해 11월호에 기고했다. 그 글에서 "그동안 나는 약간의 짬을 내서 조선 본국에 살고 있는 중산 이하의 선인 생활을 접하고 싶었다."라고 했을 만큼 그는 당시로서는 보기 드물게 저널리스틱한 시선을 가진 승려였다. 조선의 현실을 자기 눈으로 직접 보고 느끼려고 했다.

부산 거리에서 그가 본 것은 조선 사람들의 후진성, 즉 위생적이지 않은 것과 미의식의 결여였다. 그리고 그는 그 원인이 '오랜 동안의 학정이 쌓여 인간이 누릴 수 있는 향락은 전부 왕자를 위해 빼앗긴' 데 있다고 생각했다.

이 글 마지막 부분에 다음과 같은 에피소드가 소개되어 있다.

수계회 중에 독지가가 불쌍한 선인들에게 주먹밥을 한 개씩 나누어주게 되었습니다. 그러자 선인들이 순식간에 절 경내로 모여들어 수계식에 참가한 사람들이 주먹밥 한 개씩을 나누어주었습니다. 그런데 한 번 받은 사람들이 그 자리에서 재빨리 주먹밥을 먹은 뒤 뒷문을 통해 다시 정문으로 와서는 처음 받는 사람처럼 굴었습니다. 하지만 처음에 받아서 먹을 때 가슴에 밥알을 잔뜩 묻힌 모습 그대로 다시 오다 보니까 금세 정체가 드러나 거절을 당하지만, 그래도 전혀 주눅 드는 일 없이 그곳을 떠나가는 모습이 어린아이 같다고 일동은 웃었습니다.

수계 수행의 일환으로 공덕을 쌓는 보시를 한 것일 터였다. 지배하는 일본인과 지배당하는 조선인 사이에 주고받는 주먹밥. 너무나도 큰 격차에 슬퍼진다. 이때 에가와도 다른 이들과 함께 웃었다는 말인가? 아니 그는 웃을 수 없었던 것이다. 이 격차가 메워지지 않으면 안 된다고 그는 생각했을 것이다.

에가와가 부산에서 오래 산 일본인의 딸에게 조선인 딸과 교류가 있는지 물어본 것도 이 격차를 메울 희망을 보고 싶었기 때문이었을 것이다.

체면 불구하고 주먹밥을 먹는 사회는 불행한 사회이다. 또 그것을 비웃는 인간은 불심이 없는 인간이다. 자유롭고 평등하고 평화로운 사회, 미래는 젊은 사람이 만들어가야 한다.

에가와의 기대는 '우리는 조선인 딸과는 더욱더 교제가 없다'는 일본인 딸의 대답으로 깨져버린다. 우리와 그들이 언제 같은 문명에서 웃을 수 있을까 하고 에가와는 복잡한 심정이 되어 낙담하고 세상의 행복을 기원했다.

중일전쟁으로 불교도 철저한 군국화의 길을 걸었지만 이때는 아직 에가와와 같은 불교인이 조금은 존재했었다. 그러나 대부분은 불교적으로 자성하기는커녕 오히려 더욱더 강력히 군에 협력하여 자기 종파의 확대를 꾀하고 있었다. 중일전쟁 발발 직전 대본산 에이헤이 사의 감원은 월간지 『가사마츠』 1937년 5월호에 「고조高祖의 가르침을 선양」이라는 제목의 글에서 '대만이나 사할린은 말할 것도 없고 조선, 만주의 끝까지라도 사람들은 모두 에이헤이 사를 건립해야 한다'라고 격문을 날렸다.

심전개발운동과 우에노 슌에이(上野舜穎)

박문사의 낙성 입불식은 우가키(宇垣) 총독 재임 중에 이루어졌다. 우가키의 임기는 1931년부터 1936년까지 5년 2개월. 그동안 그가 했던 시책에는 총독 정치를 농촌에까지 철저히 했던 진흥운동, 자력갱생운동, 국민정신작흥운동, 심전개발운동 등이 있다. 여기서는 불교가 하나의 역할을 담당했던 심전개발운동을 살펴보자.

우가키 총독은 1935년 3월 조선과 일본의 불교 관계자를 총독 관저로 초청해 심전개발운동에 대해 의견을 듣고 준비를 진행하여 이듬해 1월 경성부민회관에서 개최한 총독부 주최 심전개발위원회에서 중요 사항을 결정했다. 여기에는 내무국장 및 경무국장 외에 조선 불교 교무원, 연합청년단, 기독교청년회, 경성사범, 동민회, 녹기연맹, 수양단 등 각 단체의 대표자, 조동종 관계에서는 우에노 슌에이 박문사 주지와 다케오 라이쇼 포교총감이 참석했다. 전체 16명 중 2명을 조동종이 차지했다는 점에 주목하고 싶다. 참고로 다른 일본계 불교 각파에는 연락을 하지 않은 듯하며, 더욱이 조선신궁은 참석하지 않았다.

이 위원회에서 결정한 심전개발운동의 목표는
1. 국체 관념을 명징할 것
2. 경신숭조 사상 및 신앙심을 함양할 것
3. 보은, 감사, 자립정신을 양성할 것

등으로, 이것들을 실행하기 위해
1. 종교 각파의 제 교화 단체는 상호 연락 제휴하여 실효를 거둘 것
2. 지도적 위치에 있는 사람은 솔선하여 지도하기 위해 노력하고 대중에게 모범을 보일 것

등을 제시하고 있다.

또 시설 관련 주요 사항으로, 운동을 실시하는 시설을 총독부, 종교 단체, 학교, 사회 등 대략 네 가지로 나누어 각각에 주요 사항을 정했다. 예를 들면 종교에 관계되는 것으로 총독부는 종교 단체에 편의를 제공할

것, 종교 단체는 한층 더 신앙심을 계배啓培할 것, 학교는 평소 종교적 정조情操를 기를 것, 민심 작흥 주간 행사에 신앙심 계배에 관한 사항을 추가할 것 등을 볼 수 있다. 종교가 이 운동의 핵심이었다.

심전 개발이란 마음의 밭을 일구는 일이다. 오래된 경전인 『숫타니파타』 1장 4에 '밭을 일구는 바라드바자'라는 내용이 있다. 농부인 바라드바자가 부처님께 "당신도 밭을 일구어 씨를 뿌리고 수확하여 먹어야 합니다."라고 한 말에 대해 "나도 그렇게 하고 있다. 나에게는 신앙이 씨앗이고 고행이 비이며 지혜가 멍에이고 가래이며…."라고 답하는 이야기이다. 후에 이 가르침은 "나도 또한 마음의 밭을 일구는 자이니라."로 널리 알려지게 되었다.

우가키 총독이 이 이야기를 알고서 심전 개발이라는 말을 사용했을 가능성이 높다. 어쨌든 정신적으로 통제하여 총독부 정책을 밀어붙이려고 한 것으로 사이토 총독의 문화정치를 계승 발전시켰다고 할 수 있을 것이다.

이 운동에 조선 사원까지 끌어들인 것은 당연한 일이었다. 목적은 마음의 밭을 일군다는 미명하에 통치를 철저히 하는 것이었다.

앞에서 말했듯이 이 운동에 조동종은 적극적으로 협력했다. 특히 박문사의 주지 우에노 슌에이는 이 운동의 주요 멤버 중 한 사람이었다.

우에노 슌에이는 1872년 후쿠이 현 출생으로 조동종전문분교, 도시샤(同志社), 조동종대학림에서 공부하고 나아가 법정대학의 전신인 도쿄화불법률학교(東京和仏法律学校)에서 공부했다. 38세에 준사가準師家가 되었고, 자신의 사찰인 가류인(臥龍院)에 승당을 개설하여 승려를 지도하였다. 1912년 종의회 의원에 당선, 대본산 에이헤이 사 도쿄 출장소 감원, 조동종 총무를 거쳐 스즈키 덴잔에 이어 박문사 주지가 되었다. 박문사에는 1935년부터 1944년까지 있었다. 즉 박문사 활동의 대부분이 우에노 슌에이에 의해 이루어졌다고 할 수 있다.

또 경력으로도 알 수 있듯이 그는 학구파 엘리트였다. 우에노 슌에이는 『쇼와 7년도 고마자와(駒澤)대학 실천종승연구회 연보』에 기고한 「포교의 예건豫件」이라는 제목의 글에서 "포교를 하는 자는 단순히 사상만이 아니라 경제에 대한 제 문제에 대해서도 관심을 가져야만 한다."고 주장했는데, 이를 통해 그의 넓은 식견을 엿볼 수 있다.

우에노 슌에이의 심전개발운동은 어떤 것이었을까?

심전개발운동의 일환으로 그가 '심지의 개척'이라는 제목으로 한 강연과 경성중앙방송국에서 '불법승 삼보에 대하여'라는 주제로 방송한 것이 알려져 있다. 유감스럽게도 후자에 대해서는 아직까지 자료를 입수하지 못했지만, 전자는 『심전 개발에 관한 강연집』(조선총독부 중추원, 1936)에 수록되어 있어 내용을 알 수 있다.

이 강연집에서 심전 개발이란 '논밭으로 말하자면 항상 잡초가 나면 뽑는 것처럼 시종 마음의 밭을 일구어서 제초하는 것'이라고 정의하고 있다. 잡초는 오욕과 육진으로 그것을 제거하는 것이 불교라며, 백낙천白樂天과 조과鳥窠 선사의 문답인 '칠불통계게七佛通戒偈'를 소개하고 있다. 칠물통계게는 악을 행하지 말고 선을 행하라고 설한 것으로 불교의 기본이라고 할 수 있다. 이 가르침이 심전개발운동과 결부되었을 때 그 결말은 명료하다. 총독부의 식민지정책에 따르는 것이 선이고 그에 반대하는 것은 악이다. 그리고 의문이나 불만을 품는 일 없이 무조건 따르기 위해서 마음의 밭 일구기를 권하는 것이다.

이듬해 조선총독부 도서관이 기획한 제12회 명사강연회에 우에노는 강사로 초청되어 '도道란 무엇인가'라는 제목으로 강연을 했다. 여기서도 도란 성실하게 일하는 것으로, 그것이 선이라고 말하고 있다. 우에노의 불교는 선善을 행하는 것이다. 그러나 유감스럽게도 그 선의 방향 설정에 문제가 있었다.

그는 심지心地 개척에 대해 강연하면서 "나는 도를 위해서 목숨을 걸어도 아깝지 않기 때문에 지방 강연뿐만 아니라 그 외에 무엇이든 내가 할 수 있는 일이 있다면 염려하지 말고 분부만 해 주십시오."라고 마무리하고 있다. 진의는 어떤지 모르지만 그는 심전개발운동에 목숨 걸고 임했던 것 같다.

안준생 사죄의 법요

1939년 10월 15일 우에노 슌에이가 있는 박문사에 놀랄 만한 인물이 모습을 나타냈다. 안중근의 차남 안준생이었다. 이 뉴스는 어용신문인 『경성일보』에 크게 보도되었다. 박문사 주지 우에노 슌에이가 안중근의 위패를 안준생에게 건네는 사진도 실렸다. 이하 장문이지만 참고로 감히 전문을 싣는다.

이토 히로부미도 받아들였다. 박문사 사죄의 법요

잔뜩 찌푸린 15일 오전 11시 이곳 춘무산 박문사에서는 주위의 송림을 뚫고 고요한 독경소리가 들려온다. 이 독경은 메이지의 원훈 이토 공을 하얼빈 역에서 쓰러뜨린 자객 안중근의 아들 준생 군(33)이 공이 서거한 지 30년 세월이 지난 오늘, 기이하게도 같은 달에 공 영전에 아버지의 죄를 눈물로 사죄하여 그 영혼을 위로함과 동시에 아버지의 추선공양도 올리고 아버지를 대신하여 보국의 정성을 다짐하는 감격스런 추도 법요의 일환인 것이다.

죽은 아비의 속죄는 보국의 정성으로, 이토 공 영전에 엎드려 절하는 운명의 아들 안준생(중근 유복자) 군

안준생 군은 상하이에서 악기상을 경영하고 있는데 최근 상하이의 반도인 실업가 내선 시찰단으로 조선에 와서 처음으로 보는 조국의 모습에 감격했다. 그러다가 이토 공을 모신 춘무산 박문사가 있다는 것을 알고 본부本府로 마츠사와(松澤) 외사부장을 방문, 스스로 이토 공 영전에 아버지의 죄를 사죄하고 싶다고 밝혔다. 마츠사와 부장이 흔쾌히 즉각 알선하여 법요를 하게 된 것이다. 이날 안준생 군은 마츠사와 본부 외사부장과 소마(相馬) 통역의 안내로 오전 10시 반 박문사에 도착했다. 기이하게도 이곳에서 30년 전 예심부터 형의 집행까지 아버지를 돕고 형제와 다름없는 교분을 이어온 당시의 통감부 통역 소노키 스에키(園木末喜) 씨를 만나, 아버지의 유언을 상세히 들으며 이 고마운 우연의 불연은 오직 부처님의 인도에 의한 것이라고 감격했다. 11시가 되자 주지인 우에노 노스님의 낭랑한 독경 소리로 이곳에서 30년의 긴 시간 동안 기다리고 기다린 법요가 진행되었다. 우에노 노스님의 소향에 이어 준생 군은 천천히 영전에 나가 정면에 안치되어 있는 공의 존영에 아버지를 대신하여 사죄의 말을 올렸다. 공이 흉탄에 쓰러지고 몇 성상, 지금 공 앞에 서 있는 것은 누구인가, 안중근의 아들 안준생 그 사람이 아닌가? 감정이 북받쳐 올랐는지 얼굴에 홍조를 띤 그는 침묵 속에서 떨면서도 몇 번이고 공의 명복을 빌었을 것이다.

이것은 실로 조선 통치의 위대한 변전사變轉史이다. 내선일체가 이곳에서 완전히 정신적 사상적으로 일치된 것이다. 지하에서 잠든 공의 영혼도 일찍이 이 이상의 만족은 얻을 수 없었을 것이다. 소향을 마친 안준생 군은 이어 곧바로 이루어진 아버지의 추선공양으로 새롭게 우에노 노스님으로부터 아버지의 위패를 받았다. 처음으로 보는 아버지의 모습, 대죄를 범한 아버지가 지금까지 이토 공과 나란히 공양을 받고 있었던 것이다. 이 고마움, 이 기쁨에 만감이 교차하고 오로지 아버지의 과거를 청산한 기쁨이 그의 얼굴에 넘쳐났다.

마음으로부터의 기쁨 안준생 군 말하다

극적인 법요를 마친 안준생 군은 감격한 얼굴로 다음과 같이 말했다.

"우연히 이번에 이곳에 오게 되었고 또 생애 희망이었던 고 이토 공을 만날 수 있어서 여간 기쁘지 않습니다. 일찍부터 마음속으로 생각하고 있던 이토 공의 공양과 함께 아버지의 추선공양도 하게 되어 여간 기쁘지 않습니다. 죽은 아비의 죄를 내가 갚고 일심으로 보국의 정성을 다하겠습니다. 아버지의 위패는 상하이로 가져가 영원히 명복을 빌 생각입니다."

'반성에서 보국으로'는 총독부가 식민지 조선에 기대하는 그림이었다. 그것을 위해 당치도 않게 안준생을 이용했다. 안중근이 처형된 후 보복이 두려워 러시아령으로 일가가 피난했을 때, 장남 분도가 일본 밀정에게 독살당했을 것이라는 얘기는 이미 했다. 상하이에 은신하여 악기점을 경영하고 있던 안준생은 집요한 일본의 특무에 소재가 파악돼 신병이 구속되었을 것이다. 그리고 목숨과 바꾸어 이 극에 출연하게 된 것은 아닐까?

일련의 연출 중에 안준생이 흘렸을 눈물만은 사실이었다고 생각한다. 그것은 통한의 눈물이었음에 틀림없다.

이 짜인 연극에 박문사, 즉 조동종이 협력한 사실은 영구히 기억되어야만 한다.

필자는 박문사 터를 몇 번이나 방문했다. 그곳은 현재 한국의 재벌이 경영하는 신라호텔의 영빈관으로 바뀌어 박문사의 흔적은 전혀 없다고 생각하고 있었다. 그러나 최근에 요사채가 본당 뒤에 위치했었다는 자료

현존하는 박문사의 요사채

를 우연히 접하게 되었다.

앞에서 말한『가사마츠』1932년 11월호에 대본산 에이헤이 사의 강사 사토 게이즈이(佐藤桂隨)가「박문사를 중심으로」라는 제목으로 한 기고문에 "또 법당 뒤쪽에 서원을 겸한 목조 요사채 한 동이 건립되었는데 이것은 왕궁이던 경복궁의 위패당인 준원전을 이설한 것"이라고 기록되어 있다.

요사채란 절의 주거 공간으로 대부분 본당 옆에 붙어 있다. 신라호텔 영빈관의 좌우 어디를 봐도 그런 건물은 없었기에 전쟁 후에 소실되었을 것이라고만 생각했다. 요사채가 법당 뒤쪽에 있다는 말을 실마리로 2011년 여름 다시 박문사 터를 방문했다. 영빈관 옆 짧은 언덕길을 올라가 뒤쪽으로 갔다. 그곳에 80년도 더 전에 경복궁 준원전을 이설한 박문사의 요사채가 사람 눈을 피하듯이 서 있었다. 원래부터 문화적 가치가 높았던 건물이었기 때문에 파괴를 면했던 것이다.

현재는 호텔 영빈관의 파티장으로 리모델링되어 내부에 당시 모습은 전혀 남아 있지 않다. 어떤 회사가 스탠딩파티를 하는지 관계자들로 북적였다. 음료를 나르는 여성이 이상한 눈으로 보길래 밖으로 나왔다.

안준생도 이곳에 안내되어 침통한 기분으로 차를 마셨을까? 나뭇가지의 살랑거림에 섞여 그의 통곡이 들리는 것 같았다.

중일전쟁부터 패전까지

미나미 총독의 군국주의 통치

1937년 7월 루거우차우(盧溝橋)사건을 계기로 중일은 전면전에 들어갔다. 식민지 조선은 병참기지로서의 중요성이 한층 더 커졌다. 우가키 총독의 문화적 회유책으로는 식민지를 완전히 지배하기가 어려웠다. 전쟁에 등 떠밀리듯 식민지정책은 군국주의화해 갔다.

우가키를 대신하여 총독에 취임한 것은 미나미 지로(南次郞)였다. 미나미는 관동군사령관을 지낸 육군의 실력자였다. 미나미는 그때까지의 내선 융화에서 내선일체로 전환하고 식민지 조선인들을 철저하게 황국신민화하려고 노력했다.

중일전쟁이 시작된 1937년 11월 미나미는 다음과 같은 성명을 발표하여 결의를 피력했다.

> 나는 천황의 뜻에 따라 조선으로 왔지만 시정 방침을 우선 국체를 명징하게

하고 조국의 이상을 넓고 높게 하여서 국민정신을 일으킬 것을 최대의 바람으로 하여 …(중략)… 이 중대한 시국에 대해 국민이 모두 긍지를 갖고 나의 성명의 의미를 이해하여 내선일체에 협력하고, 개인을 버리고 국가에 봉사하는 노력을 게을리하지 않으면 지금의 곤란을 극복할 수 있을 것이므로 국체의 정신은 저절로 발휘될 것이다. (밑줄 필자)

이 성명에 미나미 총독부 정치의 기본이 있다. 즉 첫 번째에 있는 국체명징이란 천황이 통치의 주체임을 철저히 하는 것이다. 그것은 곧 조선인들을 황국신민화하여 천황에게 절대 복종을 강요함으로써 민족적 아이덴티티를 없애버린 후 경제 및 전력 면에서 협력하도록 하는 것이다.

미나미가 조선 총독에 취임한 지 약 1년 후에 중일전쟁이 발발한 것을 도저히 우연이라고는 생각할 수 없다. 병참기지를 확고히 한 후에 치고 나오는 것은 전쟁의 상식이다. 육군 실력자를 조선 총독에 임명하여 기초를 다진 후 전면전에 돌입한 것이라고 생각할 수 없을까? 미나미는 중일전쟁을 수행하기 위해 조선 총독이 되었다고 필자는 생각하고 싶다.

중일전쟁이 일어나기 전해 12월, 조선사상범보호관찰령과 조선불온문서임시단속령이 제정되어 식민지 조선에 대한 감시가 강화되었다. 이듬해 3월에는 국어 사용 철저화 방안을 통첩하고 황국신민화를 시켜갔다. 그리고 중일전쟁으로.

총독부는 즉시 북지사변(지나사변) 대책 긴급 국장회의를 개최함과 동시에 조선군사후원연맹을 결성하고, 그해 8월에는 조선북지사건특별세령朝鮮北支事件特別稅令을 발포하여 전시경제체제를 갖추었다.

같은 달 조선 상류사회 부인들이 애국금차회愛國金釵會를 결성하여 금 젓가락 헌납운동을 시작한 것도 주목할 필요가 있다.

황국신민의 서사

그해 10월 황국신민의 서사誓詞가 발포되고 각지에 '서사의 기둥'이 세워졌다.

황국신민의 맹세(誓詞)(1)

1. 우리는 대일본제국의 신민입니다.
2. 우리는 마음을 합하여 천황 폐하께 충의를 다합니다.
3. 우리는 인고忍苦 단련하여 훌륭하고 강한 국민이 되겠습니다.

황국민의 서사誓詞(2)

1. 우리는 황국신민이다. 충성으로 군국에 보답하련다.
2. 우리 황국신민은 서로 신애 협력하여 단결을 굳건히 하련다.
3. 우리 황국신민은 인고 단련의 힘을 길러 황도皇道를 선양하련다.

(1)은 어린이용이고 (2)는 성인용이다. (1)에서는 서사를 맹세로 읽게 하고 (2)에서는 서사 그대로 읽도록 했다. 그리고 '인고 단련' 부분에서는 특별히 힘을 넣도록 지도함과 동시에 띄어쓰기 부분에서 숨을 쉴 것, 엄숙하고 낭랑하게 외울 것을 강조했다. 자세를 바르게 하는 것은 물론이고 앞서 얘기했던 서사의 기둥 앞에서는 가장 먼저 경례하도록 강요했다.

이 서사가 발표되었을 때 아울러 취지도 내려졌다.

1. 총설

본 서사를 정한 취지는 황국신민 단련이라는 미나미 총독 교육체제의 근본이념을 토대로 반도 청소년의 간소하고 명창한 서사 반복 낭송을 통해 '나는 황국신민'이라는 신념을 견고하게 하여 내선일체에 협력 단결하고 군국을 위해 적성赤誠을 바쳐 일상의 본 업무에 있어서는 각자 그 본분에 따라 충분히 근로 단련하여 실력을 쌓아 세계로 웅비할 기초를 확립하려는 데 있다.

2. 각설

제1항 본 항목에 있어서는 '나는 황국신민'이라는 굳건한 신념과 긍지를 그 가슴에 새겨 어떠한 곤란이 있더라도 굳건히 흔들리지 않도록 하는 것이다.

제2항 본 항목에서는 황국의 동포는 실로 친목하여 특히 내선일체 서로 신애 융합하고 협력 단결하여 보국의 정성을 다하겠다고 다짐하는 것이다.

그리고 제1, 2항을 통하여 황국신민으로서의 신념과 협력 신애의 핵심은 황공하옵게도 만승이신 천황에게 있사옵고, 황국신민으로서의 충성은 모든 국민이 국가의 기초를 확실히 안정시키고자 하는 결의임을 표명하는 것이다.

제3항 본 항목에서는 각자 그 본분에 따라 어떠한 근로 고난도 참고 극복하여 지덕을 닦고 신체를 단련하여 강건하고 흔들림 없는 국민성과 명확히 판단하고 과감하게 실천하는 저력을 길러 황도를 온 세상에 알려 국위를 세계에 선양할 기초를 축성 수립하고자 하는 각오를 행주좌와 한 순간도 잊어버리는 일이 없도록 하겠다는 것이다.

내선일체, 보국의 성誠 그리고 황도를 세상에 확대하여 국위를 세계에 선양한다는 것이 마치 군인의 마음가짐 같다.

이 서사는 학교나 직장에서 철저히 암기하도록 하여 다양한 행사에서 외웠다. 관헌이 길 가는 사람을 갑자기 붙잡아 서사를 외우는지 검사도 하고, 외우지 못하는 경우에는 벌을 주었다. 지금까지도 이 서사를 외우는 한국인이 있다고 한다. 서사는 철저하게 뼛속까지 박혀 있었던 것이다.

1938년 육군특별지원병령이 공포되었고, 경성부민이 애국기愛國機 일곱 기를 헌납하였다. 또한 조선교육령을 개정하여 원칙적으로 내선의 구별을 없애고 학교나 공식 장소에서의 조선어 사용을 금했다. 내선일체를 교육 현장으로 끌어들인 것인데 실제로는 표면적으로 교명을 바꾸었을 (공립보통학교를 공립심상소학교로 변경) 뿐 역시 교육적 차별은 엄연히 존재했다고 한다. 교육에 관해서 심각한 문제는 조선의 아이들은 일부 상류계급을 제외하고는 경제적으로 취약하여 충분한 교육을 받을 수 없었다는 점이었다. 조선의 아이들에게 의무교육제도가 실시되지 않은 것도 교육 격차가 벌어지게 되는 원인이 되었다.

가난을 나타내는 수치로 1937년 경성에서의 사망자 수를 들 수 있을 것이다. 당시 경성의 총인구는 약 75만 명인데 일본인이 30%, 조선인이 70%의 비율이었다. 연간 사망자 수는 일본인 약 2200명, 조선인 약 1만 2000명이었다. 사망률로 환산하면 조선인 사망자 수는 일본인 사망자 수의 배 이상이 된다. 조선인 사망자 중 5세 미만이 절반 가까이를 차지했다. 이것은 생활의 빈곤함을 나타내는 것이다.

조선어 사용이 금지되고 국어(즉 일본어) 교육이 철저해졌다. 황국신민은 국어를 말해야 했다. 어떤 소학교에서는 어쩌다 조선어를 입 밖에 내는 아이에게는 막대기를 들고 있도록 했다. 그러다가 다른 아이가 조선어를 말하면 그 아이에게 막대기가 건네졌다. 하루 일과가 끝나고 마지막에 막대기를 손에 들고 있는 아이는 교사에게 막대기로 맞거나 화장실 청소를 했다고 한다.

조동종도 중일전쟁을 계기로 전시체제에 들어갔다. 상세한 사항은 졸서 『조동종의 전쟁』(皓星社, 2010)을 참조하기 바라고, 조동종은 지나사변 후에 바로 지나사변대처국(후에 흥아국興亞局)을 설치하여 전시체제를 정비하고, 아울러 국가의 식민지정책에 발을 맞추어 조선포교법을 개정하여 활동을 강화했다.

3·1독립만세운동 이후 포교소 개설이 주춤했었는데 만주국 성립을 계기로 되살아났고 중일전쟁이 시작되자 더욱더 활발하게 진행되었다. 45도 상승곡선의 포교소 증설은 패전까지 계속되었다(이 책 끝부분에 있는 자료 1 뒤의 그래프 '조선에 설치된 조동종 사원 및 포교소 수의 추이' 참조).

미나미 총독은 고노에(近衛) 내각이 제창한 국민정신총동원체제를 식민지에서도 실행하여 국민정신총동원조선연맹을 발족시켰다. 1938년 7월 7일, 즉 중일전쟁 발발 1주년의 날에 경성운동장에서 성대하게 결성식이 거행되었다. 이 연맹 상담역에는 경성불교각종연합회京城佛教各宗連合會도 이름을 나란히 했다. 이듬해 사변 기념일에는 이 연합회가 경성 대화정 개교원에서 사변 2주년 기념대회를 개최했다. 프로그램으로는 궁성 요배, 국가 제창, 국민의 서사 제창, 황군 무운장구 전몰장병 위령 공양이 있었다. 이 연합회의 활동 내용을 가늠할 수 있는 대목이다.

이 운동 최말단에 애국반이 설치되었다. 대략 10호를 모아 하나의 애국반이 조직되었고 이를 통해 운동은 가정 내부까지 파고들었다. 1939년에는 애국반 총수 35만, 애국반원 수가 460만 명이라고 기록되었다. 반원의 수는 호수를 나타내므로 식민지 주민 대부분이 이 조직에 포함되어 있었다는 뜻이다. 여기서도 서사를 외웠다.

국민정신총동원조선연맹

국민정신총동원조선연맹의 활동을 조금 더 살펴보자.

강령으로는 황국 정신 현양, 내선일체 완성, 생활 혁신, 전시경제정책에 대한 협력, 근로보국, 생업보국, 후방의 후원, 방공방첩을 들 수 있다. 실천 요목으로 매일 아침 황거皇居 요배, 신사참배 장려, 선조의 제사 장려, 황국신민의 서사 낭송, 국기의 존중과 게양 엄수, 국어 생활 엄수 등 전체 21개 항목이 정해졌다.

이 정신적 색채가 짙은 운동에 일본 불교가 깊이 관여한 것은 당연한 일이었다. 일본 불교는 심전개발운동 이후 총독부의 정책에 일관되게 계속해서 협력해 왔던 것이다. 일본계 종교 단체뿐 아니라 총독부 지도로 설립된 식민지 조선의 불교 단체인 조선불교중앙교무원도 이 운동에 적극적으로 가담했다.

필자의 손에는 국민정신총동원조선연맹이 발행한 잡지 『총동원』이 들려 있다. 제2권 제6호(1940년 6월호)의 권두언은 '종교와 정동精動'이다. 정동이란 국민정신 총동원을 이르는 말이다.

종교와 정동

종교가 과거에 국민정신의 작흥, 국민성의 도야에 있어서 위대한 역할을 하였고 또 이 비상시국에 적극적으로 국책에 협력해 온 것이 사실이다. …(중략)…

일본 종교인들의 신앙은 처음부터 국민적 도의道義 충성忠誠과 혼융渾融 일체一体로 하고 있다. 국민적 도의 충성을 통하지 않고 종교적 신앙에 들어가는 것은 일본 국민으로서는 생각할 수 없는 일이다.

사변 발발 이후 반도 주재의 불교도, 기독교도, 신도교도 등이 보국의 열의에 불타 정동운동에 참여하여 각종 연맹을 조직하는 등 눈부시게 국민운동을 전개한 것은 교도나 국가로서 참으로 기쁜 일이었지만 …(중략)… 더욱더 중대성이 늘어난 시국에 대처하기 위해서는 일반 연맹원과 함께 한층 더 애국의 지성至誠을 피력하지 않으면 안 될 것이다.

<u>그것을 위해서는 반도에서의 모든 종교 교도는 한 사람도 빠짐없이 정동연맹원으로서의 사명을 철저히 자각하고, 정동의 강화를 위해 순수한 종교 정신과 교도의 단결력을 사찰, 교회, 포교소 등을 통해 최고도로 발휘하고 활용하여야 한다고 믿는다.</u> (이하 생략. 밑줄 필자)

여기에서는 종교가 국가를 위해 존재하는 것이라고 단정하고 국민정신총동원운동에 한층 더 협력해야 함을 주장하고 있다. 그리고 종교계는 그 기대에 부응했다.

잡지『총동원』에는 표어가 소개되어 있는데 종교 단체용으로는 '종교보국', '신아神我가 일본을 지켜준다', '일본 정신을 앙양하라', '하늘도 땅도 정의로운 일본 편이다', '억조일심億兆一心 멸사봉공' 등이 예시되어 있다. 여기에 불교적 에피소드를 추가하면 전시 설교가 완성되었고, 실제로 이와 같은 설교가 식민지 곳곳에서 이루어졌다.

이 잡지에서는 종교계의 기고도 많이 볼 수 있다. 조선 불교 연구자 및 황도皇道 유교의 주창자인 다카하시 도루(高橋亨), 진종 오타니파 조선 개교 감독 우에노 고진(上野與仁), 조선기독교연합회위원장 니와 세이지로(丹羽淸次郎) 등이 그들이다. 그들과 함께 권상로와 윤치호의 이름도 있다. 식민지화되고 30년 세월이 조선인들도 변하게 하고 있었다. 이 두 사람은 해방 후 이른바 친일로 처단되었다. 식민지가 낳은 비극이었다.

내선일체는 식민지 조선인들을 전시체제에 이용하기 위해 내세운 대의명분이었지 결코 평등을 표방한 것은 아니었다. 조동종은 같은 해 양대 본산 경성 별원 조계사에 전문 승당을 열었다. 승당이란 승려를 육성하는 기관이다. 식민지의 불교인을 조동종화하는 것이 목표였다. 실제 조동종화한 조선의 승려도 있었다. 그들에게도 해방 후 친일이라는 꼬리표가 붙여졌다.

같은 해 내지에서는 만주 개척 의용대도 조직되었다. 강제 연행이 이루어진 것도 이때부터라고 한다. 전시하에서 국내 노동력 부족 보충에 이용된 것이다.

한편 전사한 특별 지원병 이인석 상등병에게는 금치훈장을 주어 조선의 영령 제1호로 모셨다. 이듬해인 1940년에는 육군 특별 지원자 수가 전기에만 8만 명을 헤아렸다. 물론 반은 강제동원된 것이다. 패전까지 노동력 또는 전력戰力으로 강제 동원된 사람은 700만 명이 넘었다고 한다.

일본식 성명 강요

1940년, 황기 2600년 기원절(2월 11일)에 식민지 조선에서는 내선일체 추진을 위한 일본식 성명 강요가 이루어졌다. 이는 한국에 없던 일본식 성을 붙이고(창씨) 이름을 일본식으로 하는(개명) 것으로, 민족성을 말살시키고 아울러 일본식 호적을 적용함으로써 장래 징병제 실시를 준비하려는 목적도 있었다고 지적되고 있다.

총독부 법무국은 일본식 성명 강요 정책을 내지인식 성씨를 사용할 수 있는 길을 개척함으로써 일본 정신 수양에 이바지하고 현 시국에서 국민정신총동원체제를 철저하게 강화하기 위한 일환이라고 설명하고 있다. 역시 징병제는 언급하지 않았지만 이는 황민화의 속내를 토로한 것이다.

총독부 법무국의 보고에 따르면 일본식 성명 강요는 반도 민중으로부터 상당한 환영을 받아 접수 3개월 만에 15만 5000명이 신고했다고 한다. 그러나 총인구로 보면 이 숫자는 결코 상당한 환영을 받았다고는 할 수 없는 수준이다.

이름은 인격과 같은 것이어서 그렇게 간단히 바꿀 수 없다. 따라서 일본식 성명 강요가 널리 이루어진 것은 애국반 등 국민정신총동원운동 관련 조직이 활발하게 활동한 결과라고 생각된다.

실제로는 상당한 혼란이 있었다고 한다. 법무국의 초조함이 느껴지는 자료도 있다. 이를테면 다음과 같은 법무국의 지도가 이루어졌다.

'무엇보다 성은 자기가 속한 집과 자기를 나타내어 다른 집 다른 사람과 구별하기 위해 사용할 것이기 때문에 이를테면 쓰기 쉽거나 읽기 쉽고 친근감 있는 것으로 하되 거액을 주고 작명소에 의지해서는 안 된다.'

'또한 한 가문이 같은 성으로 하려고 의논하는 상황이 발생하였는데 이에 대해서는 동성동본의 많은 호주가 모두 같은 성으로 정하면 그 효용이 없다'며 경고하였다. 혹시라도 이것을 인정하면 일본식 호적제도는 성립하지 않게 되기 때문이다.

성씨 바꾸기는 수속이 간단하고 무료였다. 하지만 이름 변경은 임의였기 때문에 재판소의 허가가 필요했다. 총독부로서는 한 사람이라도 더 일본식 성명을 쓰게 하려고 했기 때문에 일단 성씨 변경을 신고하도록 추천하고 이름은 나중에 바꾸도록 조언했다.

신고제라고는 하나 일본식 성명 강요는 반강제적이었다. 예를 들면 일본식 성명으로 바꾸지 않으면 학교에 다닐 수 없었다. 강제로 일본식 성명으로 바꾸어야 했던 사람 중에는 자포자기하여 장난스런 이름을 붙인 사람도 있고 분개한 나머지 자결한 사람도 있었다고 한다.

그리고 해방 후 60여 년이 지난 지금도 그 불행은 사라지지 않고 모습을 바꾸어 때때로 얼굴을 드러내곤 한다.

「귀여운 손녀딸」

대륙의 전쟁은 진창이 되어 점점 더 태평양전쟁으로 번지고 전황은 더욱 어려워졌다. 이 시기의 주요 식민지정책을 보면, 내지에 준하여 심상소학교는 초등학교가 되고 교육 현장은 전시색戰時色 일색이 되고 사상범 예방구금령이 내려져 체포는 더욱 강화되었다. 또 전시 관련 사항으로는 내지의 대정익찬회 결성에 호응하여 국민총력연맹이 결성되었다. 해군작업애국반, 조선임전보국단, 조선청년특별연성朝鮮靑年特別鍊成, 보국부인회 등이 잇따라 조직되었고, 1943년이 되자 육군에 이어 해군도 특별지원제를 실시하여 내지와 같은 학병 지원(임시특별지원병제)이 이루어지게 되었다.

국어의 철저한 습득은 전쟁에서 빼놓을 수 없었다. 말을 모르면 군인으로서 도움이 되지 않는다. 태평양전쟁 발발 후 총독부는 한층 국어 교육에 힘을 쏟았다. 생각대로 국어 보급률이 높아지지 않았기 때문이다.

일본교육그림연극협회(日本敎育紙芝居協會)가 제작한 「귀여운 손녀딸」이라는 그림연극이 있다. 한글과 일본어가 병기된 것은 일본어를 모르는 사람도 대상으로 했기 때문이었을 것이다.

함경도의 어떤 마을에 사는 김정영식이라는 노인과 손녀딸의 이야기이다.

장남 일가는 경성에서 살고 영식 노인은 아내와 시골에서 살고 있다. 그의 토지가 새로 건설되는 공장 부지에 들어간다고 하여 그 의논을 하러 경성에 간다. 장남의 집에서 손녀딸 옥희를 만난다. 손녀딸이 막 배우기 시작한 국어로 말을 하자 영식 노인은 불쾌감을 느낀다. '한국 사람은 한국어로 말해야지' 하고 그는 속으로 생각한다.

경성 거리의 사람들이 모두 국어로 말하자 그는 전혀 알아들을 수 없어 기분이 나빠진다.

그때 손녀딸 옥희와 엄마가 복통으로 쓰러졌다는 연락이 왔다. 그는 의사를 찾아가지만 공교롭게도 의사는 자리에 없고 더구나 국어를 할 줄 모르니 곤혹스럽다. 그곳에 옥희의 일본인 친구인 요시코가 온다. 요시코 덕분에 의사에게 겨우 연락이 되어 옥희는 치료를 받을 수 있었다.

그 후 영식 노인이 머리맡에서 간호를 하고 있자 옥희는 "괴로워서 죽을지도 몰라."라고 말하며 이 세상과 작별을 해야 하니 요시코와 만나고 싶다고 말한다. 영식 노인은 승낙하고 "달리 뭐 하고 싶은 것은 없냐?" 하고 묻는다. 옥희는 "내가 죽을 때 '옥희 사요나라'라고 국어로 말해줬으면 좋겠어." 하고 부탁한다. "사요나라."라고 그는 반복하다가 마음을 바꾸어 "나을 거야."라는 말은 국어로 뭐라고 하는지 옥희에게 묻는다. 그리고 "나을 거야, 나을 거야, 꼭 나을 거야." 하고 계속 말한다.

영식 노인의 소원이 이루어졌는지 옥희와 엄마의 병은 낫고 토지 건도 해결이 돼서 영식 노인은 시골로 돌아가게 된다. 돌아가는 기차 안에서 영식 노인은 책을 읽는다. 책에는 "나랏말 국어를 사용한다. 그것은 자신을 위한 것이다. 그리하여 훌륭한 일본이 커 나간다."라고 적혀 있다. 무릎에는 옥희한테 받은 국어책이 소중하게 놓여 있다. (끝)

이름을 보면 이 노인이 일본식 성명을 썼음을 알 수 있다. 하지만 국어로 말하는 것은 거부하고 있었다. 어쩌면 꾀병일지도 모른다고 생각되는데 손녀딸 옥희의 재치로 완고한 그는 마음을 바꿔 국어를 배우겠다고 결심한다는 내용이다. 그림연극은 중요한 선전 도구였다. 신문이나 라디오가 없는 지역에까지 파고들어 국어 보급을 시도했을 것이다.

이 그림연극에서는 옥희와 일본인 딸 요시코가 친구로 묘사되어 있지만 이것은 드문 일이었다. 에가와 다이젠이 들은 말을 떠올려보자. '조선인 딸과는 더욱더 교제가 없다'는 것이 현실이었다.

또 토지 문제는 일본 기업이 건설하는 공장과 맞물려 있다는 설정이다. 이른바 식민지 수탈이 배경에 깔려 있지만 이에 대한 비판은 전혀 그려지지 않고 영식 노인은 그것을 당연한 일로 받아들이고 있다는 점에도 주의할 필요가 있을 것이다. 그의 나라는 이미 존재하지 않는 것이다. 그것을 인식하고 훌륭한 일본이 커 간다는 것을 영식 노인은 받아들이지 않으면 안 된다. 귀여운 손녀딸 옥희가 받아들이고 있는 것처럼.

참고로 경성일보사가 펴낸 『조선연감』에 따르면 1942년 말의 국어 이해자는 약 500만 명으로 이는 식민지 조선인 전체 인구의 20%에 지나지 않는다. 도시에서는 일본어가 어느 정도 보급되었지만 특히 군 단위에서는 보급률이 낮았다. 그렇기 때문에 이런 그림연극도 만들어졌을 것이다.

조동종 조선포교사대회

태평양전쟁이 시작되자 조동종은 대동아문화공작연구소라는 기관을 설치했다. 대동아 건설에 협력하고 흥성호국興聖護國의 종의를 기조로 하는 대륙 및 남방 제국 문화 공작에 관한 제반 조사 및 연구를 목적으로 하여 종교 국책 수립에 관한 건, 대동아의 종교 사정에 관한 건, 개교 및 교육에 관한 건을 다루었다. 전시색이 한층 짙어지던 시대였다.

식민지 조선에서 전개하고 있던 조동종 사원이나 포교소도 전시하에 더욱더 긴장도가 높아졌다. 대화정의 양대 본산 별원 조계사는 대범종을 군에 헌납하여 모범을 보였다.

1942년 총력전이 한창일 때 조동종 조선포교사대회가 경성의 양대 본

산 별원 조계사에서 열렸다. (『중외일보』, 1942년 6월 24일)

조동종 조선개교사대회

조동종 조선 포교총감부는 전 조선 내 개교사(開敎師)들을 소집하여 지난 6월 20일과 21일 이틀 동안 개교사 대회 및 강습회를 개최하였다. 참가자는 50여 명으로 20일 오전 10시부터 개회, 시국에 대응한 반도 포교 방침에 대해 면밀한 협의를 마치고 이어 오후가 되어 우선 태평양전쟁 출정 군인의 무운장구 기원 및 순국 제 영령의 추조법회를 하였다. 이어서 전임 전문학교 교수 히가시다 다이도(東田大童) 씨, 총독부 보도과장 구라시마 이타루(倉島至) 씨의 시국에 관한 강화(講話)를 들었다. 다음 날인 21일은 오전 중에 대회, 오후 1시부터 사단 정보부장 오쿠보(大久保) 중좌를 초빙하여 강화를 청할 정도로 일동은 크게 기대하고 있었으나 중좌가 갑작스럽게 상경하였기 때문에 부원인 후쿠나가(福永) 소좌의 시국에 관한 긴박한 강화를 청취하고 시국에 대한 깊은 인식을 하고 또한 조동종 보국회를 만장일치로 결성, 내지에 준하●(원문에 누락. 역자)는 것이 되었다.

무운장구 기원이나 영령 추조법요는 단적으로 말하면 장병 재생산을 목적으로 하는 것이다. 조동종이 총독부나 군과 일체가 되어 포교사 대회를 개최했다는 점에 주목하고 싶다. 이 시대 식민지 조선에서의 조동종은 실로 전쟁 수행을 위한 장치였다. 전년에 내지에서 결성된 조동종 보국회에 준하여 조선에서도 조동종보국회가 결성되었다. 그 보국회가 내건 강령은,

1. 종의에 준하여 조훈(祖訓)을 새겨 국가 보효(報効)의 대의를 솔선하여 실천

한다.
2. 신념을 확립하고 심신을 단련하여 불측의 사태에 대비한다.
3. 심적 물적 총력을 동원하여 집중하여 국가의 요청에 즉시 응한다.

고 되어 있다. 이와 같이 조동종은 안팎으로 오로지 전쟁의 길로 돌진해 간 것이다.

이 대회에서는 종전 후 조동종의 선사가 된 사토 다이슌(佐藤泰舜)도 강연을 했다. 그는 당시 경성제국대학의 교수였다. 그에 관해서는 뒤에서 다룬다.

징병제 실시

1944년 10월 식민지 조선에서 마침내 징병제가 실시되었다. 미나미 총독은 이의 실시를 두고 "이번 징병제도의 형태에 있어서 내선일체의 정책은 절정에 달했다. 돌아보면 과거의 모든 노력은 이에 이르기 위한 노력이었다."(밑줄 필자)라고 솔직하게 말했다. 무단정치를 시작으로 하여 문화정치, 내선 융화, 심전개발 그리고 내선일체로 거듭되어 온 시책은 결국은 식민지 조선인들을 전쟁으로 내몰기 위한 것이었다.

조선총독부 정보과에서 편찬한 『새로운 조선』은

… 전 반도는 일순간 일찍이 경험한 적이 없는 감격을 폭발시켰다. 이날 선내 방방곡곡은 물론 내지 및 만주, 중국 등지에 살고 있는 조선 동포는 빠짐없이 신사에서 보고제報告祭를 하였다. 그곳에서 시작되는 감사와 결의를 표명하는 전보가 총독 책상 위에 쌓여갔다. 특히 이 눈부신 영예를 가장 먼저 짊어질 학도나 일반 청년들은 "이로써 우리도 정말로 천황의 방패로서 나라에 봉공할

수 있다."고 벅차오르는 희망과 자부심에 불타고…. (이하 생략)

라고 징병제 결정에 대하여 조선 사람들이 기뻐하는 모습을 전하고 있다. 물론 사실이라고는 하기 어려울 것이다.

태평양전쟁도 말기인 1945년 6월 아사히신문사는 『사진 보도-싸우는 조선』을 발행했다. 이것 역시 『새로운 조선』과 마찬가지로 전시체제하에서 노력하는 식민지 조선 사람들을 테마로 한 선전물이다. '명예로운 입영'이라는 항목이 있는데, 일장기를 손에 든 학우들이 헹가래를 쳐 주거나 애국반의 배웅을 받는 입영자의 사진이 실려 있다.

『사진 보도- 싸우는 조선』은 현재 미야타 히로토(宮田浩人)가 편집 해설한 『복각 사진 보도 - 싸우는 조선』으로 볼 수 있다. 사실은 미야타 히로토 씨의 아버지가 『사진 보도-싸우는 조선』을 편집 제작한 사람이다. 복각에는 참회의 의미가 담겨 있다.

각 항에는 미야타 히로토 씨의 코멘트가 달려 있다. '영광스러운 입영'에는

> 조선인이 내지인과 차별 없이 같은 천황 친솔親率의 신병이 되는 것은 내선일체의 대명예, 무상의 광영이라고 선전하며 일본과 다름없는 환송과 입영 광경이 연출되었다. 그리고 일본 육군의 기본 단위인 내무반에 배치되었고, 그곳에서 기다리고 있는 것은 황군 정신의 철저라는 명목하에 일본인 고참병에 의한 철권제재(린치)와 조선인을 멸시하는 민족 차별이었다. 지원병 중에서도 탈주자가 속출했다.

라고 군의 실태가 기록되어 있다. 전쟁터에서는 총알받이였다는 이야기

도 들린다.

가족이나 애국반의 배웅에 경례로 답하고 있는 사진을 자세히 들여다 보면 사람들이 비통한 얼굴을 하고 있다는 것을 알 수 있다. 사진은 진실을 반영하고 있었던 것이다.

징병제 실시는 식민지에서의 궁극의 수탈이었다.

36년에 걸친 이웃나라의 식민지 지배가 마침내 종말을 알렸다. 막대한 희생을 강요한 36년간의 세월은 돌이킬 수 없을 정도로 무겁다. 그렇기 때문에 한일 또는 일한 사이에는 아직도 가깝고도 먼 나라 관계가 계속되고 있는 것이다. 이의 해결은 현재를 살고 있는 우리가 짊어진 숙제일 것이다.

식민지 지배의 실패는 우리들에게 민족을 소멸시키는 것은 불가능하다는 커다란 교훈을 남겼다. 안중근의 사상, 끈질긴 민족 독립운동… 목숨을 걸고 싸울 가치가 있는 것이 민족의 자립이다. 그것은 일본인에게도 해당된다. 그렇다면 어떻게 이 문제를 생각하면 좋을까?

그것을 생각하려면 민족 공존이 키워드가 될 것이다.

국가나 민족을 뛰어넘어 손을 잡는 것은 실로 어려운 문제이기는 하다. 문화나 언어가 다른 사람들과 서로 이해하는 것의 어려움, 종종 필자도 체험하는 일이다. 그러나 어렵다고 해서 피하기만 해서는 해결되지 않는다. 이 어려운 길에 정면에서 맞설 힘(또는 용기)이 필요하다.

그것은 불교인의 진정한 태도와도 연결된다. 서로 다른 사람이 손을 잡는 평화로운 세상을 부처님은 꿈꿨다. 불교를 배타적인 국가 권력에 팔아먹었던 시대가 있었다. 그런 암울한 시대가 두 번 다시 되풀이되어서는 안 된다고 생각한다.

양대 본산 경성 별원 조계사의 종말

전쟁이 끝나고 일본인은 허둥지둥 철수했다. 백수십여 곳의 조동종 사원과 포교소도 모두 폐쇄되고 포교사들도 모두 일본으로 도망쳤다. 어떤 절은 수탈을 당하고 또 어떤 절은 파괴되었다. 조동종이 꾸던 꿈은 환상의 조선과 함께 완전히 무너졌다.

이 장의 결론으로 양대 본산 경성 별원 조계사의 종말 모습을 살펴보자. 손에 경성 별원의 처리를 극명하게 기록한 귀중한 자료를 들고 있다. 보고자는 사토 다이슌(1890~1975). 그는 고마자와대학, 동양대학 그리고 경성제대에서 교수를 역임하고 전후 1968년 대본산 에이헤이 사의 관수 및 조동종 관장에 취임했다.

그는 명을 받아 경성 별원의 처리를 위해 1945년 11월 30일에 경성을 떠났다. 장문이기는 하나 그 귀중함을 감안하여 전문을 소개한다. (밑줄 필자)

조동종 경성 별원 이양 보고서

　　　　　　　　　　　　　　　사토 다이슌(경성제국대학 교수)

1. 이양 이유

정전 후 일본인에 대한 압박은 하루가 다르게 심해져서 10월에는 9월에 비해 큰 차이를 보이고, 11월에 들어서 중순에는 상순에 비해 격세지감을 느끼게 하고 하순에는 중순에 비해 더욱더 심각해졌다. 일본인의 퇴거, 그 재산의 억압, 일선 분리 정책, 조선인의 일본인 배척 등이 시시각각 그 정도가 심각해지고 건국운동과 수도 집중 경향에 따라 경성의 주택, 사무소 등의 부족을 날마다 통감하게 되었다. 일본 불교의 각종 사원은 조선인 제 단체에 의해 합법 또는 폭력에 의해 점거되었고, 상태는 날로 험악해져 일본인의 퇴거도 11월에 들어서는 큰물이 빠져나가듯 현저해지고 조계사도 동월 10일 이후 장례식이며 법요식이 전혀 없는 상황이다.

미 군정청은 종교의 자유를 선전하면서도 일본 불교는 과거 군국주의적 국책에 협력했고, 일본인 사이에서만 보급하여 조선 국민에 대해 일본 불교의 포교를 허락했는지 안 했는지에 대해서는 고려해 보아야 한다고 한다. 또 종교기관인 각종 별원도 어떠한 특별 보호 또는 관대한 취급을 받지도 못하고 일본인의 재산으로 보는 경향이 있다. 그리하여 11월 하순에 경성의 정세를 살펴 12월 상순까지는 별원의 폐쇄, 모든 성원의 귀환을 단행하지 않을 수 없다는 결론에 달했다.

2. 처리 방법

별원의 폐쇄, 이양에 대한 처리로서 당시 일본인의 재산은 국가적 색채의 것은 군정청에 몰수되고 사적인 것은 매각, 양도 또는 관리위임의 정식 수속을 밟은 것만 처리할 수 있다.

군정청은 일본 불교사원에 대해서는 단순히 사법인私法人의 일본 재산으로 취급하기 때문에 그것을 처리하기 위해서는 일본인 재산 관리를 임의의 조선인 측에 위임하는 승인을 군정청에서 받을 수밖에 없다. 물론 사적 또는 비합법으로는 다른 방법이 있지만 그러한 처리는 장래 무효가 되어 그 재산은 군정청에 접수될 것이라는 지령이 내려졌다.

조선에 있는 모든 일본인이 그 재산 처리에 대해 최대의 고심을 하고 그 결단에 몇 날 며칠을 허비하고 말로 다 할 수 없는 고생을 계속해 봐도 결론은 위임관리 하나뿐이다. 게다가 그마저도 수속을 게을리하면 군정청이 관리권을 접수하여 임의의 목적에 사용하겠다는 지령을 내려서 그 사례를 보기에 이르렀다. 조계사에서도 만일의 경우에 대해서 그 방법 및 수속 등에 대해 여러 가지로 연구하고 있지만, 11월초에 이르러 위와 같은 사정과 수속 방법이 판명됨으로써 합법적으로 위임관리 방법을 택하기로 했다.

3. 위임 상대

조계사의 관리를 위임할 상대는 9월 1일부 총감부(조동종 조선 포교총감부. 필자 주)의 지령과 같이 조선 불교를 제1후보로 한다는 규정 방침에 따라 당시 이미 조선 불교 측의 각 방면에서 희망 요구를 신청해 오는 자 적지 않았다. 그렇지만 조선 불교의 몇 명, 무슨 계통, 무슨 단체를 고를지는 심각하게 고려할 문제이다. 가능하면 한 개인이나 하나의 본산에 치우치지 않고 조선 불교를 통괄하는 중앙 기관 또는 그것이 통하는 자에게 위임하는 것이 의의가 있으리라 생각된다. 그럼에도 불구하고 당시 조선 불교 단체의 사정을 보았을 때 그렇게 하기에는 불안을 금할 수 없었다.

조선 불교는 일종일파一宗一派의 조계종으로 통합하고 31본산의 총본사를 설립하여 그곳에 종무원을 두고 각 본산에는 종무소를 두어 관리하는데, 조동종의 행정기관과 유사하다. 그런데 종전 직후 조선의 각 단체와 지방 관공서 등이 수탈당하는 혁명의 파도에 휩쓸렸는데 <u>조선 불교 단체도 역시 이와같은 변혁이 일어나 9월 20일 조선승려대회의 결의로 기존의 조직제도를 떨쳐버리고, 전 조선을 교구제로 하여 각 도를 하나의 교구로 하는 한편, 31본산제도를 폐하고 전 조선 각 사원을 교소로 하였고, 종래의 주지를 파면하고 새로 주관을 임명하는 제도를 수립하여 바로 실시하는 대개혁을 이루었다. 그리고 종무원을 대신하여 중앙총무원을 두고 종무소를 대신하여 각도 교구연맹기관을 설치하여 각각 임원을 선정했다. 총무원에서는 원장 외에 총무 · 교무 · 재무의 3부장을 두었는데</u>, 연령은 40세 전후로 하여 대부분은 도쿄에 유학하였으며 그러고도 반일 또는 민족주의 경향의, 종래 만날 수 없었던 신진기예의 인물로서 목적을 위해서는 수단을 가리지 않는 사람들로 그 자리가 채워졌다. 이 새로운 기구는 군정청에 신고하였으나 군정청은 아직 종교 단체 관리에 관한 법령을 제정하지 못하여 치안을 어지럽히지 않는 한 그 하는 대로 일임한 상태이다. 조선 전역의 승려들 중에서 청년 동지는 이에 동감하고 온건 분자도 추종하며 구세력은 곁에서 바라보는 정세이다. 생각건대 군정청의 진전에 따라 그 기구의 개조도 이루어지고, 예산 갱신 기간에 조선 전역에서 반대 세력의 대두도 예상된다. 현재 국내의 지위가 아주 불안정하여 그 신뢰도 약하고 <u>일본 불교의 각 종宗에 대해 배신하고 무례한 언동이 없는 것도 아니다. 따라서 그것을 상대로 별원의 관리위임을 이행하는 것은 사상누각을 쌓는 느낌이 절실하다.</u>

그러나 경성에서 3리 정도 떨어진 곳에 대본산 봉은사가 있다. 1939년(쇼와 14년) 산 전체가 화재로 불타 다시 재건에 착수하여 경비 60만 엔을 주로 신자의 기부로 조달하여 1941년(쇼와 16년)에는 종전을 능가하는 가람을 부흥시키고 잉여금으로 충령탑을 건립했다. 지나사변이 한창일 때 자재 입수가 잠시 곤란하였으나 신속히 이 재건을 완성한 것은 첫째 주지 홍태욱의 도덕심과 수완에 따른 것이었다.

홍태욱은 나이는 52세이고, 학력도 편참행각(수행 경험을 이름. 필자 주)도 변변 찮지만 도덕심을 중심으로 사원을 경영하는 수완과 경성 부근에서 다수의 신자를 가진 것은 필시 조선 일류의 인사라고 할 만하다. 게다가 겸손하고 포용적이어서 명예를 탐하고 이익을 좇는 마음이 없는 것은 경모할 가치가 있다. 그 지위와 경력, 인물이 반드시 조선 일류의 스님이라고는 말하기 어렵지만 <u>조계사의 관리를 위임하는 데는 적당한 인물임에 틀림없다. 거기다 졸승과의 친교로 신뢰도 두텁다.</u> 총독부 종교과의 이사관(조선인)도 경성에서 각 종宗의 별원을 인수할 적임자로 추천하고 있다는 사실도 나중에 알았다. 그리고 홍태욱이 사람을 통해서 또 스스로 나서서 박문사 및 조계사가 일본 불교로서의 기능을 못 하게 된다면 조선 불교로서 그것을 운영하고 싶다는 희망을 열심히 피력한 것이 8월 말이었다. 10월 8일에 홍태욱은 변혁으로 봉은사 주지를 사임하고 10월 30일 경기도 교구 총무부장으로 추천되어 명망은 변함없고 한 사찰의 중진으로 세력이 더 커졌다. 본인은 봉은사의 말사인 수종사(수전水田 수입 연간 5만)에 영주하면서 교외의 포교소에 근거지를 두고 경성을 중심으로 활동하고 있다.

  졸승은 조계사의 관리위임자가 될 것을 열망하는, 앞에 적은 총무원의 집요한 신청을 비롯하여 그 밖의 불교 유사 단체로부터의 신청을 물리치고 홍태욱과 그 동지에게 위촉하기로 하고 재류 간부에게 그에 대해 살펴보고 승인해 달라고 요청하여 그 수속을 진행하기에 이르렀다.

  10월 하순 졸승이 조계사를 대표하여 일본 불교 각 종파의 연락회의에 출석하였는데, 각 종파의 대표자는 시국의 추이를 파악도 못하고 있고, 또 자기 종파의 별원 처리에 대해서도 의견이 없이 이익만을 따지고 있는 것처럼 보였다. 그리하여 망설이는 사이에 사태는 날로 악화되어 11월 20일 전후에 이르러 허둥지둥 겨우 조선 불교 측에 관리를 위임하는 수속을 하기에 이르렀다.

  지금 조계사가 처음부터 일관된 태도를 갖고 적절한 상대를 고른 인연 덕분에 경성에서 일본 불교 각 종파의 별원이 니치렌 종과 황벽종을 빼고는 모두 조선 불교 측에 관리를 위임하는 수속을 함으로써 일선 불교 제휴사상 불멸의 족적을 남기게 된 것은 종내 양조宗內兩祖[39]의 법은에 의한 것이라고 감명 깊이 생각한다.

---

[39] 조동종의 대본산 에이헤이 사를 개창한 고조 조요(承陽) 대사, 즉 도겐(道元) 선사와 소지 사를 개창한 태조 조사이(常濟) 대사, 즉 게이잔(瑩山) 선사를 일컫는 말.

4. 위임의 경과

9월 21일 박문사의 관리를 홍태욱 일파에게 위임하는 협의를 할 때부터 조계사의 위임 상대인 홍태욱 및 그 동지에 대해 특별히 조사하고 위임 수속에 대해 궁리를 하여, 11월 1일에 가위임장을 1일부로 전달하고 15일에 위임계약서 원안을 작성하여 그것을 토대로 군정청 자제子弟 전속 대서인을 방문하여 정식으로 인가 신청서류 작성을 의뢰하여 18일에 군정청 및 지방재판소에 제출하였다.

이와 관련하여 위의 계약 원안은 각 종파의 대표도 찬동하여 그대로 답습하였다. 대서인의 재량으로 조선식 성문과 법률적 형식으로 개역한 것도 그 진의가 조금도 바뀌지 않았음이 인정되었다.

계약 원안에 홍태욱이 경기도 교구 대표로 되어 있는 것은, 당시 <u>조계사를 중앙총무원의 손에 맡기는 것은 앞에서 말한 것과 같이 상대가 확고한 존재라고 믿어지지 않아 차선책으로 경기도 교구 대표 홍태욱에게 맡겼다가 기회를 봐서 그것을 조선 불교 전체 기관에 이양하도록 홍태욱과 협정한 결과이다.</u>

그럼에도 하루 이틀 사이에 조선 불교 내부의 추이를 보니 조계사를 경기도 교구의 기관으로 해 둘 경우 직원 경질 등에 따라 졸승이 희망하고 홍태욱이 기획하는 것처럼 조계사가 경성에서 모범적인 불교도량으로서 한 본산의 풍격을 지속하기가 불가능해질 수 있다고 염려하여 홍태욱의 신고로 <u>뜻을 정하여 완전 영구히 그 자유 지배인 지장사 교소 대표인 홍태욱에게 위임하도록 본서를 다시 쓰게 되었다.</u> 그래서 형태는 홍태욱 개인에게 위임한 것처럼 되었지만 경성에서 모집할 수 있는 가장 우수한 인물(필시 전 조선에서도)을 망라하여 그 대부분은 졸승과 친분이 있는 법우로 졸승의 발의에 따라 교敎, 행行, 해解의 삼박자를 갖춘 조계 선교원을 조직한 것은 기쁘기 한량없는 일이다. 이것은 유수의 경승지에 숭고하고 장엄한 가람을 건립하여 실로 불교도량으로서 풍격을 호지護持해 온 조계사 열조의 법은에 의한 것으로써 구석구석 졸승이 조선 불교에 지우를 갖고 있다는 것이 조은祖恩을 짊어질 인연이 된 것은 참으로 고마운 법연이다.

5. 인계 상황

홍태욱 일파는 11월 20일경 차례로 입산하여 일선 승려가 한솥밥을 먹으며 조석 예불을 같이 하고 25일에는 인계 법요를 엄수하여 모든 성원 일동이 양조兩祖[40]와 개산역주開山歷住[41]에게 송경하고 단도檀徒 영령에게 회향한 다음 홍태욱 일파의 입산 선서의 법식으로 이어졌다. 식사 후 일동이 회식을 하고 난 후에 조선인 신자의 요청으로 권상로(친일 승려. 제2장 3절의 '국민정신총동원조선연맹' 참조) 선생이 두 시간 동안 법문을 하는 등 실로 의미 있고 인정이 있는 인계 법요를 한 것은 아마도 이번에 곳곳에서 진행되고 있는 일선 불교의 위임 인계 이행에서 유일무이한 훌륭한 일이 아닐까 상상이 된다. 게다가 별도로 기재한 현물 인도 목록으로도 위의 인계 내용을 알 수 있듯이 물건 하나도 숨기지 않고 티끌 하나도 가져가지 않고 동전 한 닢도 받지 않고 참으로 평상시의 조계사 그대로 조선 불교에 위임했다. 이로써 불상과 불구는 변함없이 단상 위에서 조선 불교의 예배를 받아 법륜이 항시 굴러가는 것을 보게 되었는데 이는 실로 환희의 절정이다.

일동은 25일 저녁과 28일 저녁 두 차례의 송별회를 하고 출발 당일에는 준비해 준 고가의 약밥 도시락을 받아 별원에서 용산역까지 1리 반의 도보 환송을 받았으며 쌍방이 모두 감격의 눈물로 이별하였다.(총감부의 잔무 처리는 부산 총천

---

[40] 조동종의 양대 본산 중 에이헤이 사를 개창한 조요 대사와 소지 사를 개창한 태조 조사 이 대사를 말함.
[41] 절을 창건하신 분을 개산이라 하고, 역주는 역대 주지를 말함.

사로 넘김)

6. 그 후의 정보

1월 4일에 믿을 만한 조계 선교원에서 온 소식에 의하면 그 후의 운영이나 신자의 참여 및 지고료(회계)의 수납 등이 순조롭게 진행되고 있고, 현재 경성 제일의 신앙 도량으로서 면목을 발휘하고 있다고 한다. 박문사는 장래 불교대학의 시설이 될 것이고, 고야산 별원은 불교학술원, 정토종 별원은 여학교, 니시혼간 사(西本願寺)는 경기도 교구 사무소, 히가시혼간 사(東本願寺)는 총무원 소속이 될 계획이라며, 불사(佛寺)로서의 기능을 발휘하여 절다운 절로 예배 수행 및 교화의 도량으로 존속하는 것은 조계사뿐이라는 보도를 접하였다.

종전과 함께 조선 불교계는 크게 변하였다. 총독부의 속박으로부터 해방되어 불교 개혁이 이루어진 것이다. 사토 다이슌은 양대 본산 경성 별원 조계사를 개혁파에게 맡기는 것에 불안을 느껴 친일파인 홍태욱에게 뒷일을 맡겼다. 나아가 조계 선교원을 조직하여 그 유지를 도모하였다. 1월 4일 자 편지를 소개하면서 그는 이 위임은 대성공이었다고 자찬하고 있다.

그러나 그것이 정말로 대성공이었을까?

이렇게 생각하는 것은 우선 첫 번째 의문으로, 사토 다이슌이 아직 경성에 체류하고 있던 11월 23일에 박문사 본당이 전소했다는 기록이 있다는 사실이다. 이 사실을 왜 언급하지 않았을까? 아니면 혹시 박문사 본당이 실제로는 불타 없어진 것이 아니란 말인가?

두 번째는 조계사의 관리를 위임받은 홍태욱은 그해 12월 28일에 사망했다. 필시 개혁파에 의해 살해된 것이라고 생각한다. 이 중대한 사건이

1월에 받은 편지를 통해 사토 다이슌에게 전달되지 않았던 것일까? 만약 그렇다면 어떤 의도가 있었던 것일까?

　이들 의문은 앞으로 양국의 불교와 전쟁에 관한 연구가 진행됨에 따라 언젠가 해결되리라고 본다. 이 분야에 대한 연구는 양국 모두에서 시작 단계에 불과하기 때문이다.

　어쨌든 해방을 맞이한 한국에서 박문사도 조계사도 모습이 사라진 것만은 확실하다.

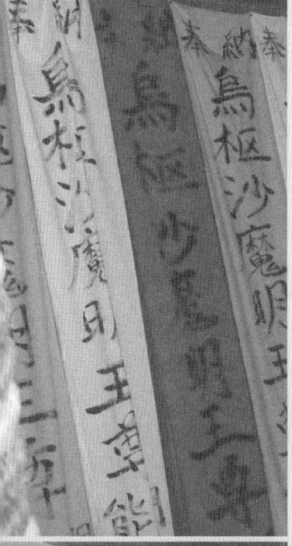

제3장

군사도시 나남

나남의 건설

서

우리 절과 종파가 같은 이웃 절의 주지인 S스님은 식민지 시대에 소련과 만주의 국경에 인접한 함경북도 나남에서 태어났다. S스님과는 오래 알고 지낸 사이이기 때문에 그 일에 대해서 아마도 들은 적이 있을지도 모르는데 특별히 강한 인상을 받지 않았는지 30년 이상이나 잊고 지냈다. 나도 귀환한 사람들에게 냉담했던 것이다.

조동종과 전쟁을 테마로 자료를 수집하고 조사를 하던 중에 대륙이나 식민지에서의 조동종의 활동이 그 본질을 한층 더 눈에 띄게 하고 있다는 것을 알게 되었다.

이 책을 쓰는데 S스님의 체험이 갑자기 중요해졌다. 귀중한 기록으로 남기지 않으면 안 된다.

역사는 개개인의 삶에 따라 만들어진다. 무엇을 생각하고 어떻게 살려고 했는가? 기쁨과 슬픔, 희망과 좌절, 믿고 배신하고 그러한 것들을 반

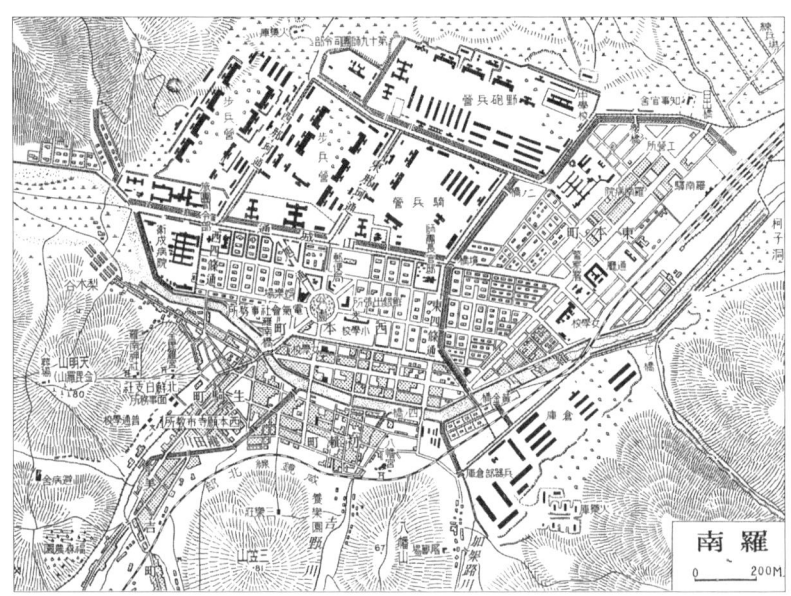

나남 지도(『일본지리풍속체계 17권』, 新光社, 1930). 나남 시가지는 동서로 약 1.5킬로미터, 남북으로 약 0.7킬로미터. 중앙공원 북쪽에는 시가지와 거의 같은 넓이의 군 시설이 있었다.

복하면서 사람은 시대의 중심에서 살아간다. 역사는 커다란 사건에 의해 구분되고 정의되지만 그것은 역사의 극히 일부에 지나지 않는다. 살아 있는 인간이 살아가는 모습을 덧붙여야 비로소 역사가 완성된다. 이렇게 생각하면 어쩐지 정신이 아찔해질 것 같은 작업이기는 하다. 그러나 그것을 게을리해서는 안 된다.

제3장은 S스님의 비극의 무대인 나남에 대해서 이야기하려고 한다.

지금까지는 이름도 알려지지 않았던 나남. 그곳은 어떤 도시였을까?

군사도시 나남

나남은 군에 의해 만들어진 도시이다.

조선 반도의 동북부 함경북도에 나남이 있다. 소련과 중국에 인접한 함경북도는 군사적 요충지이다. 원래는 나남천을 따라 몇 가구가 점재해 있는 한적한 마을이었지만, 1907년 통감부 시대에 이 땅에 한국주답군韓國駐劄軍의 병영 공사가 시작되면서 사람들에게 알려지게 되었다.

한국주답군이란 러일전쟁 시대에 영사관이나 일본인 거류민을 보호한다는 명목으로 배치한 군대이다. 임시로 주둔한 군대였지만 1910년(메이지 43) 한국 병합 후에는 명칭을 조선주답군으로 변경하였고 후에 조선군이 되었다.

나남에서는 1914년 조선 사단의 신설과 함께 여단사령부가 설치되었고, 1919년 4월에는 용산에서 제19사단이 이동해 와서 식민지 군정의 두 기둥 중에 하나가 되었다. 이 부대는 추위에 강하다는 이유로 주로 내지의 도호쿠 지방 출신자로 편성되었으며 흔히 호병단虎兵團으로 불리었다. 가토 기요마사(加藤淸正)의 호랑이 퇴치에서 기인한 이름일 것이다.

참고로 조선군은 제19사단(나남)과 제20사단(용산), 영흥만과 진해만에 설치된 요새사령부 및 조선헌병대로 구성되었다.

용산에서 제19사단이 이동한 1919년에는 3·1독립만세운동이 일어났다는 것도 떠올릴 필요가 있다. 국경 방위만이 아니라 일대의 치안 유지는 조선군에게 있어서 중대한 과제였다. 군사도시 나남은 북쪽 관문을 지키고 난리를 진압하는 요충지였다.

병영 공사가 시작되자 공사 관계자와 노동자가 모이고 이를 상대로 한 잡화점이나 음식점이 영업을 시작했다. 같은 해 10월에는 내지인만으로도 이미 250명을 헤아렸다고 한다. 일용직 노무자를 더하면 1000명 이상이 나남에 살게 되었다고 볼 수 있다. 아무것도 없었던 나남은 군이 제공한 일로 갑자기 도시로 만들어지게 되었다.

1920년 11월 함경북도 도청이 경성鏡城에서 나남으로 이전했는데 함경북도 도청소재지가 되고 나서도 그 발전은 그칠 줄 몰랐다. 철도공사, 군영공사, 나남천 호안공사 등이 활발히 전개되자 인구는 계속해서 팽창했다. 1933년의 통계에 따르면 총인구는 1만 5470명으로 내지인이 6345명, 조선인이 8893명이었다. 내지인의 비율이 다른 곳과 달리 높은 것을 알 수 있다. 이것은 나남이 군에 의해 새롭게 만들어진 도시로 일본인이 중심이고 선주민인 한국인이 없었기 때문이다.

　이 인구는 군을 포함하지 않은 숫자이기 때문에 실제로는 더 많은 일본인이 도시를 번창시켰다는 말이 된다.

　참고로 나남에 거주했던 내지인의 출신 현을 상위부터 열거해 보면,

　1. 후쿠오카　446명

　2. 구마모토　361명

　3. 히로시마　346명

　4. 나가사키　292명

　5. 가고시마　267명

으로 압도적으로 규슈 출신자가 많았다. 하위는

　45. 돗토리　37명

　46. 시가　19명

　47. 오키나와　1명

으로 되어 있다.

　1940년에 나남은 청진직할시 나남구가 되고 도청이 청진으로 이전하지만 제19사단 본부는 움직이지 않아 군사도시 나남은 해방될 때까지 존속했다.

보병 73연대 정문. 안에 '축 군기제'라는 간판이 보인다.

나남 거리

도시는 계획적으로 만들어졌다.

도시 중앙에는 원형의 중앙공원을 두고 북쪽은 모두 군 관계시설이 차지했다. 북쪽 지역에는 제19사단 사령부, 제73연대, 제76연대 외에 제38여단 사령부, 기병 27연대, 야포 25연대, 공병 19대대가 있고, 군 부속시설로 연병장, 사격장, 육군병원, 화약고, 육군해행사(陸軍偕行社, 군의 사교장), 그리고 다수의 관사와 병사가 있었다.

중앙공원의 남쪽 일대는 일본인 거주 지역으로 그곳에는 많은 상점이나 주택이 늘어서 있었다. 동네 이름은 고도 나라(奈良)에서 따와 생구정(生駒町, 이코마쵸)이나 초뢰정(初瀨町, 하츠세쵸)이라고 이름을 붙였다. 나남의 산들이 어딘가 나라와 닮았다고 느꼈기 때문이었다. 나남의 남쪽 산은 삼립산三笠山[42]이라고 불리었다. 조선 반도의 동북단에 거주하는

---

[42] 한자를 일본 현지 발음으로 읽으면 미카사야마. 나라 현 나라 시에 있는 미카사야마(御

일본인의 망향의 마음을 엿볼 수 있는 대목이다.

도시의 서쪽에는 아마테라스오미카미(天照大神)와 메이지 천황의 이름을 따서 명명한 천명산天明山이 있고, 그곳에 나남신사를 세웠다. 산기슭에는 충령탑과 충혼비를 세웠다.

당시 나남의 거리 풍경. 중앙공원에서 남서로 도로를 따라가면 상점이 늘어선 생구정이 있다. 이 사진은 생구정의 일부. 나남교를 뒤로 하고 촬영한 사진. 다무라사진관(田村寫眞館)의 양옆에는 나가사키야(長崎屋)와 다니구치약국(谷口藥局)이 있고 건너편에는 우에모토구두점(上本靴店), 하야시철물점(林金物店), 이타가키(板垣) 라디오·유리점이 있다.

중앙공원의 동쪽은 본정(本町, 혼마치)이라고 불리는 지역으로, 사람들이 주로 모여 살았다.

나남에서 귀환한 사람들은 나남 제일의 추억으로 하나같이 그 추위를 떠올린다. 손에 들고 있는 자료에는 1월 평균기온이 영하 8도로 나와 있지만 이 정도가 아니었던 것 같다. 겨울이 되면 여러 달 동안 극심한 추위가 계속되고 온돌 없이는 도저히 지낼 수 없었다고 한다. 나남천은 꽁꽁 얼어 아이들의 좋은 놀이터가 되었다.

그런 만큼 봄이 왔을 때의 기쁨은 각별했다. 봄의 나남 교외에는 은방울꽃이 군락을 이루었다. 나남의 꽃이라고 하면 은방울꽃을 가리켰다. 나남 사람들은 이 꽃을 보고 얼었던 심신을 달랬다.

蓋山)와 발음이 같다.

일본군 위안소

나남의 남서부 교외에 미륜(美輪, 미와)마을이라는 지역이 있다. 이곳 역시 나라의 미와(三輪) 산에서 유래하여 붙여진 지명일 것이다.

이곳에 식민지 조선 최대라고 하는 일본군 위안소가 만들어졌다. '산' 이라는 별명으로 불렸다.

함경선은 조선 북부 최대의 무역항인 함경남도 원산과 소련·만주와의 국경을 가르는 두만강 가의 도시 회령을 연결하는 철도이다. 이 철도 전체가 개통된 해인 1928년(쇼와 3)에 위안소가 설치되었다. 원래는 마을 중심부에 있었지만 소문을 염려해 교외로 이전했다고 한다.

나남에서는 유명한 오다(小田)농원이 있었는데 그곳을 끼고 오른쪽으로 들어가면 함경선의 건널목이 있다. 건널목 건너편에는 이 세상을 둘로 나누기라도 하듯 실개천이 흐르고 있고 또 그것을 연결이라도 하듯 작은 다리가 놓여 있다. 그 끝에 위안소가 있었다.

나남의 유곽 입구[전국청진회 마사키 사다오(正木貞雄) 제공, 2012. 8. 31. 촬영]

나남에 남아 있는 육군의 위안소였던 건물(이토 코지 촬영)

위안소는 장교용과 병졸용으로 나뉘어 있어서 건널목에서 길을 똑바로 가면 장교용 위안소이고, 왼쪽으로 붙은 길로 꺾어지면 병졸용 위안소이다. 장교용은 장교 외에 임원이나 일본인 이민자들도 이용했다.

길 오른쪽에는 사카이(酒井), 기부네(貴船), 다이코쿠(大黑), 아사카로(阿佐加樓)가 늘어서 있고, 식당을 끼고 산슈로(三洲樓) 그리고 이발소 건너편에 고묘로(光明樓), 후지미로(富士見樓)가 있었다. 길 건너편에는 산스이로(山水樓), 후키로(富貴樓), 스이슈로(吹集樓), 고토부키로(壽樓), 고세로(高正樓), 미나토로(三七十樓), 고쇼로(高尙樓), 쇼잔로(笑山樓)가 있었다.

이들 유곽에는 일본인 기생들이 일하고 있었는데 출신지는 역시 규슈가 많았다고 한다. 또 '산' 입구 근처에는 요릿집 이치후지(一富士)가 있었는데 하사관이나 상등병의 환송, 환영회는 항상 이 가게에서 열렸다.

한편 병졸용 위안소는 당시 선인 유곽으로 불리며 22세 이하 여성을 300명 정도 데리고 있었다. 그곳에는 검미소(매독 검사하는 곳)도 있어서 성병 검사를 했다. 위안부의 출신지는 전라도나 경상도가 많았다고 사진작가인 이토 코지(伊藤孝司) 씨는 지적했다. 전라도와 경상도는 일본인 회사가 널리 뿌리를 내리고 있어서 식민지 사람들이 외지로 내몰렸다. 일부는 빚의 담보로, 일부는 속아서 끌려왔을 것이다. 고통을 참기 어려워 선로에 몸을 던지는 위안부도 많았다. 사람들은 그 선로를 '위안부 자살 선로'라고 불렀다고 한다.

군이 진출한 곳에는 반드시 위안소가 설치되었다. 그리고 많은 여성들이 화류계에 몸을 던져 희생이 되었다. 그 전형을 군사도시 나남에서 볼 수가 있다.

장고봉사건

다음에 적은 것은 나남에 주둔해 있던 보병 73연대의 연대가이다.

1. 천고에 감추어 둔 백두의 눈보다 맑은 대장부가
   마음에 담아둔 국경의 수비는 굳건하다 영원히.
   주어진 사명은 점점 무겁고 강물은 끝이 없네 두만강.
2. 5조의 경문을 감사히 받아 아침에 단련하는 야마토의 혼
   군기 아래에서 단련하여 저녁때 힘쓰는 무사의 길
   천황을 위해 큰 뜻을 목숨으로 다하는 것은 언제일까.
3. 간도에서 폭동을 진압하고 또 만주에 가서
   비적 토벌 몇 천 리일까 우리 73의 이름과 함께

세우자 군기의 위훈을. 자 우러르자 모두 함께.
4. 동해의 구름이 걷히고 욱광이 사방에 비추는데
검은 구름이 다시 덮치면 내게는 인의의 검이 있다.
나아가라 전우여, 총을 들고서 가자 73의 용사여.

나남에 설치된 제19사단의 주요 임무는 국경 경비였다. 항일군과의 전투는 끊임없이 계속되었다. 그러던 중에 발발한 것이 소련과의 전쟁인 '장고봉사건'이었다. 제19사단의 전력이 시험받게 된 사건이었다.

소련과의 전투라면 노몬한사건이 유명하고 장고봉사건은 지금은 그다지 언급되지 않지만 중일 전면전에 돌입해 있던 일본군의 배후가 당한 사건으로 그 희생이 커서 당시에는 진상을 감출 정도였다.

1938년 7월 조선과 소련, 만주 삼국의 국경에 접해 있는 장고봉을 소련군이 갑자기 공격했다. 제19사단은 이곳을 국경 불확정 지대로 생각하고 있어서 밀항자를 감시하는 헌병 분소를 두는 정도였다. 공격을 받고 고이소 구니아키(小磯國昭) 조선군 사령관은 대본영에 대응을 타진했다. 대본영은 한커우작전(漢口作戰)을 앞두고 있었기 때문에 전쟁의 확대를 두려워하여 제19사단 단독으로 저지하라는 소극적인 대응으로 시종일관했다.

한편 소련군이 8월에 병력을 2개 사단으로 증가시켜 공격을 격화시키자 대본영은 남만주의 제104사단을 현지 근처로 이동시키고 관동군도 주력을 국경 근처로 이동시켜 응원 태세를 갖췄지만 실제로 전투에 관여한 것은 나남의 제19사단뿐이었다. 그것도 전차나 공군의 원호도 없이 빈약한 장비만으로 싸워야 했기 때문에 피해가 컸다. 8월 11일에 정전협정이 체결되었다. 이때 장고봉을 사수하던 부대는 풍전등화였다고 한다.

이 전투에서 일본 측 인명 피해는 전사 526명, 부상 914명 합계 1440명으로 제19사단 전력의 21%에 달했다. 한편 소련 측은 전사자 236명, 부상자 611명 합계 847명의 인명 피해를 입었다. 최종 전투 결과는 무승부였다.

많은 전사자와 부상자가 나남으로 옮겨졌다. 육군병원만으로는 감당할 수 없어 중앙공원 옆의 육군해행사로 침대를 옮겨와 임시 시설로 만들었고 하사관 이상의 부인들이 총동원되어 간호를 하였다. 도시는 불안과 긴장에 휩싸였다. 나남 사람들은 자신이 군사도시에서 살고 있음을 다시 한 번 자각하게 되었다.

73연대 소속의 병사가 남긴 앨범이 있다. 군기제와 전우의 사진, 당시 조선의 풍속을 말해주는 사진 등을 가리개에 붙였다. 군데군데 사진이 떨어져 없지만 주인은 사진마다 모두 설명을 달아 놓았기 때문에 사진이 떨어진 빈자리에 원래 어떤 사진이 붙어 있었는지 상상할 수 있다.

떨어진 사진들 중에 '마적 참수의 찰나 국경 수비 기념', '비적의 사형장 국경 수비 기념', '만철 선로 옆에 누운 비적의 목 없는 사체 국경 경비 기념', '단두대에서 이슬로 사라진 가엾은 비적의 목 국경 수비 기념' 등 국경 경비 와중에 죽은 적병의 사체를 찍었음을 설명한 것이 모두 여섯 장 있었다. 전후 전쟁범죄 추궁이 두려워 떼어 불태운 것일까?

성전이라고 믿고 한 사람이라도 더 많이 죽이는 것이 명예였다. 앨범 주인은 전후에 어떻게 살았을까? 나남 부대에 소속되어 전쟁을 했던 시간은, 한편으로는 전우들의 사진을 소중히 간직하고 있는 것을 생각하면 그에게 잊을 수 없는 소중한 추억이었을 것이다. 동시에 살육의 사진은 없어졌지만 그의 눈에는 그 영상이 명료하게 남아 있을 것이다.

그 머릿속의 사진들이 그에게 평화의 존귀함을 계속해서 말해주었을 것이라 믿고 싶다.

군사도시 나남도 이제 머릿속에만 남았지만 다시 한 번 더 나남을 현대로 끌어내서 그 의미를 검증하는 것이 중요할 것이다. 살육, 희생, 차별, 지배 그리고 붕괴 등을 군사도시 나남 자신에게 말하게 하고 싶다.

나남의 일본인 사회

나남을 걷다(생구정)

　나남에서 귀환한 사람들이 만든 시가 지도가 있다. 손으로 직접 상세하게 집들의 이름을 기록한 것으로, 말하자면 젠린[43]의 주택 지도에 가깝다. 이것을 만드는 것은 힘든 작업이었으리라 생각된다. 나남은 그곳에서 살던 사람들에게는 더할 나위 없이 소중한 고향이다. 지금은 찾아갈수도 없는 잃어버린 고향. 그렇기 때문에 열심히 기억을 더듬어서 기록했을 것이다.

　이 희로애락이 담긴 시가 지도를 손에 들고 나남 거리를 걸어보려고 한다.

　도시 한가운데에 있는 중앙공원에서 시작한다.

　나남 본정 중앙공원 주위에는 은행과 금융조합, 우체국, 헌병대, 조선

---

[43] 일본 최대의 지도 정보 회사.

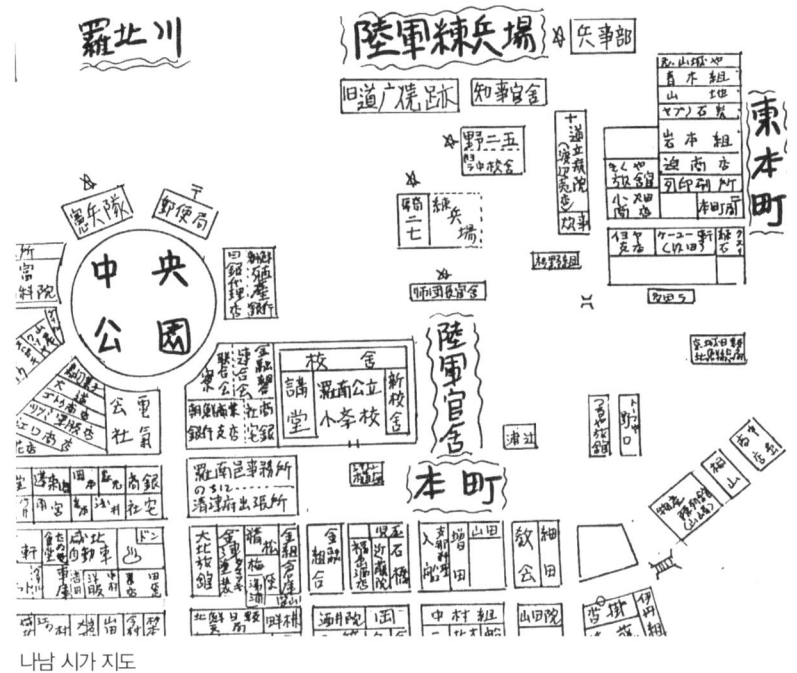

나남 시가 지도

전기 나남영업소 등이 에워싸듯이 늘어서 있다. 중앙공원에서 남서쪽 길로 들어서면 번화가인 생구정이다. 나남의 도시 한가운데를 나남천이 동서로 흐르고 있다. 이 강을 기준으로 본정과 생구정 및 초뢰정으로 나누어진다.

공원에서 나남천에 놓인 나남교까지 약 250미터 되는 도로에는 나남 제일의 배달 음식점인 아카호야(赤穗屋), 나가사키식 카스테라 본점인 가네코과자점(金子菓子店), 나남 제일의 카페 세이요켄(精養軒) 그리고 당시로서는 드물었던 3층 건물인 가와우치사진관(川內寫眞館), 식당 등이 넘쳐나고 있었다. 그리고 나남 사람들이 자주 이용했던 백화점 가가시야는 나남교 기슭에 있었다.

가가시야의 상징은 활을 손에 든 허수아비다. 주인이 원래 수렵을 생업으로 했던 사람이라 이런 상징이 생겼을 것이다.

아카호야는 품격이 높아서 군 간부가 주로 이용했다. 기병 제26연대는 일요일 한 끼는 빵을 먹는 것으로 정해져 있어서 가네코과자점이 납품을 했다.

나남교를 건너면 왼쪽에 파출소가 있다. 여기부터가 생구정이다. 길을 따라 직진하면 본통, 왼쪽으로 꺾어지면 중통이다. 본통은 나남천을 따라 서쪽으로 늘어섰고, 중통은 남쪽으로 향하고 있었다.

본통으로 들어가 뒤집힌 디귿자 모양으로 한 바퀴 돌아 중통으로 나와 보자.

베니야과자점, 제19사단 지정여관인 나가사키야(長崎屋) 여관을 지나

가가시야 백화점. 유모차를 잘 보면 아직 어린 조선인 아이가 일본인 아기를 돌보고 있는 것을 알 수 있다. 일본인 사회와 조선인 사회의 골은 깊었다.

면 상점가이다. 건재를 취급하는 이타가키백화점(板垣百貨店), 스와군복점(諏訪軍服店), 무라이시가구점(村石家具店), 교과서 판매점인 오사키홋코칸(大崎北光舘), 그리고 라디오 가게와 잡화점 등이 줄지어 있었다. 생구정의 서쪽 끝에는 타이피스트학교를 병설한 오가와인쇄소(小河印刷所)가 있었다.

여기서 더 서쪽으로 가면 천명산이다. 천명산 앞에는 나남신사가 있다. 군인과 학생들은 이곳에서 전승을 기원했다. 천명산 북쪽의 산기슭 일대가 배나무골로 조선인 거주 구역이다.

오가와인쇄소에서 왼쪽으로 꺾어지면 나남의 명물인 들쭉의 제조회사인 이나가키닛폰도(稻垣日本堂)가 나온다. 이 길의 끝이 미길정(美吉町, 미요시쵸)으로 앞에서 애기한 유곽 거리인 미륜마을로 이어진다.

이나가키닛폰도에서 왼쪽으로 꺾어진다. 이 길은 본통과 나란한 길로 이곳도 역시 생구정의 번화가이다. 후루쇼인쇄소(古莊印刷所), 가나자와오복점(金澤吳服店), 후쿠스케쿄염점(福助京染店), 이토시계점(伊藤時計店), 군수용품이나 사무용품을 취급하는 이와마츠쇼스케상점(岩松庄助商店), 게다(나막신) 가게, 세토(瀨戶)물건점, 철물점, 이발소 등이 즐비했다. 과자점인 고게츠도(湖月堂)를 지나면 중통.

중통을 오른쪽(남쪽)으로 가면 초뢰정 공설시장. 왼쪽(북쪽)으로 가면 나남교로 돌아온다. 이 길도 번화하여 건어물점인 니시무라상점(西村商店), 당시 유명한 화장품이었던 캅피를 판매하던 다카노후사상점(高野房商店), 나남해행사 군매점 특약점인 나루세마사유키상점(鳴瀨正行商店), 아이다사진관(會田寫眞舘), 군납품업자인 미야타케상점(宮武商店), 이세야백화점(伊勢屋百貨店) 그리고 신발 가게, 약국, 의원 등이 있었다.

생구정은 상점이 즐비한 상업 지역이었다.

나남을 걷다(초뢰정)

> 야속한 그 사람이 나를 그리워하게 해 달라고 하츠세(初瀨)의 관음에게 빌었는데. 하물며 하츠세의 산바람 너처럼 더 세차게 냉담해지라고는 빌지 않았거늘.
>
> 미나모토노 도시요리아손(源俊賴朝臣)

생구정의 동쪽 끝과 남쪽 끝에는 용전천이 흐르고 있다. 그 강이 동쪽의 초뢰정과 남쪽의 미길정의 경계를 이루고 있었다. 초뢰정은, 북쪽의 나남천 서쪽의 용전천 그리고 남쪽과 동쪽의 함경선으로 둘러싸여 있었다.

생구정 중통 남단에 용전천에 놓인 다리가 있고 그것을 건너면 초뢰정 공설시장이 있었다. 시장은 연중무휴였다. 농수산물이 중심이고 잡화도 취급했다. 연간 총매출은 18만 엔으로 지금 돈으로 환산하면 약 5억 엔에 상당하는 대규모 시장이었다. 공설시장에는 중국인과 조선인 가게가 있었다. 나남 거주자들의 기억에 따르면 중국인 가게가 위생적이었기 때문에 일본인은 주로 중국인 가게에서 채소를 구입했다고 한다.

초뢰정 거의 중앙에 나남극장주식회사가 경영하는 하츠세자(初瀨座)가 있었다. 이곳은 내지 출품작도 자주 상영되는 나남 제일의 오락장이었다. 남쪽의 길 건너편에 조선 요릿집인 함일관이 있었다. 한복을 입은 아름다운 여성들이 나남 사람들의 눈을 홀렸다. 그 옆에는 사와과자점(澤菓子店)이 있었다.

나남에는 일본계 불교사원이 일곱 곳 있었는데 그 중 다섯 곳이 이 초뢰정에 집중되어 있었다. 그것은 초뢰정이 생구정에 비해 약간 한적한 동네였기 때문일 것이다.

초뢰정. 남쪽으로 달리는 함경선에서. 왼쪽 멀리 이층 건물인 하츠세자, 오른쪽 선로 옆에 혼간사 나남포교소, 멀리 북선장유회사의 굴뚝 등이 보인다.

하츠세자 남쪽으로 통하는 길을 서쪽, 즉 생구정 방면으로 향하면 초뢰정의 상점가가 나온다. 사거리의 담배 가게를 지나면 중화요리점, 삼영제과 특약점인 과자 도매점 이요야제과 본점(伊予屋製菓本店), 의료와 자전거를 취급하는 오카자키상점(岡崎商店), 이토(伊藤)모피점, 와타나베장유점(渡辺醬油店)이 있었다. 초뢰정 서쪽 끝의 용전천을 따라 공설시장 근처에는 와타나베미곡점(渡辺米穀店)이 있고, 또 생선 가게가 여러 채 늘어서 있었다.

담배 가게 사거리에서 남쪽으로 가면 생선 가게인 다니구치스케마츠상점(谷口助松商店)이 있는데 이 가게는 두만강 국경을 넘어 투먼(圖們)에도 지점을 가지고 있었다. 나남은 이른바 간도(현재 연변 조선족 자치주)와도 관계가 있었음을 엿볼 수 있다. 다니구치스케마츠상점의 주위에는 병원과 전당포가 있고 뒤편에는 교회가 있었다.

나남에는 프로테스탄트교회가 한 곳, 일본 감리교회가 한 곳, 그리고 가톨릭교회가 열여덟 곳 있었다. 가톨릭교회의 신도 대부분이 조선인이었다. 같은 그리스도교라도 일본 감리교회에는 조선인 신도가 없었다.

하츠세자 남쪽으로 통하는 길을 동쪽, 즉 함경선 방면으로 향하면 길야천(吉野川, 요시노카와)이 흐르고 있다. 다리 앞에는 된장 간장 양조원인 하가유스케상점(芳賀雄助商店), 고바야시(小林)고량주양조가 있었다. 고바야시양조에서 제조된 고량주 만리원萬利源은 도쿄에서도 판매되었다고 한다.

길야천 건너에는 북선장유회사가 있었다. 북선장유회사의 높은 굴뚝은 나남의 상징 중에 하나였다. 초뢰정에는 공장도 많았다.

나남을 걷다(본정)

나남을 동서로 흐르는 나남천에는 상류부터 순서대로 상교, 나남교, 이교, 삼교, 사교가 놓여 있었다. 초뢰정에서 북쪽을 향해 다리를 건너면 본정이다. 이교를 건너면 중앙공원에, 삼교를 건너면 나남공립소학교에 이른다. 사교는 동4조통으로 연결되고 그 끝에는 제19사단장 관저가 있었다.

본정에는 관공서, 학교, 금융기관, 상공회의소, 물산관 등이 모여 있었다.

본정의 동쪽에는 함경선 나남 역이 있었다. 이 주변은 동본정이라고 불렸다. 나남 역에서 서쪽으로 향하여 중앙공원으로 돌아오기로 한다.

역 주변에는 보통학교, 나남공립중학교, 공립고여, 동나남공립고여, 그리고 함경북도청, 나남경찰서 및 도립 나남의원이 있었다. 또 조선일보사 북선총국과 북선일일신문사가 있어서 기사를 발신하고 있었다.

나남공립중학교의 교련 시간

역 앞에는 본정 우체국, 여관, 식당, 약방 외에 건설회사가 세 곳 있었다. 건설회사가 많은 것은 나남이 군대의 힘으로 계속해서 확장하고 있음을 말해준다.

과자나 식료품을 취급하는 나카시마상점(中島商店) 옆에는 물산진열관이 있어서 나남을 방문하는 사람들을 맞이했다. 소련군 침공 때 구원본부가 설치되었던 츠루야여관, 나남 유수의 자산가인 우라츠지가(浦辻家)를 지나 본정의 번화가로 들어간다.

거기에는 중화요리점 이리후네(入船), 육군 납품 주류와 식료품을 취급하면서 태평화재해상보험주식회사 대리점을 경영하는 후쿠시마지점(福島支店) 등이 있으며, 기와로 만든 으리으리한 건물은 나남금융조합이다. 이 오른쪽에 나남공립소학교(후에 초등학교)가 있었다. 나남에는 심상고등을 합해서 2400명이 넘는 소학생이 있었다. 그 중 조선인 학생 수는 손에 꼽을 정도였다. 그들은 주로 나남보통학교에 다녔다. 그 수가 대략 1500명 정도였는데 가난해서 학교를 다닐 수 없는 아이들도 흔히 볼 수 있었다.

참고로 함경북도 북부에는 고등여학교가 나남에만 있었기 때문에 나남에서 하숙하며 통학하는 여학생도 적지 않았다. 남자는 나남중학교에 진학하였고 학생 수는 약 500명이었다. 여자는 나남고여나 동나남고여에 진학하였고 그 수는 총 600여 명이었다.

서쪽으로 더 가 보면 좌우로 당구장, 각종 관청 및 군대용 시설인 오키타여관(大北旅館)과 나남읍사무소가 있고 이교에서 중앙공원으로 이어지는 남북으로 뻗은 길을 건너면 모퉁이에 목욕탕이 있었다. 그 남쪽에는 다하라서적신문포(田原書籍新聞舗).

길을 따라 서쪽으로 직진하면 함경자동차상회가 있었다. 전세 또는 승합자동차를 제공하여 나남의 유명한 온천지인 주을온천과 주변 마을에 사람들을 실어 날랐다. 이곳에는 버스터미널도 있었다.

그리고 길은 나남 제일의 카페 세이요켄에 이르러 다시 중앙공원과 생구정을 연결하는 도로로 나오게 된다.

본정에는 그 밖에 민간단체의 본부와 사무소도 많이 있었다. 구체적으로 나남상공회, 나남재향군인분회, 국방부인회 나남분회, 일본적십자사 나남지부, 함북종묘조합, 과일동업조합, 나남체육협회, 나남청년훈련소, 나남국방의회, 나남동성회, 나남청년단, 나남여자청년단, 나보羅ㅃ청년단, 나보여자청년단, 나남실업훈우회, 나남군우회, 함북화학협회 등이 있었다.

들쭉

앞에서도 말했지만 들쭉이란 나남의 이나가키닛폰도가 개발한 음료이다. 함경북도 북부의 산기슭에 자생하는 블루베리와 비슷한 식물을 원료로 한다. 주스뿐만 아니라 사탕으로도 가공되었다. 독특한 새콤달콤한 맛은 나남에서 생활한 적이 있는 사람들의 기억 속에 지금도 선명하게 남아 있다.

필자의 손에 당시 들쭉 빈병이 들려 있다. 나남에서 선물로 가져왔을 것이다. 병을 손에 들고 바라보고 있으니 나남에서 생활했던 사람들의 숨소리가 전해지는 것 같다.

크기는 오로나민C[44]와 거의 비슷하다. 두꺼운 투명 유리로 만들어졌는데 학이 입에 풀을 물고 날아가는 모양이 부조되어 있다. 그 밑에 들쭉이라고 적혀 있고, 병 바닥에는 CHOSEN TSULCHUK & Co.이라고 되어 있다.

병에 든 들쭉을 물로 몇 배 희석해 마셨다. 들쭉은 대성공이었다. 들쭉 광고가 들어간 기차역 매점 도시락의 포장지를 웹정보로 볼 수 있다. 포장지에는 백두산 들쭉 음료수 불로장수라고 적혀 있고 함경선 종점인 회령 역의 기념 스탬프가 찍혀 있다. 이 도시락을 나남에서 살 수 있었는지 회령에서 살 수 있었는지 아니면 함경선의 다른 역에서 살 수 있었는지는 확실하지 않지만 함경북도에서는 유명한 음료였음을 알 수 있다. 들쭉으로 이나가키닛폰도는 크게 발전해 회령 외에 나진과 투먼에도 지점을 열었다.

노무라 마스조(野村益三)의 저서 『계림십삼도』(1931)에도 들쭉이 나온다.

> 우리가 함경도에 들어가니 가는 곳마다 들쭉 과즙을 권한다. 홍옥색의 새콤달콤한 맛이 일품이다. 특히 목욕 후에 마시는 한 잔은 맥주 한 잔에 뒤지지 않는 맛이다.
>
> 들쭉은 일본명으로는 구로마메노키(Vaccinium uliginosum)라고 하며 북쪽 고원지대에 흔히 자생한다. 사할린의 월귤과 비슷하려나?

---

[44] 일본의 오츠카제약이 판매하고 있는, 비타민 C를 비롯하여 각종 비타민이 들어간 탄산음료

"특히 목욕 후에 마시는 한 잔은 맥주 한 잔에 뒤지지 않는 맛이다."라고 한 부분을 놓치고 싶지 않다. 꼭 한번 마시고 싶은 마음에 여러 모로 조사해봤더니 공화국에서는 지금도 널리 마시고 있다는 것을 알 수 있었다. 다행스럽게도 들쭉은 국가를 넘어 생존해 있었다.

젊어서 세상을 떠난 반전 혁명 시인 마키무라 히로시(槇村浩)[45]의 대표작 「간도 빨치산의 노래」(1932년 발표)에도 들쭉이 등장한다.

> 아침
> 나는 새벽하늘에
> 소용돌이를 그리며 북으로 날아가는 학을 보았다.
> 들쭉 숲을 가르고
> 울창한 수해樹海를 넘어
> 국경으로
> 불같이 빨간 구름의 물결을 뚫고서 똑바로 날아가는 것!
> 그 고국으로 돌아가는 하얀 행렬에
> 나 열두 살 소년의 가슴은 뛰었다.

병에 학이 그려진 것은 단순한 언어유희가 아니었다. 이 지방에서는 학을 볼 수 있었던 것이다.

언젠가 들쭉을 마셔보고 싶다. 그것도 원조인 이나가키닛폰도의 흐름을 간직한 공화국의 들쭉을. 내가 들쭉을 마실 때에는 동아시아의 평화

---

[45] 마키무라 히로시(1912~1938): 시인. 고치 현(高知縣) 출생. 본명 요시다 도요미치(吉田豊道). 프롤레타리아문학운동에 참가. 1931년 만주사변을 취재한 반전 시 「되살리는 총꽂이」를 발표하여 주목받음. 1932년 항일 무장 투쟁을 하는 조선인 청년들을 노래한 「간도 빨치산의 노래」를 발표. 옥중에서 얻은 병으로 26세에 죽음.

가 실현되어 있어야 한다. 공존과 상호부조가 실현되어 있어야 한다. 나는 마키무라에게 잔을 올리고 들쭉을 마실 것이다.

들쭉과의 만남은 의외의 정보를 가져다주었다.

무코우다 구니코(向田邦子)[46]의 수필에 「들쭉」과 「속 들쭉」이라는 작품이 있다는 것을 알았다. 「들쭉」은 어린 시절의 추억담으로 출장에서 돌아온 아버지가 선물로 사 가지고 온 들쭉을 마셨다는 이야기이다. 맛은 기억하지 못하지만 세상에 이런 맛있는 음료가 있었나 하고 감동했는데 누구한테 물어도 들쭉을 모르더라는 것이었다.

「들쭉」은 큰 반향을 불러일으켰다.

나남에서 귀환한 사람들로부터 들쭉에 대한 정보가 많이 들어온 것이다.

그런 다음에 쓴 것이 「속 들쭉」이었다. 내용은 생략하더라도 들쭉과 나남에 관한 많은 정보가 지금도 무코우다의 집에 보관되어 있지 않을까 생각했다.

「속 들쭉」에는 "편지가 삼백 통이 넘었다."라는 구절이 나온다. 두 번 다시 방문할 수 없는 고향 나남을 그리워하는 귀중한 정보이다. 설마 파기되지는 않았겠지.

무코우다 구니코 관련 자료를 보관하고 있는 대학과 무코우다 구니코의 여동생에게도 실례를 무릅쓰고 편지를 썼다. 그러나 없다고 한다. 벽에 부딪치고 말았다. 들쭉은 그 정체를 감추어 버렸다.

나남을 대표하는 제19사단과 들쭉. 이 둘은 실로 대조적이다. 그것은 전쟁과 평화. 제19사단은 소멸하고 들쭉은 살아 남았다는 사실을 잊어버리고 싶지 않다.

---

[46] 무코우다 구니코(1929~1981): 방송작가, 수필가, 소설가. 제83회 나오키상 수상.

나남의 붕괴

소련군의 진공

1945년 8월 8일 한밤중에 소련군이 두만강을 건너 함경북도로 진공을 시작했다. 증언에 따르면 밤 11시 반경이라고 한다. 다음 날인 9일 오전 5시에 소련군은 해상에서 웅기와 나진을 두 시간 반 동안 포격하고 아울러 함경북도의 도청소재지인 청진에 폭격을 가했다.

뒤에 다루겠지만 이때 제19사단에는 소련군을 저지할 힘이 없었다.

소련군은 두만강을 따라 경흥, 고성, 사회를 어렵지 않게 돌파하고 8월 13일에는 아오지, 17일에는 회령에 도착했다.

또 8월 13일에 바다에서 청진으로 군사를 상륙시켰고 15일에는 나남, 18일에는 길주로 군대를 전진시켰다. 소련군의 총병력은 2만 명이었다고 한다.

15일 적을 눈앞에 두고 나남의 일본군은 군 시설에 불을 질렀다. 여기저기서 타오르는 화염으로 하늘은 붉게 물들었다. 나남의 종말이었다.

13일 오후 나남 군 당국은 긴급 소개 명령을 내리고 일본인은 모두 마을을 떠났다. 폐허가 된 나남에서는 약탈이 자행되었다.

당시 일본군 병사였던 주영복은 저서 『조선 전쟁의 진실』(悠思社, 1992)에서 그 모습을 다음과 같이 묘사했다.

> 나남의 군사시설이 불타던 밤, 시내는 무인지대였다. …(중략)… 일본인은 영원히 떠난 것이다. 돌아온 것은 전부 조선인이었다. …(중략)…
>
> 창도 문도 열어 놓은 채 떠난 일본인의 빈집, 상점, 창고 등에 개미처럼 사람이 몰려들었다. 가재, 의류, 식기, 장식물, 악기, 장난감, 신발, 우산, 서적, 자전거, 모든 것을 가로채 가져가느라 바빴다. 도시 전체가 서로 고함지르고 빼앗고 너나할 것 없이 눈을 등잔만 하게 해 가지고 내달렸다. 어떤 사람은 트렁크를 안고 도망쳤다. 어떤 사람은 자기 몸보다 큰 이불보따리를 끌고 달렸다. 어떤 사람은 리어카에 물건들을 산처럼 쌓고 땀을 흘리며 집으로 서둘러 갔다. 어떤 부인은 옷가지를 잔뜩 머리에 이고 외투를 끌어안은 채 제방을 올라갔다. 어떤 노인은 지게 위에 서랍장을 짊어지고 달렸다. 모두 달리고 부딪치고 욕설을 퍼부으며 보물을 찾아서 더 큰 고급 주택으로 뛰어들었다. 먼저 도착한 약탈자는 흥분하여 방에서 방으로 들락거렸다. …(중략)…
>
> 2, 3천 채의 일본인 민간 주택과 상점, 수백 채의 타다 남은 군용 병사는 불과 대여섯 시간 만에 텅 비어 버렸다.

엄청난 약탈과 함께 일본인에 대한 보복도 이루어졌다. 나남신사의 신관 일가는 자결로 내몰렸다고 한다.

이 인용문에서 나남의 가게나 주택 등 건물은 남았다는 것을 알 수 있다. 파괴된 것은 주로 군 시설이었다. 어쩌면 지금도 일본 가옥이 남아 있지는 않을까? 공연히 가슴이 설렌다.

17일에 소련군은 확인이라도 하듯 나남의 군 시설에 대규모 폭격을 하여 파괴했다. 나남은 22일에 무장 해제당했다.

일본군은 소련군의 진공을 예측하고 있었다.

소련군의 진공에 맞서 유격전을 펼치기 위해 일본군은 3월부터 간도에 부대를 배치했고 후퇴 시 비상식량으로 통조림을 나누어주기도 했다. 만주의 관동군은 7월에 이미 가족을 내지로 돌려보냈다. 소련군의 진공은 아닌 밤중에 홍두깨가 아니었던 것이다. 일본인의 피난 루트도 미리 계획되어 있었다. 그것은 장백산맥을 따라 무산, 혜산진을 거쳐 압록강을 따라 최종적으로는 평양의 동쪽 성천 방면으로 가는 것이었다.

그러나 소련군의 움직임이나 그 대응에 대해서는 주민에게 전혀 알리지 않았다. 갑자기 내려진 피난 명령에 주민들은 대혼란을 겪었고, 비극이 일어났다. 확실한 정보도 없이 어떤 사람은 서쪽으로 어떤 사람은 북쪽으로 또 어떤 사람은 남쪽으로 향했다. 죽음의 피난길의 시작이었다.

함경북도의 피난민은 7만 5000명으로 피난 경로는 다음 다섯 가지로 나뉘었다고 한다. 〔모리타 요시오(森田芳夫), 『조선 종전의 기록』〕

(가) 8월 28일 조선 반도는 38도선을 경계로 북쪽은 소련군, 남쪽은 미군이 각각 통치했다. 피난민은 그 38도선 너머 주문진, 춘천, 경성 등을 목표로 삼았다.

(나) 8월 15일에 간도, 투먼에서 만주로 들어와 그달 20일부터 24일 사이에 푸순에 집결한 나진의 만철 관계자를 중심으로 한 약 6500명, 이 최초의 피난 열차는 투먼 역에서 소련군의 폭격을 받아 340의 사상자를 냈다.

(다) 남하하거나 무산 산속으로 피난을 갔다가 함흥, 흥남, 원산 등에 집결한

약 3만 7000명.

(라) 전쟁 중에 피난 가지 않고 그대로 남은 사람.

청진에서는 일본과 소련의 전쟁 와중에 조동종 사원 선복사 부근에 100명이 남아 있었다. 전쟁이 끝난 8월 19일 소련군의 명령으로 일본인은 부두 창고에 집결했는데 약 400명이 있었다고 한다. 17명이 처형되고 남은 사람 중 남자는 청진형무소에 수용되었다가 나중에 석방되었다.

(마) 무산 산속으로 피신했던 사람 중 원래 살고 있던 곳으로 돌아간 사람.

청진에서는 18세부터 40세까지의 남자가 청진형무소에 수용되었다.

피난민을 태운 무개 열차가 나남을 떠날 때 열차에 타지 못한 옆집 주인이 지붕 위에 올라가 작별의 손을 흔들던 모습을 나남에서 태어나고 자란 F씨는 기억하고 있다. 1945년 8월의 충격은 나남 사람들의 마음속에 커다란 상처를 남겼다. 상처는 지금도 때때로 욱신거린다.

무력한 제19사단

1945년 2월 제19사단의 주력이 필리핀으로 옮겨 전투를 벌이다가 괴멸적인 타격을 입었다. 1만 2000명 가운데 살아 돌아온 것은 겨우 1/3이었다. 게다가 6월에는 1만 명이 제주도로 향했다. 그 보충을 위해 17세부터 19세까지의 조선 젊은이들이 징집되고 재주 일본인이 모조리 동원되었다. 훈련이 제대로 안 된 엉터리 집단이었다.

게다가 4000명으로 편성된 청진방위대에 정규병은 겨우 500명뿐이었다고 한다.

장비도 빈약하고 총과 탄약도 부족했다. 1000명 규모의 대대에 소총은 200자루밖에 없었다. (이 부분은 주로 전국청진회의 회보『청진』을 참고하여 작성했다.)

전국청진회는 당시 청진부에 살던 사람들의 모임이다. 나남은 1940년 청진부에 속했기 때문에 이 회에는 나남 거주자도 포함되었다.

이 회는 매년 1회 회보 『청진』을 발행하여 시간이 흐를수록 희미해져 가는 기억을 자세하게 기록하고 있다. 나남에 관한 정보도 많다.

전국청진회의 회보 『청진』

회보 『청진 50회 특집호』(1994년 여름호)에 제410특설경비공병대 소속(당시 40세)의 「청진 나남의 전투에 참가한 이등병의 수기」가 실렸다. 8월 9일부터 20일까지 일기 형식으로 극명하게 적혀 있다. 이 수기를 통해 소련 진공 시 나남의 모습을 살펴보기로 하자.

> 8월 9일. 청진을 소련군이 폭격. 밤에 붉은 종이의 소집영장을 받음.
>
> 8월 10일. 부대에서 단검과 옷, 모자를 받았다. 인부와 같은 군대 모습이다. 이날 나진(함경북도 북부의 도시로서 소련 국경에 가깝다. 필자 주) 방면에서 피난민을 보았다.
>
> 8월 11일. 총도 없이 훈련. 많은 피난민이 나남 방면으로 남하했다.
>
> 8월 12일. 다섯 중대가 편성되고 대대장에는 술집 이시이상회(石井商會, 나남 생구정) 주인이 임명되었다. 소련군이 나진에 상륙하여 남하 중이라는 정보가 들어왔다.

8월 13일. 오후 0시 30분 함포사격과 소총의 공격을 받았다. 소총은 200정 뿐이고 수송대가 마침내 보충. 소련군의 공격이 격렬해졌다. 산포山砲가 원호援護. 공방전은 밤 10시를 넘겼다.

8월 14일. 이시이 대대장이 부상을 당해서 나남 니시혼간 사의 주지인 이노우에(井上) 중위가 지휘를 맡았다. 사상자가 많아진다. 오후 11시 나남으로 후퇴 명령이 떨어졌다.

8월 15일. 해상으로부터 도로를 향해 함포사격이 이루어졌다. 나남으로 돌아가는 길에 파괴된 차와 병사의 사체를 보았다. 많은 피난민이 맨발로 도망간다. 나남에서는 약탈이 시작되었다. 나남 관사에는 인기척이 없다. 오전 10시 폭격 개시. 오후 폭격은 본격적이 되어 나남 역이 날아갔다. 이시이 대대장 사망.

8월 16일. 나남 폭격이 계속됨. 제76연대 및 73연대의 병사 일부가 불에 탐.

8월 17일. 사단사령부 불에 탐. 나남교 부근은 후퇴하는 병사로 대혼잡.

8월 18일. 주을온천에서 정전 통달이 들어옴.

8월 19일. 종전의 조칙을 알았다.

8월 20일. 국화 문장을 검으로 짓이기고 무기를 반납. 나남으로 돌아오자 문패가 모두 조선인 이름으로. 갈 곳을 모른 채 부대는 북으로 이동.

대대장이 술집 주인이고 후임이 니시혼간 사의 주지라는, 도저히 부대라고 할 수 없는 형국이었다. 장고봉사건 때는 고립되면서도 간신히 지켜냈던 제19사단이었는데 전쟁 말기에는 군의 체제를 잃어버렸다. 나남을 지키는 일 따위는 도저히 불가능했던 것이다.

전국청진회의 회보 『청진』에는 귀환 체험담이 다수 실려 있다. 모두 구사일생으로 얻은 귀중한 체험이다. 그 중에서 세 가지를 소개한다.

들국화

　　돌을 들고 쫓아온 북선北鮮의 나라이지만 여전히 그리운 북의 고향
　　　　　　　　　　　　　　　　　　　　　요시다 이호코(吉田五百子)

　K시에 거주하는 M씨는 나진에 살았다. 피난민이 되어 마지막에는 38도선을 넘어 남으로 탈출했다.
　M씨는 세 아이 중 갓난아기는 등에 업고 나진에서 청진으로 향했다. 청진에서 귀국선이 떠날 것이라고 생각했기 때문이다. 세 살배기 장남은 걷기를 싫어했다. 힘들었을 것이다. M씨는 도중에 몇 번이나 장남을 버리고 갈까 생각했다. 그때 장남은 "엄마, 잘못했어요. 나 걸을 게!" 하고 울었다. 피난민들은 홍역, 디프테리아, 이질에 걸려 매일같이 죽었다. 아이의 유해를 끌어안고 걷는 사람도 있었다.
　청진 거리는 공격으로 파괴되어 없어졌다. 그곳에는 피난민, 소련군, 그리고 조선인의 모습 밖에 없었다.
　일본 배는 이미 소련군 손에 들어갔고 밤이 되자 소련군이 불을 밝게 비춘 갑판에서 춤을 추고 있는 것이 보였다.
　피난민들의 오두막에는 군대들이 섞여 있었다. 중국인 중에 지인이 있어서 걸식을 그만두고 그 집에서 풀 베는 일을 시작했다. 채소를 도둑질해다 먹었다.
　그러던 중 갓난아기가 죽었다.
　피난민 중에 누더기 옷을 입은 선종 승려가 있었다. 염주도 없고 맨발이었다. 독경을 부탁했다. 사례로 소중하게 감춰두었던 100엔을 주었다. 승려는 그것을 받아들고 "울면 안돼요. 죽은 아이가 정말로 효자예

요. 나머지 아이들을 잘 지켜서 내지로 데리고 돌아가세요." 하고 말하고는 홀로 어딘가로 사라졌다. 그도 가족과 뿔뿔이 흩어졌을 것이다.

다음 날 갓난아이를 산에 묻었다. 산에는 들국화가 많이 피어 있었다. 지금도 들국화를 보면 그 산과 요절한 아이가 생각난다.

한 달 동안에 가족 7명을 잃은 S씨

○현에 거주하는 S씨도 당시 나진에 살고 있었다. S씨 일가는 부모와 네 명의 딸들과 세 명의 아들들 이렇게 아홉 가족이었다. 딸 하나는 함흥의 목사 집에서 일하고 있어서 소련군 진공 당시 나진에는 여덟 명이 살고 있었다.

S씨 가족은 소련군의 공격을 피해 중심부에서 떨어진 금광교의 방공호로 피난을 갔다. 하늘에서 폭격과 기관총 공격이 계속되었다. 소련군이 나진으로 향하고 있다는 말을 듣고 일가족은 자전거에 짐을 싣고 산으로 도망쳤다. 청진에는 이미 소련군이 상륙했다는 정보가 있어서 일가족은 회령으로 향했다. 도착해 보니 일본인은 모두 피난을 떠난 뒤였다.

회령에서 남하하여 고무산으로. 이곳에서 일본군의 무장해제를 보았다. 고무산에서 장백산을 따라 무산으로. 무산에서는 약탈이 시작되었다. 무산에서 화차를 타고 백암으로. 백암은 소련군이 관리하고 있었다. 아버지는 나진방위단 부단장이었다. 소련군은 아버지의 방위단 복장을 보고 장교로 오해를 해 하마터면 연행될 뻔했다.

김일성군이 온다는 정보를 듣고 공포에 휩싸여 한밤중에 남쪽으로 약 100킬로미터 떨어진 길주를 향해 탈출했다. 거기서 더 남쪽인 성진으로. 성진에서는 학교 강당에 수용되었다. 수용소에는 소련 병사가 밤낮없이 찾아와서 금품이나 여성을 약탈해 갔다.

보름 후 남선南鮮으로 돌아간다고 하여 화차를 타고 남하하여 38도선 직전의 철원까지 갔는데 월경 허가가 나지 않아 다시 북으로 돌아갔다.

S씨 일가는 9월 중순에 함흥의 일본인 집에 수용되어 2개월 반 동안 그곳에서 지냈다. 아버지는 농가의 일을 도와주고 하루벌이를 하였고, 어머니는 소련군 장교 숙사에서 빨래를 해주었다.

12월 2일에 갑자기 이동 명령이 떨어져 일가는 함흥의 남쪽 부평에 설치된 수용소로 연행되었다. 수용소는 예전에 육군연습소였던 병사兵舍로 창문은 낡은 멍석으로 가려져 있었고, 방바닥은 다 떨어진 허름한 곳이었다. 부평 수용소에 도착한 그날 여러 명이 동사했다.

아버지가 농가의 일손을 도와주고 밥을 얻어와 가족은 겨우겨우 굶주림을 견뎌냈다. 이 수용소에서도 소련 병사의 여자 사냥은 여전했다.

추위와 함께 피난민을 공포에 떨게 한 것은 이가 매개하는 발진티푸스였다.

새해가 밝고 1월 9일에 S씨의 어머니가 돌아가셨다. 42세였다. 이어서 13일에는 열여덟 살이던 언니가 사망했다. 연이어 아버지(53세)와 막내 동생(3세)이 죽고, 17일에는 아버지를 찾던 여동생(11세)이, 이튿날인 18일에는 남동생(8세)이 죽었다. 마지막으로 남은 다섯 살배기 남동생도 23일에 죽고 말았다.

S씨는 부평 수용소에서 한 달 동안 가족 일곱 명을 잃고 혼자가 되었다. S씨는 고아원에 수용되었다. 밥을 먹을 수 없을 정도로 쇠약해졌다.

2월 하순에 함흥의 목사 집에서 일하던 언니가 찾아왔다. 두 사람은 부둥켜안고 눈물로 밤을 지새웠다.

언니가 왔기 때문에 수용소 생활이 다시 시작되었다. 언니는 소나무 원목을 운반하는 사역에 나가 S씨를 돌봤다. 봄이 되자 풀을 뜯어다 먹었다. S씨는 서서히 체력을 회복했다.

12월에 부평 수용소에 있던 피난민은 3000명이 넘었지만 봄까지 절반이 죽었다. S씨 일행은 탈출을 결심했다.

5월 상순에 10명 정도가 탈출하여 남쪽으로 향했다. 남하할수록 단속은 느슨해지고 마지막에는 낮에도 걸을 수 있게 되었다. S씨는 영양실조로 눈이 안 보이게 되었다. 언니가 S씨의 손을 잡고 걸었다.

도중에 소련 병사에게 연행될 뻔했지만 다행히 빠져나가 마침내 38도선까지 도착했다. 한 사람당 40엔을 주고 밀선을 타고 월경에 성공했다.

부산항에서 귀국선을 탔다.

'부모님, 형제, 자매들아 안녕.' S씨는 마음속으로 외쳤다. 언니도 가만히 울고 있었다.

피난민 생활에서 배운 마음의 소중함

도쿄 도 스기나미 구(杉並區)에 사는 N씨는 당시 나남중학교 학생이었다. 집은 청진에 있었다. 소련군이 진군할 때에 N씨는 청진에 있었다. 아버지와 어머니, 여동생이 두 명인 5인 가족이었다. 아버지는 재벌인 가타쿠라(片倉)공업 계열의 북선산소주식회사의 책임자였다.

가족은 아버지가 주선한 군용 트럭을 타고 나남으로 남하했다. 나남은 폭격을 받아 불타고 있었다. 아버지가 다음 차를 찾으러 나간 동안 가족은 소련군기의 기관총 발사를 피해 산속 방공호로 피난했다. 혼란 속에서 아버지와 헤어지고 짐도 잃어버렸다.

마지막 연락장교가 타는 차에 태워줘서 산에서 고개를 넘어 남하했다. 차에서 내렸을 때 다행히 아버지와 다시 만났다.

아버지는 동료와 함께 다른 루트로 남하하게 되었고 가족 네 명은 경성鏡城 역에서 마지막 피난열차(무개열차)를 타고 남하했다.

더운 날이 계속되었다.

남하 도중 바다로부터의 공격과 연일 계속되는 소련군기의 총격을 만날 때마다 열차는 멈췄다. N씨 일행은 날아오는 비행기로부터 몸을 숨길 만한 장소를 찾기 바빴다.

열차가 끝내 멈춰 섰을 때 반대편 선로에서 후퇴하는 병사를 태운 무개 화차가 왔다. 화차에는 고사포가 준비되어 있었다. 게다가 아버지도 그 화차에 타고 있었다.

이 열차로 옮겨 타고 다시 남하. 소련군과의 총격전도 몇 번이나 반복되었다.

명천을 거쳐 마침내 함흥에 도착. 가타쿠라공업 계열의 제사 공장에서 도움을 받았다. 함흥은 이미 소련군 관리하에 있었다. 위해가 가해질 것을 두려워해 다다미를 들어 올리고 그 밑에 숨었다. 그곳에 있는 것도 잠시 몇 번이나 쫓겨나서 머문 곳이 바뀌었다. 그러던 중 10월 15일에 셋째 동생이 태어났다.

함흥에서는 전염병이 유행하여 11월 21일에 두 살배기 여동생이 죽었다. 시체를 사과 상자에 넣어 교외의 산에 묻었다. 아버지는 N씨 가족에게 "이곳을 잘 기억해 두어야 한다."고 몇 번이나 다짐했다.

N씨 일가가 마지막으로 생활한 피난소는 공회당 뒤에 있던 육군 관사였다. 발진티푸스가 만연했다. 옷을 매일 삶아서 감염을 막았다.

겨울이 다가오자 죽는 사람이 늘었다. 짐수레에 실려 가는 시체를 봐도 슬픔을 느끼지 않게 된 자신을 N씨는 참을 수 없었다.

N씨 아버지의 근무처가 가타쿠라공업 계열의 회사였다는 사실은 군대에는 억지를 부리면 통했지만 한편으로 조선 사람들한테는 미움을 받

는 원인이 되었다.

N씨의 아버지는 신분을 감추고 채소 장사를 했다. 그러다가 아버지의 신분이 보안대(한국의 자경단. 필자 주)에 발각돼 하마터면 연행될 뻔한 적도 있었다. N씨도 인형 장사나 소련 장교의 집에서 장작 패는 일을 하여 굶주림을 견뎌냈다.

이대로 있다간 죽게 될 뿐이라고 생각한 N씨 가족은 5월에 탈출을 결심했다. 가진 것이라곤 몸에 걸친 것뿐. 당시 일본인에게는 이동 금지 명령이 떨어져 있었기 때문에 절대 말을 해서는 안 되었다.

N씨 가족은 함흥 동쪽에 있는 항구 서호진에 도착해 창고에 숨었다. 아버지가 보초에게 들켜 연행되었는데 어머니의 임기응변으로 풀려났다.

오전 2시쯤 나룻배를 타고 가다가 탈출선으로 갈아탔다. 이 탈출선은 소금을 운반하는 밀선이었다. 한 사람당 1400엔이나 필요했다. 도중에 엔진이 고장 나 불안했지만 일행은 38도선을 넘어 주문진에 도착했다. 그리고 부산에서 N씨 일가는 귀국했다.

N씨는 회보『청진』에 실은 체험담을 "나는 이 피난민 생활을 통해서 산다는 것, 마음의 소중함, 나아가 동포애를 배웠다고 생각한다. 사람과 사람의 마음은 통하는데 왜 국가와 국가, 민족과 민족이 되면 서로 미워하는지 이상하고 안타깝다. 각국 사람들이 다른 사람의 마음을 소중히 여기는 세상을 만들어가야 한다."고 마무리했다.

이상 가장 비참했던 함경북도에서의 죽음의 피난길을 살펴보았다. 군사도시로서 번창했던 나남의 붕괴는 이런 수많은 비극을 낳았던 것이다.

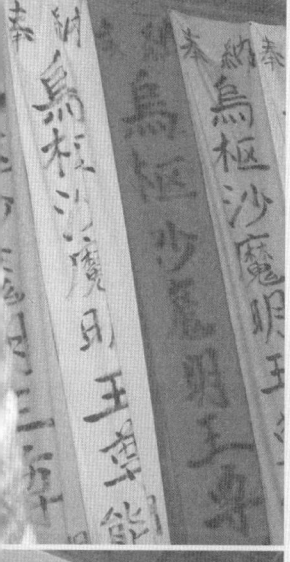

제4장

함경북도 나남면 초뢰정 남선사

남선사

남선사의 창립

제4장에서는 우리 절과 종파가 같은 인근 절의 주지인 S스님이 태어나고 자란 절인 함경북도 나남면 초뢰정 남선사를 다루려고 한다.

나남에 조동종 포교소를 개설한 것은 1916년경이다. 『조선총독부 관보』(1916년 10월 5일)에 '1916년 4월 30일 함경북도 경성군 오촌면 나남 초뢰정 108에 거주하는 후지이 도츠조(藤井訥成)가 포교 신고서를 제출했다'고 보도했다. 다른 조동종 포교소와 마찬가지로 처음에는 민가를 빌려 포교가 이루어졌을 것이라 생각된다.

조동종이 경성 약초정에 별원을 두고 조선 각지에 포교소 설치를 꾀하고 있던 때이다. 나남이 장래 군사도시로 발전할 것을 내다보고 있었을 것이다.

이 『조선총독부 관보』(1917년 4월 24일)에 1917년 2월 22일 자로 '포교 담당자가 후지이에서 오타카 고츠젠(大高克善)으로 변경되었다'는 취지의 신고가 게재되어 있다. 후지이 도츠조는 나남의 포교를 오타카에게 넘기고 2년 후인 1919년에 평안북도 신의주에 포교소를 열었다. 신의주는 러일전쟁 때에 군이 건설한 도시이다. 나남에서도 신의주에서도 조동종 포교소와 군과의 밀접한 관계를 엿볼 수 있는 대목이다.

오타카 고츠젠은 나남에서 신자를 모아 초뢰정 84번지에 건물 한 채를 세웠다. 이른바 남선사南禪寺였다. 굳이 '이른바'라고 하는 이유는 조동종으로부터 정식으로 사명 공칭寺名公稱 허가를 받았는지 어떤지 정확하지 않기 때문이다.

1941년 조동종은 군용 비행기를 헌납하기 위해 전국의 사원으로부터 기부를 받았다. 조선의 사원과 포교소도 협력했다. 헌납자 일람표에는 나남포교소라고 되어 있지 남선사라는 기록은 없다. 혹시 사명 공칭이 인정되었다 하더라도 전쟁 말기였기 때문에 그렇게 표기된 것은 아니었을까? 포교소가 비공인 사명을 통칭하여 사용했을 가능성도 높다. 예를 들면 1922년에 간행된 『함경북도 학사 종교 일반』에는 함경북도 전체에서 사寺로 공인된 것은 회령의 조동종 사원인 회령사 한 곳뿐이었다.

그런데 본당에는 남선사라고 쓴 커다란 편액이 걸려 있었다. 오타카 고츠젠의 글씨이다. 오타카의 자부심을 엿볼 수 있는 힘찬 필체이다. 남선사가 활동을 시작했을 때 3·1독립만세운동이 일어났다. 함경북도는 원래부터 항일 활동이 활발한 곳이었기 때문에 남선사도 평온하지는 않았을 것이라 생각된다.

1920년대 중반에 들어 3·1독립만세운동으로 정체되어 있던 조동종 포교소 개설이 다시 숨을 돌리게 된다. 그런 가운데 1930년 6월 3일 자로 오타카 고츠젠은 임기를 마치고 남선사를 세이노 세이쇼(清野晴昌)에게 넘긴다. 이 후임자인 나남 포교주임 세이노 세이쇼가 인근 절의 주지인 S스님의 아버지이다.

　세이노 세이쇼(1902~1945)는 아오모리 현 고쇼가와라 시(五所川原市) 출신이다. 고마자와대학 불교학과 1927년 졸업생으로 졸업 논문은 『원각경』에 나타난 선적 사상'에 대해서 썼다. 참고로 『원각경』은 중국에서 저술된 교전이라고 생각되는데 중생 본래 성불을 설하고 있다. 선의 관념론에 상당히 근접한 내용을 담고 있는 것이다. 때문에 세이노 세이쇼도 그 공통점을 테마로 논했을 것이다.

　그는 영어를 잘하는 학구파였다. 영어 논문도 썼다고 한다. 꿈은 미국 개교였다. 그는 나남 포교를 명받았지만 나남에서도 영어 공부를 게을리 하지 않았다. 언젠가 도미하는 날을 꿈꾸었던 것이다. 그러나 그 꿈은 실현되지 못했다.

남선사 본당. 1939년 차남 유타카(淸野裕)의 장례식. 유족석 맨 앞에 침통한 얼굴의 세이노 세이쇼 주지. 그 옆에 당시 소학생이던 S스님이 천진난만한 표정으로 카메라를 보고 있다.

남선사는 나남 초뢰정 남부 함경선의 선로 옆에 있었다.

하츠세자에서 동쪽으로 길야천에 놓여 있는 다리를 건너면 오른쪽으로 벽돌담으로 둘러싸인 남선사가 있었다. 남선사는 북향이었다. 문을 들어서면 돌계단이 있고 참배로로 이어진다. 경내에는 살구나무가 심어져 있었고, 봄에는 연분홍 꽃이 피어 찾아오는 사람들의 눈을 즐겁게 해주었다.

참배로는 100미터 정도 뻗어 있었다. 경내는 넓었다. 본당을 향해 왼쪽은 공터, 그 옆에는 네리이시의원(練石醫院)이 있었다. 네리이시 마사야스(練石正康) 원장은 나남읍의회 의원도 겸하면서 위생 시설의 충실을 꾀했던 나남의 명사였다.

참배로 끝에 다시 계단이 있고 본당으로 이어진다.

본당은 순일본식이다. 법당에는 천개가 매달려 있었다. 법당 좌우에는 참배 공간이 있고 본당 전체 규모는 중간 정도라고 할 수 있다.

본존 뒤에는 장병의 유골을 안치하는 납골당도 있었다.

요사채(생활 공간)는 본당 오른쪽에 복도로 이어져 있었다. 물론 요사채에는 별도로 현관도 있었고 경내에서 직접 요사채로 드나들 수도 있었다.

현관으로 들어가면 다다미 2조 정도의 회삼물灰三物 바닥이 있고 오른쪽에 6조 크기의 대기실, 왼쪽에 8조 크기의 객실이 있었다. 정면에는 부엌, 욕실, 화장실을 갖춘 8조 크기의 일본식 방이 있는데, 가족은 주로 이 방에서 생활했다. 나남의 혹독한 추위를 견디기 위해 바닥에는 온돌이 깔려 있었다.

나남불교회

그러면 나남의 종교계에 대해 살펴보자. (표는 1938년『나남읍세일반羅南邑

나남의 종교계 (「나남읍세일반」 참조)

구 별	포교소 수	포교자 수	일본인 신도 수	조선인 신도 수	계
히가시혼간 사	1	1	50		50
콘코교(金光敎)	1	1	60		60
천리교	2	5	155	11	166
니시혼간 사	1	1	250		250
조동종 포교소	1	2	600	3	603
진언종 고야산	1	1	750		750
정토종 포교소	1	2	565	15	580
예수장로파	1	1		245	245
일본 감리교	1	1	30		30
성결교	1	2		52	52
니치렌 종 일정원	1	1	70		70
가톨릭	18	11	49	637	686

勢一斑』을 참조한 것이다.)

　수정을 했지만 이 표는 포교소 명칭을 '불교 진종 오타니파 혼간 사 나남포교소'라거나 '니치렌 종 선 종교' 등 모순된 표기가 많아서 신빙성이 조금 낮다는 것을 이해해주기 바란다. 신도 수도 일본계 불교 포교소의 경우에는 불리고, 다른 종교는 과소평가한 경향이 있다. 예를 들면 조동종 포교소의 신도 수는 603명이라고 되어 있지만 신도란 등록이 필요치 않아 그 수가 유동적인 데다 거기에 포교사의 희망 사항도 포함해서 내놓은 것이다. 실제 단가檀家라고 부를 수 있는 것은 수십 호였다는 이야기도 있다.

　가톨릭 포교소 수가 눈에 띄게 많은 것은 앞에서 얘기했듯이 식민지 조선인들은 은신처로서 가톨릭교회에 다녔기 때문이다. 일본계 불교사원에는 일본인만 모여 종교계는 일본인이 다니는 곳과 조선인이 다니는 곳의 둘로 나뉘었다. 그 둘이 교류하는 일은 없었다. 딱 하나 조선인들을 강제로 일본계 종교에 결부시킨 것이 신사였다.

그렇다면 일본계 불교의 각 포교소를 살펴보자.

히가시혼간 사는 초뢰정 교외 함경선의 남쪽에 있었다. 제3장 제2절의 '나남을 걷다(초뢰정)'에 실린 사진을 참조하기 바란다. 주지는 앞에서 말한 대로 이노우에 중위였다.

조동종 포교소는 남선사였다.

진언종 고야산은 나남에서 신도 수가 가장 많았다. 그것은 나남이 나라를 떠올리게 한 것과 관계 있을 것 같다. 나라의 하세(初瀨)에서는 헤이안(平安) 시대(794~1185)부터 관음 신앙이 발달했었다. 유명한 하세 데라(長谷寺, 즉 初瀨寺)는 진언종 부잔파(豊山派)의 본산으로 고야산과 밀접한 관계가 있다. 이와 같은 배경을 가진 고야산은 나남을 대표하는 불교사원으로서 그 종교적 기능을 담당하고 있었던 것이 아닐까?

니치렌 종 포교소는 나남 서부의 천명산 근처에 있었고, 주지는 가코 젠코(加古善廣)였다. 정토종 포교소는 유치원도 운영하고 있었다. 일본인 자제의 대부분이 이 유치원에 다녔다.

니치렌 종 일정원은 공설시장 근처에 있었고 기도 사원으로 알려져 있었다.

이들 일본계 불교 포교소들은 나남불교회를 조직했다. 회장은 남선사 주지인 세이노 세이쇼가 맡았다. 각파 주지들은 남선사에 모여서 회의를 했다. 전사자와 병사자의 합동 공양이나 전승 기원 법요 또는 축제 등을 논의했을 것이다. 앞에서 본 남선사 본당의 사진에 나남불교회의 면면이 기록되어 있다.

또 생구정에 함북불교청년회가 있었다고 알려져 있으나 상세한 것은 확실치 않다.

남선사의 포교 활동

남선사 본당 사진을 보면 헌화가 찍혀 있다. 자세히 보면 남선사 부인회 노구치 쇼지로(野口庄次郞), 그리고 요네하라 후쿠사부로(米原福三郞)가 올린 것임을 알 수 있다.

남선사는 부인회 활동을 하고 있었다. 세이노 주지의 부인도 부인회를 통해 포교 활동에 협력하고 있었을 것이다. 남선사에서는 다도도 하고 있었다. 생구정 베니야과자점의 마른과자가 준비되었다고 뒤에 소개되는 K씨는 기억하고 있다.

노구치 쇼지로는 나남 유수의 재벌가였다. 그는 본정 85번지에 저택을 가지고 있었다. 나남상공회장을 몇 번이나 역임한 실력자였다. 대부업 외에 보험, 선박회사 대리점도 경영했다. 참여자 중에 가장 위에 앉아 있는 사람이 아마 노구치 쇼지로가 아닐까 생각된다.

요네하라 후쿠사부로도 나남상공회의 중진이었다. 나남상공회에는 10명의 평의원이 있었는데 요네하라는 다섯 번째 평의원이었다. 토목건축 청부업 요네하라구미(米原組)의 경영자이다.

노구치와 요네하라는 대단가大檀家로 남선사를 경제적으로 지원했을 것이다.

남선사에서는 좌선회도 열렸다.

저녁때 본당 참배소에 방석을 깔고 참가자들이 좌선을 했다. 끝나면 간담회가 열렸다. 참가자는 매회 십여 명. 세이노 주지와 동향인 사람들이 모였다고 한다. 말하자면 향우회 역할도 하고 있었던 것이다. 직업은 철도 관계자가 많았던 것 같다. 철도에 관계된 사람들도 정신수양이 필요했던 시대였다.

남선사에서 행사가 있을 때는 단가에게 안내장을 보내서 연락을 했다.

뒤에 소개되는 K씨는 우표값을 받는 대신 안내장을 모든 단가에 직접 전달했다. 그 수는 수십 호였다고 한다. 앞에서 지적한 대로 절의 유지를 위해 협력하는 단가의 수는 그다지 많지 않았다. 그것은 다른 종파의 포교소도 비슷한 상황이었을 것이라고 추측된다.

남선사에 조선인들이 발을 들여놓는 일은 없었다. 남선사에서는 나남에 거주하는 일본인들이 모여 장례식이나 법회를 하였고 다른 절과 마찬가지로 남선사도 일본인만을 대상으로 포교 활동을 했다. 또 군대의 의뢰를 받아 장병의 장례식을 하는 경우도 있었다. 미국 개교를 목표로 공부를 게을리하지 않았던 세이노 세이쇼의 심정이 헤아려져서 마음이 아프다. 그의 꿈은 해외로 조동선을 확대하는 것이었다. 그것을 군사도시 나남은 이해하지 못했고 따라주지도 않았던 것이다.

세이노 세이쇼 주지의 장남인 S스님의 죽마고우 F씨가 사이타마(埼玉)현에 살고 있다고 해서 이야기를 들으러 갔다. 봄이라고 하기엔 아직 이른 3월 상순, 동일본대지진이 일어나기 직전의 일이었다.

F씨가 역까지 직접 마중을 나와서 몸 둘 바를 몰랐다. 집까지는 택시로 갔다. "예전에는 역에서 집까지 아무렇지도 않게 걸었다."고 F씨는 말씀하셨지만 지금도 정정했다.

내가 가지고 간 나남 시가도를 펼쳐놓고 당시의 나남에 대해 여러 가지를 말씀해 주셨다.

신세를 졌던 산파에 대한 이야기며 F씨 일가가 생구정에서 본정으로 이사했던 일, 나남교 옆 가가시야에 종종 가서 문방구를 샀던 일 등. 남선사의 대단가인 노구치 쇼지로가 나남 유수의 부호였다는 것도 F씨로부터 들은 이야기이다.

F씨의 집이 남선사에서 가깝기도 해서 S스님과는 자주 같이 놀았고 학

교도 함께 다녔다고 한다. 남선사 경내의 살구나무에 둘이서 올라가 살구를 따며 놀았던 추억도 말씀해 주셨다.

F씨의 기억은 정확하였고 과거를 말할 때 흔히 하기 쉬운 윤색을 하지 않았다. 감정을 억눌러 더듬더듬 하는 말이 오히려 설득력이 있었다. 옆집 주인이 지붕에 올라가 피난 열차를 향해 손을 흔들던 장면을 담담히 말할 때 그렇게 생각되었다.

F씨는 남선사의 한수행寒修行[47]에 대해서도 기억하고 있었다.

나남의 혹독한 겨울에 대해서는 앞에서 이미 언급한 바 있다. 가장 추운 시기에 한수행이 이루어졌다. 독경을 하면서 시내를 걸었다. 주지인 아버지와 함께 동급생인 S스님이 수행하는 것을 보고 승려 세계의 험난함에 대해 생각했다고 F씨는 말했다. 한수행에 대해 나중에 S스님 본인에게 물었더니 전혀 기억이 없다고 한다. 나남의 남선사는 S스님에게 잊히고 있었지만 간신히 F씨의 기억에 남아 있었다.

두 시간 정도 이야기를 했을까? 역까지 배웅해 주겠다고 하여 송구스러웠다. 옆집 뜰에 매화가 만개해 있었다. 살구와 비슷하다고 생각했다.

세이노 세이쇼의 입대

남선사와 군대는 관계가 깊었다.

세이노 주지는 군에 자주 나갔다고 한다. 전·병사자의 공양, 전승 기원, 그리고 장병에게 법문 등을 하지 않았나 생각된다.

남선사 본당의 본존 뒤편에는 전몰장병의 유골을 안치하는 납골당이 만들어져 있었다. 뒤쪽에 독립된 문이 있어서 본당을 통하지 않고도 직

---

[47] 한중(소한에서 대한 사이 30일 정도)에 5~15일쯤 일수를 정해 이른 아침 추위를 극복하는 혹독한 훈련으로 한행寒行이라고도 함.

접 드나들 수 있었다.

납골당에는 늘 20~30명의 유골이 안치되어 있었다. 이곳은 임시 안치소이고 때가 되면 일본에 송환되었다. 공물이 끊이지 않았다고 한다.

1945년이 되자 제19사단은 극단적으로 병력이 부족했다. 병력을 보충하기 위해 총동원을 했다.

나남 사람들이 차차 소집되어 갔다. 세이노 세이쇼 주지는 43세였는데 갑자기 가족에게 지원 입대를 알렸다. 가족은 귀를 의심했다. 남선사와 군의 평생 끈이 그에게 입대를 결심하게 한 것이었다. 나만 도망칠 수 없어….

그의 취미는 골동품 수집이었다. 불상이나 항아리 등 다양한 골동품을 수집해서 그것을 바라보며 즐겼다.

입대 날짜가 다가오자 그는 경내에 구덩이를 파고 골동품들을 묻었다. 언젠가 다시 평화가 찾아와서 나남으로 돌아올 날이 있을 것이다. 그때 파내려고 생각했을 것이다.

파묻지 않은 것이 하나 있었다. 주물로 만든 작은 불상이었다. 아주 중요한 것이니까 소중히 해야 한다며 아내에게 맡긴 것이다. 검은빛이 도는 소박한 석가모니상이었다. 만에 하나 살아 돌아오지 못할지도 모른다고 예감했을까? 실제로 이 불상이 그의 유품이 되었다.

구사일생으로 일본에 귀환할 때까지 아내는 이 불상만은 결

남선사에서 가지고 온, 유품이 된 불상. 고려시대 불상인가?

코 몸에서 내려놓지 않았다. 아내에게 그것은 남편과도 같은 것이었다.

그 아내도 이미 고인이 되었지만 그 불상은 지금도 세이노 일가에 소중히 보관되어 있다. 안타깝게도 왼쪽 팔이 부러져 "접착제로 붙였지만 팔이 원래 어떻게 되어 있었는지 몰라서 적당히 붙여놓았다."고 말하는 셋째 아들 H씨. 자세히 보면 온화한 표정이나 옷의 상태로 보아 결코 하찮은 것이 아님을 알 수 있다.

남선사는 사라졌다. 그러나 식민지 조선 시대 세이노 세이쇼라는 조동종의 한 포교사가 나남에서 살았던 증거가 이 불상이 되어 남았다.

불상을 본 그날 밤 세이노 일가 사람들로부터 한국 요리를 대접받았다. 가게 이름은 '어머니'라고 한글로 씌어 있었다. H씨는 이 가게에 자주 온다고 했다. 한없이 먼 나남과 지금은 돌아가신 부모님. 둘 다 손이 닿지 않는 곳에 있지만 한국 요리가 그 골을 메워준다. 막걸리는 때로는 달고 때로는 씁쓰레하다. 나도 함께 나남 생각을 하며 잔을 들었다.

K씨의 남선사

필자가 K씨를 만난 것은 2011년 6월 15일 아오모리 시내의 모 호텔 레스토랑에서였다.

K씨는 세이노 세이쇼 주지 부인의 친척이다. 1920년대 중반에 아오모리에서 태어났다.

K씨는 1940년부터 1945년까지 나남의 남선사에서 살았다. 남선사에서는 세탁과 불 때는 일 등 허드렛일은 조선인에게 시켰지만 그것과 별개로 일본인 가정부도 필요했다. 그래서 K씨가 내지에서 불려간 것이다.

남선사는 K씨에게 여학교 입학을 권했지만 K씨는 거절했다. 활달한 성격이어서 공부는 그다지 좋아하지 않았던 모양이다.

할 말은 확실히 했다. 머리 회전도 빨랐다. 나는 쿠르타[48]에 진 바지 차림으로 자리에 나갔는데 "스님이라서 승복을 입고 올 줄 알았어요."라는 말에 한 방 제대로 먹었다. "나남에 대한 얘기를 좀 해 주세요." 하고 나남의 그림엽서 등을 보여줬더니 K씨는 "소름이 돋네요."라며 양팔을 쓰다듬었다. 봉인되어 있던 66년이었던 것이다.

조선이나 외지에서 귀환한 사람들을 이 나라가 따뜻하게 맞이했다고는 할 수 없다. 오히려 귀환자로 차별받은 적도 있었다.

나남에서 어떤 일이 있었는지 다른 사람한테 말했을 때 "그거 참 힘들었겠네요."라는 매정한 말이 돌아올 뿐이었다. 누구한테도 이해받지 못했다. 그런 일이 있고 나서 K씨는 나남을 마음속 깊숙이 넣어두었다.

느닷없는 나의 등장이 K씨의 기억을 끄집어냈다.

남선사에 대해서는 생활이 검소했던 일이나 여러모로 힘들었던 것을 기억하고 있었다.

가정부였던 K씨는 20전을 들고 시장에 가는 것이 일과였다. 한정된 예산으로 채소와 생선을 사기가 어려웠다. 가끔 투덜대거나 하면 "오늘은 아카호야에서 도시락 먹을 테니 기분 풀어라." 하고 세이노 주지가 달래주었다. 아카호야의 도시락은 정말 맛있었다.

고향에서 멀리 떨어진 나남에서의 생활에 외로웠던 적도 있었다. 그럴 때마다 세이노 주지는 "히로사키(弘前)에 살고 있다고 생각하면 괴로움도 덜하단다." 하고 달래주곤 했다. 아오모리 현 히로사키 시는 어딘가 나남과 닮았다. 히로사키 시는 제8사단 사령부를 둔 군사도시로 겨울 추위는 나남과 마찬가지로 혹독했다. 그도 또한 그렇게 자신에게 말하며 외로움을 참고 있었을 것이다.

---

[48] 쿠르타(Kurta): 인도의 남성용 전통의상 상의.

한창 성장기였던 K씨는 늘 배가 고팠다. 본당 뒤 납골당의 공양물을 슬쩍 먹은 적도 있다고 했다. 들쭉에 대해 물었다. 주스는 모르지만 사탕은 먹은 적이 있는 모양이었다. 역시 맛은 잘 기억하고 있지 않았다.

세이노 주지의 셋째 아들 H씨와 딸을 학교에 데리고 가는 것도 K씨의 일과였다. 시간 낭비는 엄격하게 금지되어 있어서 돌아오는 길에 가게를 기웃거리는 일은 절대 할 수 없었다고 K씨는 말했다. 젊은 아가씨를 데리고 있다는 책임감을 남선사가 느꼈을 것이다. 그러나 활달한 K씨에게는 그것이 오히려 큰 불만이었다.

남선사에 데츠엔(撤圓)이라는 승려가 있었다. 그는 K씨에게 친절해서 가끔 용돈을 줬다. 그리고 또 드나드는 장의사도 나남의 여러 정보들을 전해 주었다.

그러나 남선사에 묶인 생활을 감수할 K씨가 아니었다. 근처에 재봉을 배우러 간다고 거짓말을 하고 몰래 하츠세자에 가서 연극을 본 적도 있었다.

또 봄이 되면 나남에 유랑단이 와서 떠들썩하게 북을 치던 일, 여자 기도사에게 홀렸던 일 등 조선의 문화도 접했다.

주지를 마중 갔던 것이었는지 셋째 아들인 H씨와 딸을 데리고 군 관사에도 몇 번이나 갔었다.

데츠엔 씨는 해군에 입대하여 1944년 5월 남중국해에서 전사했다. 전황 악화는 나남에까지 미치고 있었다. 귀국하는 사람도 많아졌다. K씨도 귀국하기로 했다.

귀국하려면 허가가 필요했다. 나남 헌병대에 가서 내지에서 결혼하게 되었다고 거짓말을 했다. 허가가 났다.

K씨가 청진에서 배를 타고 귀국한 것은 1945년 6월이었다. 소련군이

나남에 진공했다는 이야기는 귀국 후에 아오모리에서 들었다. 나남은 어떻게 되었는지 남선사는 어떻게 되었는지 전혀 모른 채 시간이 흘렀다. 이듬해 봄 세이노 일가 사람들과 마침내 다시 만날 수 있었다. K씨는 그들로부터 죽음의 도피행을 하던 중에 가족 세 명을 잃었다는 이야기를 들었다.

"그때 어린 아이들을 억지로라도 데리고 왔더라면 좋았을 것을." 하고 K씨는 지금도 후회하고 있다.

이 책에 사용된 남선사의 장례식 사진은 K씨가 나남에서 가지고 온 것이다. K씨는 이것을 돌아가신 주지의 부인에게 드렸다. 가족이 함께 찍힌 유일한 사진이었다.

남선사 주지
세이노 세이쇼 일가의 도피행

피난

1945년 8월 3일 엄마와 장남 S스님(당시 15세), 여동생(7세), 남동생 세 명(9세, 5세, 2세)을 태운 피난 열차가 나남 역을 출발했다. 아버지는 입대하여 함께 피난 갈 수 없었다. 열차는 남선사 바로 옆을 스치듯이 지나갔다. 남선사가 점점 작아져서 보이지 않게 되었다.

가능한 한 남하하여 38도선을 넘는 것이 피난민의 소원이었다.

갈아타기를 여러 차례 반복하고 어린아이의 손을 끌면서 걸어 일가는 마침내 원산에 도착했다. 함경남도 원산부는 조선 북부 최대의 무역항으로 경원선과 함경선이 교차하는 교통의 요지이다. 인구 약 10만 명 중 일본인이 1만 2000명(1944년 5월 조선총독부 인구조사)이었다.

원산에서 38도선까지 겨우 60킬로미터 거리이다. 원산은 피난민으로 들끓었다. 원산에서 더 남하하여 38도선을 넘으려는 사람들이 많았는데, 그들 중에는 연고를 찾아 경성으로 가려는 사람도 있었다. 함경선의 종점인 원산은 운명의 갈림길이었다.

원산 일본인 지원회장 마츠모토 고로(松本五郎)는 당시 모습을 다음과 같이 적고 있다.

> 9월 6일경부터 함경북도 방면의 남녀노소 부녀자 등이 옷만 걸친 비참한 상태로 연일 피난을 왔다. 여관을 개방해 피난민을 수용했다. …(중략)… 남하하여 원산에 들어오는 피난민이 9월 말에는 마침내 6000명을 돌파했다. 민경대장으로부터 '이 이상 피난민을 받으면 조선인이고 일본인이고 다 굶어죽을 것이니 배급할 수 없다'는 내용이 시달되었다.
>
> 그렇다고 해서 그 비참한 부녀자와 노인들을 도저히 되돌려 보낼 수는 없었다. 10월 중순경까지 한 달에 10일만 배급이 있어도 나은 편으로, 조선인한테 배급이 있었다는 말을 듣고 인민위원회에 수없이 찾아가 겨우 피난민만 하루에 2홉씩 …(중략)… 식량 사정은 점점 궁핍해져 갔다.
>
> 10월 중순에는 9000명 가까운 피난민들을 수용 …(중략)… 현재 약 2만 명이 식량 배급이 없어서 피난민 중에는 배고픔을 참지 못해 쓰레기통을 뒤지고 다니는 사람도 있다. (모리타 요시오, 『조선 종전의 기록』 자료편 제3권)

원산에 도착했지만 세이노 일가가 그곳에서 순조롭게 남하할 수 있었던 것은 아니었다. 더 나아가지 못하고 피난소에서 배고픈 나날을 보내고 있었다. 심해지는 불안. 그러던 중 남편이 함흥에 있다는 정보가 들어왔다. 함흥은 원산에서 북으로 약 100킬로미터를 되돌아간 함경선에 있는 도시였다.

불안함도 있었을 것이다. 엄마는 북으로 돌아가 남편과 합류하기로 결심했다. 이 결단이 뒤에 큰 불행을 초래할 것임을 알 까닭이 없었다. 장남인 S스님은 이 결단을 지금도 안타깝게 생각한다. 그때 38도선을 넘었더라면 일가는 무사히 귀국하지 않았을까 하는 생각을 버릴 수가 없다.

일가는 북쪽으로 발길을 돌렸다.

함흥의 피난민

1945년 10월 말 함흥의 피난민은 이미 2만 명을 넘어섰다. 연말에는 그 숫자가 더욱 늘었다. 가는 곳마다 피난소가 되어 도시는 피난민으로 넘쳐났다. 남하한 함경북도의 피난민들이 38도선 직전의 철원에서 되돌려 보내졌다. 이 사람들 대부분이 다시 함흥으로 피난 가게 되었다. 세이노 일가가 원산에서 남하를 계속했다 하더라도 어쩌면 철원에서 함흥으로 되돌려졌을지도 몰랐다.

이하 가타야마 치에(片山智惠) 편저 『17킬로의 국경』(總和社, 1989)을 참고했다.

함흥에서는 유곽도 피난소가 되었다. 8조 크기의 방에 40명이 들어찼다. 앞마당에 아궁이를 만들어 죽을 끓였다. 200개 정도 되는 아궁이가 모자라서 쟁탈전이 벌어졌다.

영양실조와 변변찮은 옷 때문에 발진티푸스 등 전염병으로 죽어가는 사람이 많아졌다. 피난민은 하루벌이를 위해 또는 먹을 것을 얻기 위해 벼 베기, 공장 일, 장작패기 등을 했다. 그리고 거듭되는 소련군의 여자 사냥. 개중에는 머리를 밀거나 앞니를 일부러 부러뜨리는 여성도 있었다.

돈이 떨어지고 내다 팔 물건도 떨어진 피난민은 아이가 병에 걸려도 두고 볼 수밖에 없었다. 돈이 없어서 매장조차 못하는 사람도 있었다.

절이나 신사도 피난소가 되었다. 절에는 아사나 동사를 기다리는 버려진 피난민이 많았다. 사체를 치울 사람도 없어서 절 경내에 높이 쌓았다고 한다.

1945년 10월 15일의 통계에 따르면 함흥의 피난민은 2만 4449명(그 중 함경북도 피난민회 1만 6896명, 기타 7553명), 흥남 9900명, 원산 7537명이었다. 함흥은 함경도 최대의 피난민을 끌어안고 있었다.

함경북도 피난민회의 함흥에서의 기록이 있다. 1945년 8월 15일부터 12월 3일까지 하루도 빠짐없이 극명하게 기록되어 있다.(일부 발췌)

8월 15일
일본 전 국민, 통한의 눈물을 흘리다.

8월 24일
함흥에서 선발 소련군 시내 진입. 시내 상당히 혼란함.

9월 14일
성진에서 피난하는 청진·나남 방면의 피난민 및 성진부민 약 4000명, 함흥에 도착.

9월 16일
9월 13일에 함흥에서 출발한 4000명은 철원에서 통과를 금지당해 일부 원산으로 돌아간 것 외에 대부분(2500명) 다시 함흥으로 돌아옴.

9월 18일
걸어서 함흥으로 온 사람 및 다시 성진에서 열차로 수송된 자를 포함하여 피난민이 약 1만 명에 달함.

9월 20일
그 후 속속 걸어서 함흥으로 오는 자를 포함하여 이미 분단도 40개에 달함.

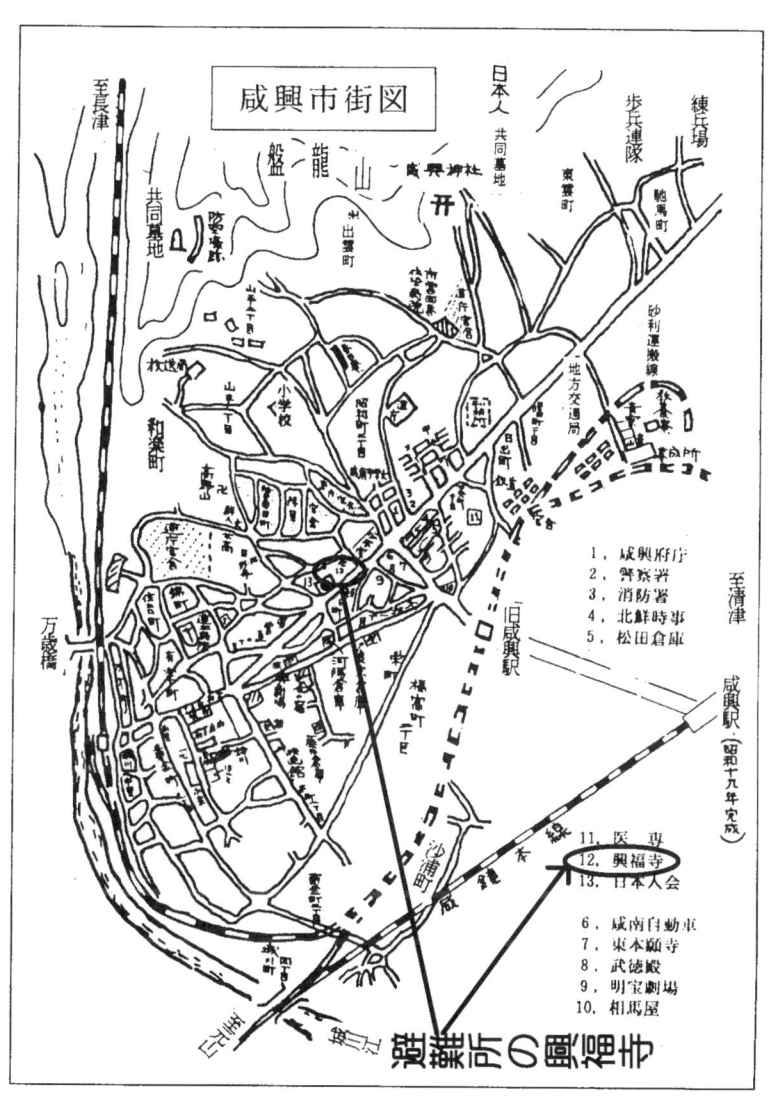

함흥 시가 지도(전국청진회의 회보 『청진』 2002년 판, 27쪽)

9월 22일

소련으로부터 …(중략)… 백미 350가마, 된장 3톤, 명태 3톤 받음.

9월 26일

탄원하면서 함흥부 교외에서 대기 숙박하던 약 4000명. 화소정(花哨町, 하나사키쵸) 유곽, 스즈카와(鈴川), 오토와(音羽), 유라노스케(由良之助)가 개방되어 그들을 들일 수 있게 되자 교외에 전령을 보냄.

9월 29일

시내에 상당수 병자 속출, 사망자 매일 4~5명에 달함. 발진티푸스, 홍역, 급성폐렴 등.

9월 30일

집단 부락, 스즈카와, 오토와, 유라노스케, 함흥신사, 다이카로(太華樓), 히가시혼간 사, 고야산, 니시혼간 사, 부토쿠덴(武德殿), 일묘사(日妙寺), 스즈메노야도(雀ノ宿), 사다무네창고(貞宗倉庫), 코우치창고(河內倉庫), 철도 숙소, 요리카네창고(賴兼倉庫), 마츠다창고(松田倉庫), 소마야(相馬屋), 의료전문학교 기숙사, 학생 기숙사 등에 주로 수용하고, 기타 시내 각 가정에 나누어 피난민 수용 완료.

10월 1일

분단이 55개에 달함. 집단 부락을 위원들이 분담하여 위문함. 흥복사의 병자를 위문함.

10월 4일

유행하는 발진티푸스, 재귀열 등이 점점 더 기승을 부려 집단 부락 병상에 있는 환자 대부분이 사망하여 그 수가 매일 20~30명에 달함.

10월 5일

피난민 사망자 추도기(追悼忌)를 니시혼간 사에서 오후 2시에 거행함.

10월 10일

전염병의 유행이 극심해지자 사망자가 속출하여 고아가 상당수 발생함에 따라, 조사 후 수용소를 설치하는 방안에 대하여 지원 모임과 협의함.

10월 13일

신사 수용 피난민 약 600명, 흥남으로 이동하는 것에 대해 상담함. 또한 함흥신사를 전염병 환자 수용소로 결정함.

10월 19일

피난민회로서는 현재 상태로 월동하는 것은 상상도 할 수 없어서 임원 전체가 다시 소련 측에 교섭할 것을 결의함.

10월 22일

이대로 월동할 경우 막대한 사망자가 발생할 우려가 있음. 현재 매일 40명 내외의 사망자가 발생. 곳곳에서 전염병이 심각함.

10월 23일

2만여 피난민은 병마와 기아에 시달려 그 참상은 이루 다 말할 수 없음.

10월 26일

식량 문제에 대해 진작부터 시 당국에 탄원 중인 바, 마침내 오늘 마른우동 6천 속 1200관, 금액으로 3000엔어치의 배급을 받음.

10월 27일

전염병이 점점 더 유행, 사망자 매일 60~70명에 달함. 발진티푸스, 홍역, 이질 등. 장의 청부인 니시야마구미(西山組)를 결정. 시체 한 구당 성인 30엔, 어린이 15엔으로 함.

11월 1일

학수고대하던 고아 수용소 니시혼간 사에 개설됨. 현재 수용 인원 24명.

11월 4일

어젯밤 신사에서 20세와 18세 여자 두 명(자매) ○○ 때문에 사살됨.

11월 9일

집단생활 상황 조사. 스즈카와 713명, 오토와 910명, 유라노스케 734명, 잇신로(一心樓) 450명, 고야산 180명, 일묘사 146명, 함흥신사 160명, 다이카로 294명, 스즈메노야도 280명, 요리카네창고 180명, 후지이창고(藤井倉庫) 68명, 사다무네창고 73명, 코우치창고 60명, 소마야 156명, 마츠다창고 50명, 학생 기숙사 150명, 자동차학원 120명, 의료전문학교 기숙사 192명. 병자 속출, 약 40%는 병상에 있음. 점점 전염의 우려가 있음.

11월 14일

장의 청부 니시야마구미와 아리마구미(有馬組)의 조장을 불러 최근 규정 외 요금 징수 소문에 대해 엄중한 주의를 줌. 매일 사망자 60~70명에 달하여 실로 유감임.

위원 이나가키(稻垣), 나카노(中野), 사카구치(坂口), 오노(大野), 베니코(紅紛), 혼마(本間) 잇따라 병상에 누움. 나머지 위원 더욱 더 바빠짐.

11월 17일

11월 16일 현재 환자 및 사망자 수 아래와 같음.

피난민 수 1만 5120명, 환자 수 2901명, 사망자 수 1776명.

62분단까지 결성함.

11월 18일

함북위원 중 불행히 병사한 아래의 위원들에 대해 삼가 조의를 표함.

상임위원 야부노 신조(藪野信三), 위원 이나가키 겐사쿠(稻垣源作), 베니코 이치로(紅紛一郞), 세이노 세이쇼(淸野晴昌), 서기 데즈카 간자부로(手塚勘三郞)

11월 22일

함흥신사의 환자를 흥복사(제4병원)로 운반함.

기록은 아직 더 남아 있다. 함흥에서 부평으로 피난민 수송이 이루어졌다고 기록되어 있다. 부평 수용소는 함흥에서 남쪽으로 수십 킬로 떨어진 곳에 있고 육군 병사가 피난소로 쓰이고 있었다. 이곳에서도 함흥과 마찬가지로 피난민들이 혹독한 피난 생활을 하다가 다수의 사망자가 나왔다. 피난민 3000명 중 겨울을 넘기지 못하고 죽어간 수는 절반인 1500명에 달했다고 한다. (모리타 요시오, 『조선 종전의 기록』 자료편 제3권)

이 책 제3장에서 한 달 동안 가족 7명을 잃은 사연이 소개된 S씨도 참조하기를 바란다. 부평은 비참하기 그지없는 장소로 기억되어야만 한다.

세이노 세이쇼의 죽음

나남 남선사의 주지 세이노 세이쇼는 패전 전에 지원 입대했기 때문에 배속된 곳에서 패전을 맞았다. 물론 가족과는 떨어져 있었다. 그는 피난민 중에 섞여 소련군의 눈을 피함으로써 연행을 면했다.

9월 14일 청진·나남 방면에서 남하한 약 4000명의 피난민이 함흥에 도착했다. 그 중에 세이노 세이쇼가 있었다. 그가 몸을 의탁한 곳은 제2장 1절의 '신조선포교규정과 원산 흥복사'에서 거론했던 조동종 사원 흥복사였다.

함흥 사람들이 피난민을 받아들이기 위해 조직한 피난민회는 이 대량의 피난민 사태에 대처하기 위해 다음 날 조직을 개편했는데, 피난민 중에서 세이노 세이쇼가 뽑혀 피난민회 구제계救濟係를 담당했다. 구제계란 피난소의 병자를 돌보는 자리였다. 10월 4일에는 구제배급계로서 식량 배급도 담당했다.

함흥에서는 영양실조와 함께 발진티푸스 등 전염병이 맹위를 떨쳤다. 패전 직후인 8월에는 약 300명이 죽었으나 9월에는 그 수가 700명, 10월에는 1100명을 넘었다. 그렇기 때문에 '한 달 동안 가족 일곱 명을 잃은 S씨'와 같이 부모형제를 모두 잃고 천애 고아가 된 아이들도 많았다. 11월 1일 피난민회는 니시혼간 사를 고아 수용소로 정했고, 세이노 세이쇼는 그 소장이 되었다.

세이노 일가가 함흥에 온 것은 10월 하순이었다. 가족은 아버지와 2개월 반 만에 다시 만났다. 세이노 일가는 아버지가 몸을 의탁하고 있던 흥복사에서 함께 살게 되었다. 그러나 재회의 기쁨도 잠시, 일주일 후 피난민을 돌보던 세이노 세이쇼 자신이 발진티푸스로 쓰러졌다.

그리고 사망. 장남인 S스님은 아버지의 장례식을 기억하고 있다. S스님이 독경하고 가족끼리 뒷산에 구덩이를 파고 묻었다. 쓸쓸한 장례식이었다. 일가는 다시 기둥을 잃어버린 것이었다.

앞에서 말한 피난민회의 기록 11월 18일 자에 "함북위원 중 불행히 병사한 아래의 위원들에 대해 삼가 조의를 표함. 상임위원 야부노 신조, 위원 이나가키 겐사쿠, 베니코 이치로, 세이노 세이쇼, 서기 데즈카 간자부로"라는 기록이 있다. 이 기록으로 세이노 세이쇼가 11월 상순에서 18일 사이에 죽었다는 것을 추정할 수 있지만, 세이노 일가에서는 오랫동안 제삿날을 11월 30일로 알고 있었다고 한다. 상상을 초월하는 귀환의 비참함은 제삿날도 착각하게 할 정도로 혹독했다.

피난민회는 죽은 위원에게 감사의 표시로 금일봉을 주었다. 그러나 그 중에 세이노 세이쇼는 포함되지 않았다. 함흥 주민이 아니었기 때문이었을 것이다. 세이노 세이쇼는 나남에서 흘러들어온 피난민으로 취급되었던 것이다.

세이노 세이쇼가 죽은 후 흥복사의 대우는 손바닥 뒤집히듯 순식간에 변했다.

그때까지는 가족이 한 방에서 생활했으나 세이노 세이쇼가 죽자 일가는 부엌 복도 구석으로 쫓겨났다. 이때의 분함은 지금도 잊히지 않는다고 장남인 S스님은 말한다.

흥복사의 일본어학교는 해방된 조선 사람들에게 교육의 장이 되었다. 그곳에서 한글을 읽는 소리가 들려왔다. 반면 본당과 관음당은 피난민으로 들끓었다.

흥복사에도 소련 병사들이 왔다. S스님은 당시 학생복 차림이었다. 소련 병사들은 S스님을 일본 병사로 오해하고 "다와이! 다와이!"라고 외치면서 총을 겨누고 흥복사 앞마당으로 끌고 갔다. 러시아어는 알지 못했지만 분위기로 무기를 묻은 장소를 찾고 있는 것이라고 생각했다. S스님은 쏘면 끝장이라고 생각하고 될 대로 되라는 식으로 아래를 가리켰는데 때마침 그때 피난민 여성이 지나갔다. 소련 병사들은 목표를 바꾸어 그녀를 쫓아갔다. 그 틈에 S스님은 도망쳤다고 한다.

피난 중에 장남인 S스님은 벼 베는 일을 도와주고 가족의 끼니를 이어갔다. 작업 중에 먹은 밥이 맛있었던 기억, 하루 일과를 끝내고 쌀을 한 되 받아 기뻐했던 기억 등 조선 사람들의 친절함을 지금도 잊을 수 없다고 말한다.

다마이 고칸(玉井廣觀)의 부인은 피난민을 돌보던 중 본인도 병에 걸려 11월 29일에 사망했다. 급성신장염을 앓고 있던 다마이 고칸도 회복하지 못하고 12월 11일에 세상을 떠났다. 토착 사상을 일깨우고 그것을 활발히 실천했던 조동종 흥복사도 이렇게 이 세상에서 사라졌다.

함흥의 피난민은 앉아서 죽음을 기다리느니 목숨 걸고 탈출하자고 생각하게 되었다.

연합국군과 소련군이 정한 귀환협정 중간 계획의 일환으로 함흥에서도 5000명이 배를 타고 내지로 돌아가게 되었지만 첫 번째 귀국선이 나온 것은 1945년 12월이었다. 결국 함흥의 (살아남은) 피난민 전원이 귀국할 수 있었던 것은 그로부터 1년 후인 1946년 말이었다.

세이노 세이쇼를 잃자 가족은 함흥에 머물 이유가 없어졌다. 남편을 잃은 아내는 장남인 S스님을 비롯하여 삼남, 사남, 오남(차남은 이미 사망) 그리고 장녀 이렇게 다섯 명을 데리고 함흥을 탈출했다. 가족이 탈출한 것은 아마 1945년 연말, 늦어도 이듬해 1월경이었다고 추정된다. 빠른 결단이었다.

당시 함경남도에서 탈출하는 방법은 해로로는 함흥 동부의 서호진에서 배로 38도선 남쪽 주문진으로 가는 방법이 있고, 육로로는 어떻게든 남하하여 야밤을 틈타 38도선을 돌파하여 춘천, 동두천, 황해도 봉산군 토성, 연백군 연안 등으로 가는 방법이 있었다. 38도선을 넘어 연합군의 보호를 받으면 귀국할 수 있었다.

세이노 일가가 어떤 탈출 루트를 선택했는지 지금은 확인할 수 없다. 왜냐면 어머니가 이미 고인이 되었고, 아이들 중에서 유일하게 기억할 수 있는 나이였던 장남 S스님은 탈출 도중에 병을 앓아 기억을 잃었기 때문이다.

함흥에서의 탈출은 다른 피난 생활과 마찬가지로 아주 쓰라리고 혹독했다. 그것은 사남(5세)과 오남(2세)을 도중에 잃은 것으로도 이해할 수 있다. 절망하여 죽음을 생각한 적도 있었을 것이다. 그럴 때마다 유품인 작은 불상이 기운을 북돋워줬을 것이다.

1946년 3월에 세이노 일가를 태운 배가 부산항을 떠나 하카다 항에 입항했다. 죽음의 도피행은 마침내 끝이 났다.

식민지 조선에서 조동종 포교사로 죽은 세이노 세이쇼의 경력을 조사하려고 조동종 종무청에 문의했다. 조동종에는 승적부가 있어서 종문의 이력이 기록되어 있다. 개인정보에 속하기 때문에 S스님이 대신 받아줬다.

2011년 8월 18일 자로 조사 의뢰에 관한 보고서가 도착했다. 보고서에는

> 세이노 세이쇼 스님이 생존해 있던 메이지 35년(1902년. 역자)부터 쇼와 20년(1945년. 역자)경 ○○사의 주지는 세이노 텟산(淸野撒山) 스님(쇼와 19년부터는 후임에 ○○○○스님)입니다. 그리고 나남포교소 주지에 임명된 것은 쇼와 5년 6월 3일입니다. 또한 <u>사임일은 명확하지 않습니다.</u> …(중략)… 그러나 <u>출가 이후의 상세한 경력이 종무청에 현존하지 않기 때문에 파악할 수가 없습니다.</u> (○와 밑줄은 필자)

라고 적혀 있었다.

전쟁의 시대, 외지에서의 포교를 명받아 그곳에서 목숨을 잃은 승려에 대해 조동종은 냉담했다.

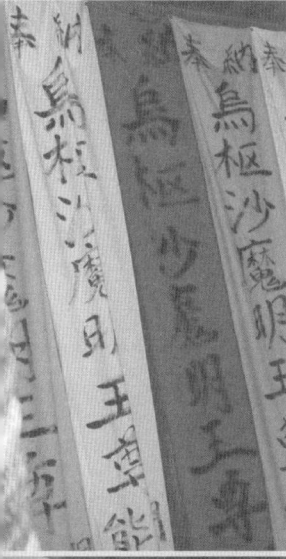

제5장

조동종의
포스트콜로니얼

제1절

서울 동국대학교 방문

서

인연이란 희한한 것이다.

3·11동일본대지진 때 해외에서도 많은 지원이 이루어졌다. 지금까지 국교를 맺지 않은 조선민주주의인민공화국의 김정일 총서기가 보낸 의연금도 도착했다.

한국 최대의 불교 단체인 조계종에는 많은 신자 단체가 소속되어 있어서 제각각 활발한 사회활동을 하고 있다. 그 단체들 중에 정토회 산하의 제이티에스가 있다. 제이티에스는 1리터들이 두유를 10만 팩이나 보냈다. 그 단체는 니가타(新潟) 항을 통해 피해 지역으로 직접 전달할 계획이었다.

배분을 맡은 일본 측 단체는 부락해방동맹(NPO 인권센터 HORIZON)[49]이었다. 1922년 일본에서 전국수평사가 결성된 이듬해, 경상남도 진주에

---

[49] 부락 차별 해소를 목적으로 활동하고 있는 인권운동 단체.

서는 조선의 피차별민이었던 백정의 해방을 목표로 하는 형평사衡平社가 결성되었다. 그리고 그 둘은 연대하였다. 지금 형평사는 없지만 현재 한국의 인권 단체에 일본의 부락해방동맹은 잘 알려져 있다. 부락해방동맹은 한국 단체와의 인연으로 제이티에스의 두유 지원을 위한 창구 역할과 피해 지역에 대한 배분을 의뢰받았다.

나는 억울하게 죄를 뒤집어쓴 사야마(狹山)사건[50]의 재심을 실현하는 일에 관여하고 있어서 부락해방동맹과 교류를 하고 있었다. 그 관계로 일부(라고는 해도 1만 2000팩이나!)가 나한테도 맡겨졌다. 양이 너무 많은 탓에 두유를 받겠다고 선뜻 나서는 곳이 없어 분배처가 좀처럼 결정되지 않았다. 미야기 현(宮城縣) 와타리 군(亘理郡) 야마모토 정(山元町)에 사는 사촌에게 전화해 보았다.

와타리 군은 와타리 정(亘理町)과 야마모토 정으로 이루어져 있다. 이

미야기 현 와타리 군에 전달된 두유

---

50 1963년 사이타마 현 사야마 시에서 발생한 여고생 강도강간살인 사건. 범인이 피차별 부락 출신이었다는 사실이 알려지면서 부락 차별 문제의 일환으로 대대적인 운동으로 발전함.

번 쓰나미 피해를 제대로 당한 심각한 피해 지역이다. 2012년 2월의 통계에 따르면 와타리 정의 사망자는 305명, 가옥의 전체 또는 절반이 붕괴된 것은 3501동, 야마모토 정은 사망자 607명, 가옥의 전체 혹은 절반이 붕괴된 것은 3296동이었다.

사촌한테서 두유를 받겠다는 연락이 왔다. 와타리 정과 야마모토 정에 나누어 지원을 했다. 피해 지역에서는 단백질 부족을 겪고 있던 차에 대단히 고마워했다고 한다.

조동종 경성 별원 터를 처음으로 조사한 것은 2009년 5월의 일이었다. 그 터가 현재 동국대학교로 되었다는 말은 이미 앞에서 했다. 그때는 정각원(구 경성 별원)을 멀리서 바라보기만 했다. 다음에 방문할 때는 꼭 내부를 봐야겠다고 생각했었다.

지인 중에 C일보사 기자가 있다. 그는 한국어를 잘한다. 그에게 물어보면 현지를 안내해 줄 사람을 찾을 수 있을지 모른다고 생각해 전화를 했다. 괜찮은 사람이 있다고 했다. 즉시 그 사람을 만나기로 했다.

동일본대지진이 일어나고 2개월 반이 지난 5월 26일, 시부야(澁谷)의 도겐자카(道玄坂) 외곽의 고깃집에서 저녁식사를 겸해 그를 만났다. 그는 정토회의 환경 활동을 담당하는 에코붓다의 전 공동 대표 유정길 씨였다. 앞에서 말한 두유를 보내온 정토회 소속이었다. 그는 지난해부터 중앙학술연구소 특별연구원으로 도쿄에 체류 중이라고 했다. 이게 무슨 불연佛緣이란 말인가?

나는 그에게 적극적으로 부탁했다. 그는 지인인 동국대학교 김호성 교수를 소개해 주었다. 바라던 대로 동국대학교를 안내받을 수 있게 되었다. 이날은 기분도 좋고 해서 막걸리를 몇 잔이나 마셨다. 한편 나중에 안 사실인데 유정길 씨는 그날 한국에서 오사카를 경유해 도쿄에 막 도착한 데다 감기 기운으로 몸 상태가 안 좋았지만 무리해서 만나주었다고 한다. 미안했다.

한국의 『불교포커스』에 유정길 씨가 기고도 했다. 나와의 만남과 일본불교(특히 조동종)에 대한 그의 의견이 실려 있다.

동국대학교 방문

2011년 8월 22일, 대학 시절의 은사인 O선생님과 함께 전에 신세를 졌던 택시 기사의 도움을 받아 동국대학교로 향했다. 대학교는 약간 높은 언덕에 있었다. 그래서 캠퍼스를 돌아다니다보니 내리막은 괜찮았으나 오르막은 힘들었다. 스님들의 모습도 볼 수 있었다. 캠퍼스 중앙에는 석가모니상이 있다. 석가모니상 건너에는 코끼리상이 있다. 문수보살을 상징하는 듯하다.

석가모니상이 만남의 장소였다. 우리가 도착하고 나서 바로 김호성 교수가 왔다. 상냥한 눈매를 가진 분으로 학자한테 느껴지는 딱딱함이 전혀 없었다. 김호성 교수에게는 동국대학교가 소장하고 있는 일본어 문헌을 열람하고 싶다고 미리 부탁을 해 두었다. 곧바로 도서관으로 갔다. 특히 흥미로웠던 것은 『한국 불교 100년』이었다. 이 책은 2000년에 민족사에서 출판되었다.

이 책에는 식민지 시대부터 해방 후까지 불교 잡지를 비롯한 각종 자료, 인물과 사건 등이 사진을 중심으로 하여 해설이 되어 있었다. 한국 병합 이전부터 1990년대까지를 망라하고 있어서 당시 일본 불교의 움직임도 잘 알 수 있었다. 양 본산 별원과 박문사는 물론 다케다 한시의 사진도 여러 장 있었다. 나는 흥분하여 전체 페이지를 카메라로 찍었는데 나중에 일본에서도 구입할 수 있다는 사실을 알고 조금 허탈했다.

김 교수에게 이것은 귀중한 책이므로 학생들에게 번역시켜서 일본어판을 출판해 보면 어떻겠냐고 했더니 '당신이 서울에 와서 한글을 배워서 번역하라'고 슬쩍 받아넘겼다. 다른 나라의 문화(불교를 포함해서)를 배우기 위해서 언어의 이해는 필수이다. 김 교수도 일본어를 배우기 위해 매우 고생했을 것이다. 어지간한 노력으로는 할 수 없는 일이다. 그것을 뛰어넘기 위해서는 열의가 필요하다. 김 교수는 나에게 그런 열의가 있는지 물었던 것이다.

김 교수의 연구실에서 차를 마셨다. 저서도 몇 권 받았다. 무슨 내용인지 알 수 없어 유감이지만 '연꽃의 소리'라는 불교 음악 회사가 만든 음악 CD도 받았다.

내용은 불교 음악이다. 그러나 우리가 상상하는 것과는 아주 다르다. 우선 재킷 사진이 미니스커트를 입은 젊은 여성이다. 보사노바도 있고 랩도 있는데 가사의 뜻을 모르는 나는 '이게 불교 음악이야?' 하는 생각이 들 정도로 뜻밖이다. 특히 마음에 든 것은 아홉 번째 곡인 슬로 보사노바. 마음이 안정

서울의 동국대학교. 왼쪽부터 김호성 교수, ○선생, 필자

되는 아름다운 곡이다. 타이틀은 *Feel You Now For Avalokiteshvara*이다. 관세음보살을 기다리고 있다는 뜻인가?

　이 CD를 배경음악으로 젊은 남녀가 모이는 광경이 눈에 선하다. 도저히 이길 수 없다고 생각했다. 이것은 한국 불교의 긍지, 즉 자신감이다. 자신감이라고 한 것은 조동종 및 일본 불교계에 경종을 울리기 위함이다.

　일본에서도 젊은이들에 대한 포교는 중요 과제가 된 지 오래지만 일본 불교인에게 불교의 기본에 대해서 감히 묻고 싶다. 불교의 기본은 자비와 지혜 및 그것을 실천하기 위한 무아의 각오일 것이다.

　자비란 인간 사회에 웃음을 가져오는 것이다. 또 삶에서 만나는 부조리의 고통을 치유하고 살아가는 것의 의의를 말한다. 지혜는 그 도리에 어긋나지 않는 것이다. 그러한 작업부터 해야만 자신감을 확립할 수 있다.

　실패할지도 모른다. 그러나 그것은 상관없다. 그렇기 때문에 무아라고 한다. 부처님이 지켜봐주시기 때문에 노력할 수 있다. 이것을 신앙이라고 한다.

　이러한 노력 없이 21세기를 진심으로 살아가는 일본 불교는 실현할 수도 없고 동아시아의 불교인과 허심탄회하게 교류하는 것 또한 도저히 불가능하다. 일본이라는 한계를 뛰어넘어 동아시아 또는 세계로 전개될 보편적인 불교를 서로 손을 맞잡고 창조하고 싶다.

　승려가 법복(승복) 패션쇼를 개최하거나 술집을 개업한다고 해서 부처님은 기뻐하시지 않는다. 눈앞의 얽매임이 본질을 흐리게 한다. 전시의 불교가 잘못된 길을 갔던 것과 같다. 시대에 영합하지 않는 것, 시대를 개척해 가는 자신감이 필요하다. 한국의 불교 음악 CD를 들으면서 이런 것까지 생각하고 말았다.

이런저런 말을 주고받다가 식민지 조선 시대의 조동종 절 하나가 한국에 남아 있다는 이야기를 들었다. 그것이 바로 전라북도 군산의 동국사이다. 불연은 더욱더 새로운 불연을 불러온다.

　은사인 O선생이 동행한 데는 까닭이 있었다. 고마자와대학 재학 당시 한국에서 온 유학생이 있었는데 그 분과 오랜만에 재회하기 위해서였다. 그 경위와 상세한 내용은 생략하기로 하고, '한국의 집'이라는 호화로운 식당에서 서울에서 최고라는 비빔밥을 대접받은 것만은 적어두고 싶다.

　점심식사 후 다시 도서관으로 향했다. 그곳에서 복사한 것이 이 책 제2장에서 소개한 『조선 불교 조계종 대본사 유점사 본말사법』이다.

한용운의 「님의 침묵」

　동국대학교 캠퍼스 한쪽 구석에 한용운(1879~1944)의 기념비가 있다.

　한용운은 안중근과 같은 해에 태어났다. 3·1독립만세운동에 불교인을 대표하여 참가한 것은 이미 앞에서 말했다. 3·1독립만세운동의 거점이 된 탑골공원에서도 그의 기념비를 볼 수 있다.

　그는 그 후에도 항일운동을 계속해 신사참배 강요 반대, 일본식 성명 강요 반대, 조선인 학도병제 반대 등 운동을 정력적으로 전개했다. 1944년 조국의 해방을 보지 못하고 고난 속에서 생애를 마감했다.

　한용운은 또 시인으로서도 유명하다. 그의 대표작은 「님의 침묵」이다. '님'은 연인에 비유된 잃어버린 조국이라고 한다.

　　꽃이 먼저 알아

　　옛집을 떠나 다른 시골에서 봄을 만났습니다.

꿈은 이따금 봄바람을 따라서 아득한 옛터에 이릅니다.
지팡이는 푸르고 푸른 풀빛에 묻혀서, 그림자와 서로 따릅니다.

길가에서 이름도 모르는 꽃을 보고서, 행여 근심을 잊을까 하고 앉았습니다.
꽃송이에는 아침 이슬이 아직 마르지 아니한가 하였더니,
아아, 나의 눈물이 떨어진 줄이야 꽃이 먼저 알았습니다.

조국을 잃고 한용운은 절망한 것이 아니었다. 슬픔을 이겨내는 것에서 미를 발견하는 강인함은 그가 불교인이었기 때문이었을 것이다.

생의 예술

모르는 결에 쉬어지는 한숨은 봄바람이 되어서,
야윈 얼굴을 비추는 거울에 이슬꽃을 핍니다.
나의 주위에는 화기(和氣)라고는
한숨의 봄바람밖에는 아무것도 없습니다.
하염없이 흐르는 눈물은 수정이 되어서
깨끗한 슬픔의 성경(聖境)을 비춥니다.
나는 눈물의 수정이 아니면,
이 세상에 보물이라고는 하나도 없습니다.

한숨의 봄바람과 눈물의 수정은,
떠난 님을 그리워하는 정(情)의 추수(秋收)입니다.
저리고 쓰린 슬픔은 힘이 되고 열이 되어서,

어린 양(羊)과 같은 작은 목숨을 살아 움직이게 합니다.
님이 주시는 한숨과 눈물은
아름다운 생의 예술입니다.

한용운은 평화로운 조국을 꿈꾸었다.

당신의 편지

당신의 편지가 왔다기에, 꽃밭 매던 호미를 놓고 떼어 보았습니다.
그 편지는 글씨는 가늘고 글줄은 많으나 사연은 간단합니다.
만일 님이 쓰신 편지이면, 글은 짧을지라도 사연은 길 터인데.

당신의 편지가 왔다기에 바느질 그릇을 치워놓고 떼어 보았습니다.
그 편지는 나에게 잘 있느냐고만 묻고, 언제 오신다는 말은 조금도 없습니다.
만일 님이 쓰신 편지이면 나의 일은 묻지 않더라도, 언제 오신다는 말을 먼저 썼을 터인데.

당신의 편지가 왔다기에, 약을 달이다 말고 떼어 보았습니다.
그 편지는 당신의 주소는 다른 나라의 군함(軍艦)입니다.
만일 님이 쓰신 편지이면 남의 군함에 있는 것이 사실이라 할지라도, 편지에는 군함에서 떠났다고 하였을 터인데.

식민지정책을 따르는 불교인을 비판하는 것도 있다.

선사의 설법

나는 선사의 설법을 들었습니다.

"너는 사랑의 쇠사슬에 묶여서 고통을 받지 말고, 사랑의 줄을 끊어라. 그러면 너의 마음이 즐거우리라."고.

그 선사는 어지간히 어리석습니다.

사랑을 줄에 묶이는 것이 아프기는 아프지만, 사랑의 줄을 끊으면 죽는 것보다도 더 아픈 줄을 모르는 말입니다.

사랑의 속박은 단단히 얽어매는 것이 풀어주는 것입니다.

그러므로 대해탈大解脫은 속박에서 얻는 것입니다.

님이여, 나를 얽은 님의 사랑의 줄이 약할까 봐서, 나의 님을 사랑하는 줄을 곱드렸습니다.

한용운 선사 기념비(서울 탑골공원)

한용운은 불교에서 자유, 평등, 평화를 보았다. 형식에 구속되지 않는 것은 그 신념이 굳건하기 때문이다. 그것은 또 조계종의 신념일 것이다. 동국대학교는 그 정신을 이어받은 것이다. (시 인용은 안우식 역, 『님의 침묵』, 講談社)

동국대학교 김호성 교수
에코붓다 전 공동 대표 유

정길 씨에서 김호성 교수로 이어진 인연은 나를 한국에 유일하게 남아 있는 조동종 사원인 군산 동국사로 이끌었다.

김 교수의 전공은 인도철학이라고 들었다. 연구 휴가 기간에 교토의 불교대학에 1년간 체류하면서 일본 불교사를 연구했다. 한국 불교 발전에 일본 불교 연구는 빼놓을 수 없다고 생각했기 때문이었다.

김 교수의 연구가 얼마나 귀중한지는 반대의 경우를 생각해 보면 알 수 있다. 즉 일본의 불교 연구자로 한국에 유학하여 한국 불교를 연구하고 있는 사람은 얼마나 될까? 한일 불교 교류에 한일의 불교 연구가 없어서는 안 되지만 아직도 거의 불모지나 다름없다. 한일 불교도 역시 가깝고도 멀다고 할 수 있을 것이다.

야마가타(山形)대학 『역사·지리·인류학 논집』 제8호(2007)에서 김 교수의 논문을 찾아볼 수 있다. 제목은 「한국에서 본 일본 불교사」이다. 모두에 '한국 불교와 일본 불교는 어떤 점에서 보편성을 가지고 있는가', '또 어떤 점에서 특수성을 가지고 있는가'라고 한일 불교의 문제점을 지적하고, 유감스럽지만 지금까지 한국과 일본의 불교인이나 불교학자는 이와 같은 문제를 진지하게 생각하지 않았다고 한일 불교 연구의 현상을 한탄하고 있다.

그 원인으로 김 교수는 한국과 일본이 역사적으로 얽힌 관계에 기인하는 어두운 과거를 들고 있다. 즉 임진왜란이나 식민지 통치 시대가 둘의 연구에 방해가 되어 지금까지도 짙은 그림자를 드리우고 있다고 하였다.

김 교수는 '한국의 불교인(연구자 포함)은 일본 불교인의 대처를 보고 일본 불교는 논할 가치도 없는 것으로 생각하는 경향이 있는 것은 아닌가?'라고 하였다. 그러면 반대로 일본의 불교인들은 왜 한국 불교 연구를 등한시할까?

도쿄대학 동양문화연구소 가마타 시게오(鎌田茂雄) 교수의 『조선 불교의 사원과 역사』는 귀중한 연구이지만 그것도 「30본산의 제정-사찰령의 발포」로 끝난다. 그 후의 한국 불교에 대한 연구는 거의 이루어지지 않고 있다. 역시 짙은 그림자가 영향을 끼치고 있는 것일까?

김 교수의 저서에 『일본 불교의 빛과 그림자』가 있다. 일본에 있을 때 느꼈던 일본 불교에 대한 감상(배울 점, 배우지 않을 점)을 정리한 것이라고 한다. 한글이라서 나는 읽을 수 없지만 제목만으로도 내용이 어떨지 상상할 수 있다.

번역 프로그램을 사용하여 서문을 겨우 읽었다. 서문에는 엔닌(圓仁)[51]의 『입당구법순례행기』에서 커다란 영감을 얻었다고 적혀 있다. 다른 나라(문화)에서 경험한 것을 기록하는 것, 그것은 새로운 역사를 개척하는 것으로 이어진다.

이 책은 호평을 얻어 재판되었다. 『일본 불교의 빛과 그림자』를 통해 처음으로 일본 불교를 인식하게 된 한국의 불교인도 많지 않을까?

식민지체제하의 다카하시 도루(高橋亨)의 공적은 제외하기로 하고, 일본의 불교 연구자가 한국의 불교사를 진지하게 연구하게 되는 것은 언제일까?

그것을 위한 첫걸음으로 짙게 드리워진 그림자를 어떻게 청산할 것인가에 대한 물음이 필요하다. 그 대답을 위해서는 특히 근대사가 중요해진다. 일본 불교(감히 필자는 이렇게 부른다)가 식민지 조선에서 한 일을 세밀하게 조사하지 않으면 안 된다. 왜 불교가 왜곡되었는가? 그때 무슨 일

---

51 일본 헤이안 시대(平安時代, 794~1185)의 천태종 승려로 엔랴쿠 사(延曆寺)의 3대 좌주. 산몬파(山門派)의 시조이며 지카쿠 대사(慈覺大師)라고도 함. 835년 입당승에 선발되어 10년 동안 당나라에 머물렀던 생활을 자세히 기록한 『입당구법순례행기』는 당대 말기의 사회사나 역사 지리의 연구에 귀중한 자료임.

이 벌어졌는가? 그리고 불교인으로서 무엇을 할 수 없었는가? 등 명확하게 바라볼 것을 현재의 일본 불교인에게 요구하고 있다. 이것을 무시한 채 짙은 그림자로부터 벗어날 수 있는 길은 없다.

성실하고 정직하고 거짓을 말하지 않고 배신하지 않고 선을 행하고 악을 행하지 않는 것은 불교인의 근본이다. 칠불통계게七佛通戒偈는 항상 불교인이 목표로 하지 않으면 안 되는 것이다.

일본과 한국의 불교인이 함께 손을 맞잡고 부처님의 원을 실현하기 위해서는 그러한 엄격한 과정을 거쳐야 한다. 일본 불교인의 용기가 필요하다.

김 교수의 활약은 눈부신 것이었다.

마츠오 겐지(松尾剛次)의 저서 『승려의 일본사』(NHK출판) 번역, 『일본 불교사 연구』 발행, 일본 불교의 연구와 그것을 일반에게 전달하기 위한 일본 불교사 연구소 운영 등 실로 한일 불교의 가교로서 활발한 활동을 하고 있다.

『일본 불교의 빛과 그림자』를 꼭 읽어보고 싶다. 일본 측의 한국 불교 연구가 진행되면 번역될 것이다. 그날이 빨리 오기를 바란다.

식민지 시대를 기억하는 군산

군산 개요

군산은 한국 남서부 전라북도의 주요 도시이다. 인구는 약 30만 명이고, 미군 기지가 있다. 대규모 간척 공사가 이루어지고 있어서 계속해서 발전하고 있다.

이 도시의 특징 중 하나로 식민지 조선 시대의 일본 가옥 약 170여 채가 남아 있는 것을 들 수 있다. 식민지 시대의 일본 가옥은 적산 가옥이라 불린다. 한국의 다른 도시에 적산 가옥이 없는 것은 아니지만 이렇게 많은 일본 가옥이 밀집해서 남아 있는 곳은 군산뿐이다. 그 중에 제5장의 주제인 동국사도 포함된다.

1915년에 발행된 『군산 안내』라는 책이 있다. 서언에 "본서는 시정 5년 기념 조선물산공진회가 개최됨에 따라 그 사업을 협찬하는 군산협찬회가 아직 군산을 알지 못하는 사람들에게 바르게 군산을 소개하고자 발행하는 것이다."라고 적혀 있다. 즉 한국 병합 5주년을 기념하여 개최된 조선물산공진회에 군산도 참가하는데 그 선전을 위해 만들어진 책자이다.

특히 "본서 표지의 의장과 인쇄도 모두 군산제"로 강조하고 있어 군산의 인쇄 제본 기술이 결코 손색이 없음을 자부하고 있다.

이제 이 책자와 『군산부사群山府史』(1935년 군산부 발행) 등을 참고로 하여 식민지 조선 시대의 군산을 살펴보자.

군산은 1899년 5월 일본의 압력에 의해 해외 교역장으로 개항되었다. 해외라는 말대로 여러 외국에 개방되었지만 실제로 몰려든 것은 대부분이 일본인이었다.

일본인이 거류하기 이전의 군산은 약간의 가옥이 점재해 있는 어촌에 불과했다고 『군산부사』는 기록하고 있다. 이것을 곧이곧대로 받아들이는 것은 다소 문제가 있다. 왜냐하면 총독부는 뒤떨어진 조선을 앞선 일본이 지도하여 발전시켰다는 각본으로 사물을 바라보는 경향이 있었기 때문이다. 일본인 거류가 시작되기 이전에도 군산에는 이미 많은 사람들이 살고 있었다고 한다면 이 각본은 성립하지 않는다. 침략을 인정하는 것이 된다. 사실 군산 일대는 예로부터 쌀의 산지로 유명하여 일설에는 수천 명의 사람들이 살고 있었다는 지적도 있다.

이듬해인 1900년 군산에 거류하는 일본인은 500명에 이르고 군산일본민회가 결성된다. 군산일본민회는 일본인 거류민의 교육과 상공업을 관장했다.

앞에서 말한 것처럼 군산의 산물은 미곡이었다. 그에 주목한 일본인들이 줄지어 군산에 모였다. 러일전쟁은 일본이 조선 반도를 점유하기 위한 전쟁이었다는 것은 이미 앞에서 말했다. 일본의 권익이 확대될 것을 예상한 사람들이 군산에 모여들었다. 1902년 군산의 무역액은 41만 엔

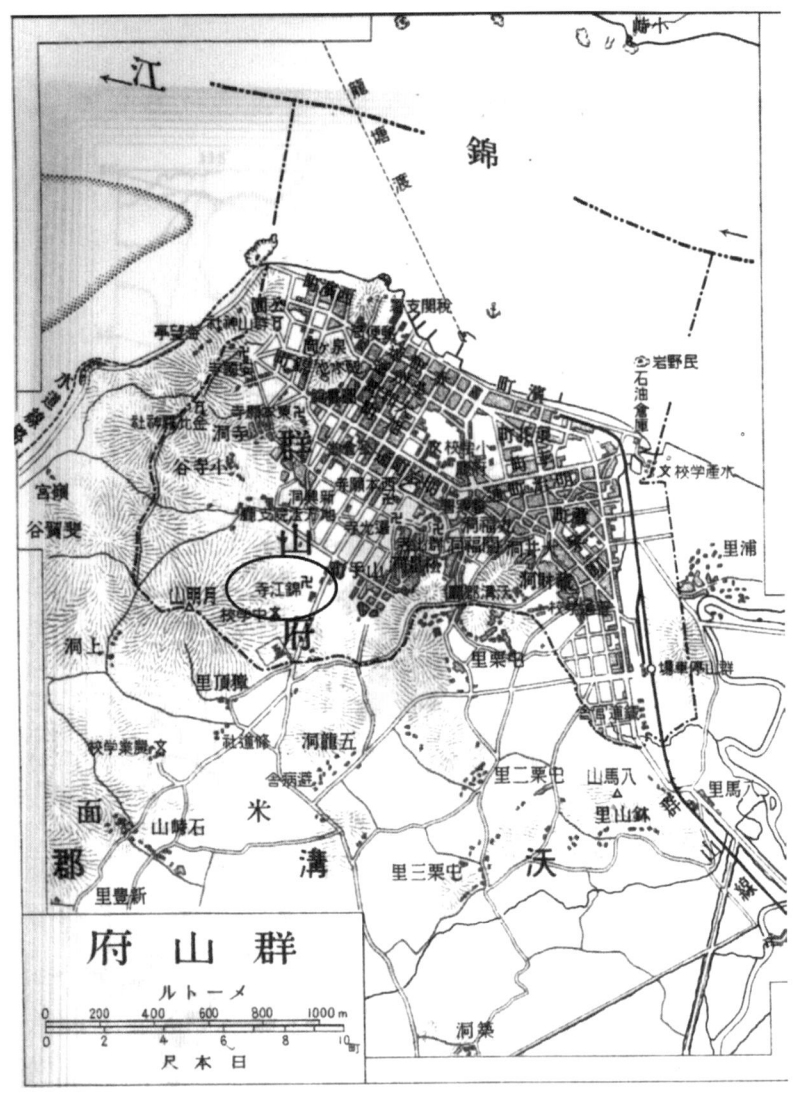

군산 지도(1930년대)

이었는데 겨우 1년 만에 125만 엔으로 팽창했을 정도이다.

1910년 한국 병합으로 군산부가 되었다. 따라서 해외 교역장은 폐지되고 각국 거류민지제도는 철폐되었다(철폐 기한은 1914년 3월). 그리고 군산은 일본이 되었다.

군산의 인구 증가는 현격했다. 개항부터 10년마다 내지인의 인구 추이는 다음과 같다.

1899년 ········· 77명
1909년 ········· 3220명
1919년 ········· 6809명
1929년 ········· 8534명
1934년 ········· 9408명

1934년의 9408명 가운데 야마구치(山口) 현 출신자가 가장 많아서 1355명, 이하 나가사키(長崎) 현, 오이타(大分) 현이 이어지고, 이들 상위 3개 현 출신자가 군산에 사는 일본인의 1/3을 차지했다.

일본인의 직업은 공무원, 자유업, 상업 및 운수업이 대부분이고, 식민지 조선 사람들은 기타 업무로 분류된 불안정한 노동자가 과반수를 차지하고 있었다.

군산부는 1932년 도서관 건립, 공원 정비, 운동장 확보, 상하수도 건설, 어항 개보수 등 적극적인 인프라 구축 사업을 실시하여 그해에 군산을 획기적으로 변모시켰다. 그 후 공회당, 시장, 상품 진열소 등을 차차 건설하였다. 1933년 군산부의 예산은 51만 400엔이었다. 이것은 현재의 약 127억 5000만 엔에 상당한다.

또 1932년에는 군산부 행정구역이 확대되어 옥구군 미면과 개정면이 편입되었기 때문에 군산부의 면적은 배 이상 확대되었다. 이들 면에는 조선인들이 주로 살고 있어서 군산부의 총인구는 증가했지만 내지인이 차지하는 비율은 상대적으로 감소했다.

이렇게 군산은 발전했지만 수입은 주로 식민지 군산 일대에서 수탈되어 1만 명이 안 되는 일본인 사회를 위해 사용되었다는 것을 밝혀둔다.

다음으로 군산의 교육 사정을 살펴보자. 1934년 당시의 교육기관 현황은 다음과 같다.

군산공립심상고등소학교 … 28학급, 학생 수 1500명
군산공립상업보습학교(야간) … 소학교 교사를 이용. 학생 수 100명
군산공립보통학교 …………… 조선인 학교. 24학급. 학생 수 1550명
군산공립중학교 ……………… 10학급, 학생 수 470명
군산공립고등여학교 ………… 4학급, 학생 수 200명
군산공립청년훈련소 ………… 학생 수 40명
군산사립가정학교 …………… 학생 수 40명
군산사립양영養英학교 ……… 주간부 학생 수 107명, 야간부 학생 수 101명
사립메리보에르텐여학교 … 학생 수 불확실
군산사립유치원 ……………… 한때 군산부 내 각종 사원이 경영. 3학급, 원아 수 130명
사립영신유치원 ……………… 조선인 유치원. 원아 수 130명

나중에 언급하겠지만 군산의 기독교계 학교는 1919년 3·1독립만세

운동에 일찍이 호응했던 것으로 알려져 있다.

다음으로 같은 1934년 당시 군산의 일본계 불교사원을 살펴보자.

오타니파 혼간 사 … 군산 개항과 함께 1899년에 포교소 개설. 거류민회로부터 위촉받은 진료소도 있었다. 또 일부를 개방하여 교육에도 관여했다. 1905년 군산 천산정(淺山町, 아사야마초)에 신축했다. 주지는 다케바야시 짓토(武林實登), 신도 수는 약 1500명.

정토종 대음사 … 1904년 10월 와타나베 겐료(渡辺賢慮)가 교회소 및 일어 학교를 개설. 1906년 11월, 대지주인 미야자키 가타로(宮崎佳太郎)에게 토지를 기증받아 본당을 건립하여 군산사로 하였으나 1917년 정토종 대음사로 개칭하였다. 후카마치 료에이(深町良英) 주지가 22년 동안 근무하다가 규슈의 히라도(平戶)로 전임하고 후임은 가토 준쿄(加藤純敎). 신도 수는 약 500명이었다.

니치렌 종 안쿠사 … 1905년 하라 모쿠쇼(原黙松)가 포교 시작. 1907년 대지주인 미야자키 가타로에게서 토지를 기증받아 당우를 건립했다. 1924년 니치렌 종 안쿠사로 개칭. 1931년 10월 천산정에 신축했다. 매월 8일과 12일, 23일을 강연법화일로 정하여 포교하였다. 주지는 이치다 겐코(市田元弘)였고 신도 수는 약 300명.

조동종 금강사 … 1909년 우치다 붓칸(內田佛觀)이 일본 조계지 1조통에 포교소를 개설. 대지주인 미야자키 가타로가 원조. 1913년 금광정(錦光町, 긴코초. 군산을 흐르는 금강錦江에서 따온 이름)에 절을 신축하고 1916년 9월 금강사로 사명 공칭 허가. 1919년 조동종의 대표적 고승인 아라이 세키젠(新井石禪)이 순석. 뒤편에 33석불을 건립하고 1920년에 변재천당辯財天堂을 건립. 주지는 아사노 데쓰젠(淺野哲禪). 신도 수는 약 1200명.

고야산 편광사 … 1911년 3월 미곡상 모리 기쿠고로(森菊五郎)의 기부를 받아 유곽의 언덕 위에 건립했다. 1916년 전정(田町, 다마치)에 신축. 1918년 고야산 편광사라는 사명 공칭 허가. 본존은 목불 부동명왕. 주지는 오노 유에이(小野宥英). 신도 수는 약 1200명.

혼파 혼간 사 · 진종사 … 1912년 9월 군산 전주통에 포교소 개설. 머지않아 횡전정(橫田町, 요코타초)으로 이전. 1916년 진종사 사명 공칭 허가. 1925년 오타니 손유(大谷尊由)의 순교 무렵 객전 신축 등을 한다. 주지는 즈이코 에겐(瑞光惠眼). 신도 수는 약 1500명.

임제종 임제사 … 상세 불명

이 외에 천리교 선교소, 이즈모오야시로(出雲大社) 포교소, 콘코교(金光敎) 군산교회 등이 있었다. 또 군산 일본기독교회는 1905년부터 군산에서 포교를 시작했다. 이 교회는 일요학교, 부인회, 광감회(청년 가장의 모임), 청년회, 마리아회, 시온회 등을 조직했다. 신도 수는 150명.

한편 각 불교사원은 불교부인회와 백백합회白百合會 등을 조직하여 회원의 정신 수양을 도모했다.

군산의 사계

군산 속요   우시오 류시치(牛尾龍七)

사쿠라 하고 들떠서 오르니 공원의 나비도 춤춘다.
안개 낀 저 아래 강에 떠 있는 갈매기와 하얀 고깃배여.
어머나
군산은 멋진 항구.

불꽃놀이와 한여름 밤은 사람으로 술렁거리는 금강 가.

펑 하고 올라온 불꽃의 빛에 하얗게 떠오른 저 기생의 얼굴이여.

어머나

군산은 멋진 항구.

축제로 시끌벅적할 때는 호남평야의 황금 물결이여.

구치(조선 쌀의 이름. 필자 주)는 100척이고 1000척이고 실려 오사카, 도쿄까지도.

어머나

군산은 멋진 항구.

섣달 소설이 내리면 전시장의 연합 대매출이여.

바람에 펄럭이며 깃발이 울면 도시의 경기는 최상.

어머나

군산은 멋진 항구.

본오도리(盆踊)[52]에서 부르기라도 한 것인지 군산의 사계를 노래하고 있다. 군산의 활기가 느껴진다. 앞에서 소개한 『군산 안내』의 저자도 군산의 1년을 소개하고 있다. 그것이 더 상세하다. 이하 『군산 안내』에서 발췌하였다.

1월 연하회. 신년 대매출. 모든 단체의 신년 연회. 곡식 출하 및 수송 이동 출입 왕성. 구정 전 매출. 날씨가 점점 더 추워짐. 어류, 야채 결핍.

2월 새와 짐승 고기(鳥獸肉) 많이 사용. 조선인 구정 휴가. 추위 절정. 들과

---

[52] 우란분회 때에 죽은 자를 공양하기 위해 행사 중에 추는 춤.

산에 눈이 쌓임. 금강 상·중류 일시 결빙.

3월 상업계 계속 호황. 추위 점차 누그러짐. 눈 녹음. 건축 시작. 금융 호황.

4월 봄기운을 느낌. 곡식 출하 점차 감퇴. 꽃이 피기 시작. 어류 나타남. 인심 좋아짐. 종두 춘기 청결법 시행. 여객 많음.

5월 개항 기념식. 성어기에 들어감. 어선 활기차고 싱싱한 어류 많음. 상업계 점차 한산. 꽃구경. 봄축제.

6월 농번기가 되어 조선인 시장에 나오는 수 감소. 여름 제품 매출. 약간 더움. 어부 위로회. 어선 차츰 줄어듦.

7월 상업계 한산. 바둑 장기 성행. 강우량이 사람들의 기분을 좌우함. 얼음가게. 길가에 나와 더위 피하는 사람 많음.

8월 더위 절정. 매우 한가함. 추석 전 매출. 과일, 밭작물 많음. 휴교. 관공서 반휴. 금강 가 불꽃놀이.

9월 날씨가 선선해짐. 활동 준비 착수. 추계 청결법. 금융 불량.

10월 수렵 시작. 가을 축제. 겨울 물건 매입. 겨울 물건 판매. 햇곡식 나옴. 천장절 축일 성황.

11월 곡식 출하 격증. 상업계 생기 회복. 정미소 더욱 바쁨. 눈 내림. 건축 끊어짐. 어류 약간 많음.

12월 무역 점점 성황. 상업계 더욱 바쁨. 조선인 시장에 나오는 수 증가. 연말 대매출 활발. 떡방아.

『군산 안내』는 도시의 숨결까지도 전해준다.

4월에는 인심이 봄 같아지고, 5월에는 월명산에서 꽃구경, 6월에는 농사가 바빠 상점이 한산해지고 7월에는 비를 걱정하게 된다. 비가 적으면 벼가 잘 자라지 않는다. 바둑이나 장기를 두면서 날씨와 경기 얘기를 했을 것이다.

8월 사람들은 금강의 불꽃놀이를 보며 가는 여름을 그리워한다. 9월에 들어서면 슬슬 가을바람이 불기 시작한다. 이 무렵 군산의 반출 쌀은 바닥이 났는지 금융 불량이라고 적혀 있다. 10월 햅쌀이 나오기 시작하면 군산은 되살아난다.

군산신사에서는 가을 대제가 열린다. 흰옷을 입은 많은 젊은이들은 가마를 메고 거리를 누비고 집집마다 헌등과 홍백의 막을 둘러쳤다. 학교도 이틀 동안 휴업이었다. 〔히라카와 고조(平川貢造) 편, 『군산의 추억 제4집』, 1945〕

11월에는 정미소가 풀가동하고 12월부터 이듬해 1월까지 미곡 반출이 성황을 이루었다. 군산이 가장 활기를 띠는 시기였다.

정월 신년 대매출은 1년 중 가장 북적이는 행사였다. "신년 대매출 행사를 하는 거리를 떠밀려서 지나갔다."(『군산공립중학교 교우지 제13호』, 1937)

난징 함락을 경축하는 군산 사람들. 명치정明治町 미나카이 군산 지점 앞(동국사 주지 종걸 스님 제공)

그리고 이 경기는 봄까지 계속되었다.

군산 사람들은 미곡 반출에 의지해 살고 있었다. 사계절 중에 군산이 가장 활기를 띠는 것은 수확철인 가을이었다. 그것은 또한 수탈의 가을이기도 했다.

쌀의 군산

당시 군산은 쌀의 군산으로 불렸다.

군산은 원래 벼농사가 왕성한 지역인 데다 일본 국내의 식량 부족이 군산의 쌀을 필요로 하기도 하여 군산의 지주나 미곡업자가 급격히 성장했다. 처음에는 조선쌀로 불렸으며 뉘가 섞여 있어 평이 좋지 않았지만 동력 정미기의 도입과 품종개량으로 점차 품질이 향상되어 내지 쌀과 비교해도 손색이 없을 정도가 되었다.

군산항에서 반출된 쌀은 주로 오사카로 운반되었다. 절정일 때는 매일 여러 척의 대형 기선이 만 안쪽에 닻을 내렸고, 쌀을 운반하는 많은 하역 인부들로 항구에는 활기가 넘쳤다. 군산에 지금도 남아 있는 구세관에 당시 군산항의 사진이 전시되어 있다. 쌀 반출로 북적이던 항구에서는 굴뚝에 '대大' 자 표시를 한 오사카 상선을 확인

쌀의 군산. 높이 쌓인 쌀가마니들

할 수 있었다.

군산항의 반출액 추이는 아래와 같았다. 주로 미곡류였다.

1899년 ················ 8198엔
1909년 ············ 204만 9530엔
1919년 ············ 2653만 7999엔
1929년 ············ 3422만 3289엔
1934년 ············ 5595만 904엔

참고로 1934년에 군산항에서 반출된 쌀은 228만 5114석(약 35만 톤)이었다.

군산은 다른 도시와 달리 군을 유치하지 않았다. 나남이 군에 의지했던 것으로 알 수 있듯이 군 시설은 도시의 커다란 수입원이 되었다. 군산은 쌀로 충분히 살아갈 수 있었기 때문에 군이 필요치 않았던 것이다. 나중에 교외에 군 비행장이 만들어졌지만 이것도 쌀을 반출하는 배를 보호하는 것이 목적이었다.

쌀의 군산을 연출한 사람들 중에서 미야자키 가타로와 불이흥업不二興業을 살펴보자.

미야자키 가타로는 1858년 구마모토 현(熊本縣) 아마쿠사 군(天草郡) 시마고 촌(島子村)에서 태어났다. 고향에서 농업과 상업을 경영하다가 1890년 한국으로 건너왔다. 경성에서 인삼 제조 판매업을 시작했지만 불황으로 실패하고 귀국했다. 1902년 다시 경성으로 가 한국 정부에 견직물을 납품하는 무역상을 하면서 다시 인삼 제조 판매업을 시작했다. 이것이

성공하여 미야자키는 재산을 모았다.

　지인인 제일은행 군산지점장으로부터 군산이 장래에 유망하다는 말을 듣고 1903년 3월 군산으로 이주했다. 당시 46세였다. 미야자키는 군산에서 농업 경영을 시작했다. 일본인의 농업 경영은 군산뿐만 아니라 전라북도 일대에서도 그가 처음이었다.

　미야자키가 나중에 자주 말했던 에피소드가 있다.

　미야자키가 토지를 사들일 때 한국 사람들은 '곧 러일전쟁이 시작되면 일본이 질 게 뻔하다. 일본인이 토지를 사고 싶다고 하면 그냥 팔아버리면 그만이야. 일본이 지면 그 토지를 일본에 가져갈 수도 없으니까 토지는 내 손으로 되돌아오겠지'라고 생각하고 토지를 팔았다. 그렇지만 러일전쟁은 예상을 뒤엎고 일본의 승리로 끝났고 자신은 일약 거대 농업 경영자가 되었다는 것이다.

　미야자키는 군산 교외의 둔율리에 농장을 만들어 일부는 시험용 논으로 자작하며 소작 농민들을 지도했다. 당시에는 관개시설이 없었기 때문에 가뭄이 들면 벼농사는 여지가 없었다. 실제로 1907년 큰 가뭄에 일부 산간 지역을 뺀 평야 지역에서는 한 톨의 쌀도 수확할 수 없었다. 1909년 미야자키는 군산농사조합과 함께 수리 관개시설을 건설했다. 이로써 그는 쌀을 안정되게 생산할 수 있게 되었다.

　1937년 당시 미야자키 농장이 소유한 토지는 200만 평이 넘었고 800명의 소작인을 거느리고 있었다.

　미야자키 가타로는 1913년에 88세를 일기로 세상을 떠났지만 쌀의 군산의 아버지라고도 할 만한 존재였다. 그의 성공은 많은 일본인 농업 경영자를 군산으로 불러들였다.

다음은 불이흥업.

군산의 쌀 생산을 말함에 있어서 불이흥업의 존재를 빼놓을 수 없다. 불이흥업은 식민지 조선에서 자원을 수탈할 목적으로 창립된 동양척식회사에 이은 제2의 동척으로 불린다.

본사를 경성에 두고 군산과 인천에 지점을 두었다. 그리고 전라북도 익산과 평안북도 용천에서 농장도 경영했다. 농업만이 아니라 광업에도 손을 대서 한국뿐 아니라 만주와 몽골에서도 광물 채굴 수탈을 했다.

불이흥업(사장 후지이 간타로(藤井寬太郞))이 군산에서 했던 불이농촌 건설을 살펴보자.

불이흥업은 1920년 군산 교외의 옥구군에서 대규모 간척 사업을 시작했다. 그리고 3년에 걸쳐 총면적 2500정보를 간척했다. 간척에는 많은 식민지 조선인들이 동원되었다. 동원된 조선인들에게는 간척이 완성되면 넓은 경작지가 생기는데, 소작권을 영구히 보장함과 동시에 소작료를

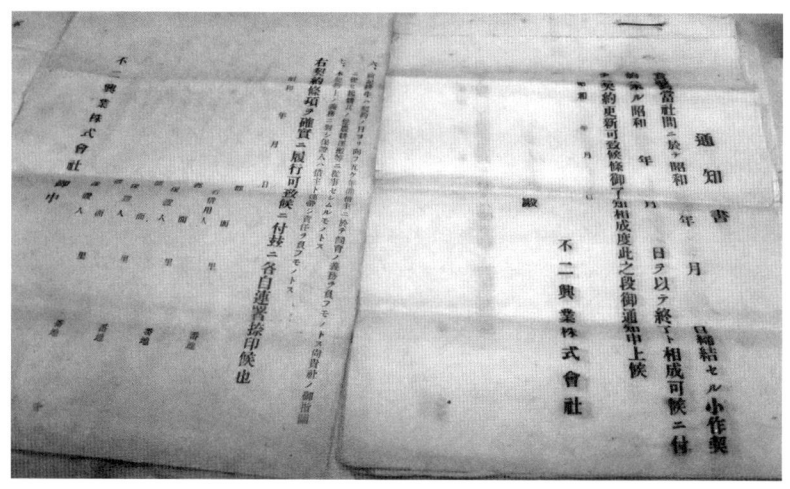

불이흥업계약서(군산근대역사박물관 소장)

3년간 면제해 주겠다고 약속했다. 조선 사람들은 열심히 일했다. 그러나 간척 후 그들이 받은 것은 간척지가 아닌 농사짓기도 어려운 땅이었고 그것도 가구당 1000평에 지나지 않았다. 더구나 이주한 일본인에게는 가구당 1만 2000평을 제공했다고 하니 실로 사기나 다름없었다. (정은숙, 『한국의 쇼와를 걷다』, 祥傳社新書)

간척지에는 322정보의 옥구저수지를 만들어 관개를 대비했다. 그리고 저수지를 경계로 하여 남과 북으로 나누었다. 남쪽은 조선인 소작인용인 불이옥구농장, 북쪽은 일본인 이민자용인 불이농촌이었다. 세로 135미터 간격으로 용수로와 배수로를 설치하고 이것들과 직각으로 교차시켜 가로 36미터 간격으로 둑을 쌓아 한 배미 5단보의 구획을 정비했다.

불이농촌에는 내지의 30부현에서 부현지사가 추천하는 333가구를 이주시킬 계획이었다.

이주는 3기로 나누어 제염이 끝난 북부부터 시작되었다. 1기는 1924년부터 1926년까지로 110호가 이주했다. 제2기는 1925년부터 1927년까지로 96호가 이주했다. 3기는 1927년부터 1930년까지로 135가구가 이주했다.

이들 농촌에는 한 집단을 10가구로 하여 고향의 현 이름을 붙였다. 구마모토 촌(熊本村), 야마가타 촌(山形村), 후쿠오카 촌(福岡村), 니가타 촌(新潟村), 도쿠시마 촌(德島村), 오이타 촌(大分村), 야마구치 촌(山口村), 가가와 촌(香川村), 히로시마 촌(廣島村), 이시카와 촌(石川村) 등 최종적으로 32개 촌이 형성되었다. 일본인 이주자는 경작지, 주택, 택지를 8990엔(빚)에 구입하여 연 약 6부의 이자를 붙여 20년 연부로 상환하는 구조를 통해 정착했다.

각 촌에는 공동 우물, 목욕탕, 공동조정소共同調整所(주민 상담소), 오락장(집회소)이 있었고 불이농촌에는 불이신사, 공립불이소학교, 불이공립 척식농사학교, 불이실과고등여학교도 세워졌다. 또 불이농촌진료소도 있었는데, 의사는 불이신사의 신직을 겸하고 있었다고 한다.

1926년 3월 27일 자『오사카 아사히신문』은 불이농촌 건설이라는 제목으로 다음과 같이 보도했다.

불이농촌 건설

조선의 산업은 농업 본위로 토지 이용 개발의 여지가 풍부하고 인구밀도는 족히 이주시킬 만하다. 바야흐로 농촌 경영의 결실을 거두어 평생 물만 마시는 백성 지역을 벗어날 수 없는 내지의 농민은 우선 자손의 번영을 꾀하고 동시에 국력 발전과 내선 융합의 이상적 사업에 자진해서 와야 한다. 농민 번영의 신천지라고 할 만한 이상향으로 이주의 호적지好適地를 발견해야만 한다.

불이흥업의 간척 풍경(김중규,『군산역사 이야기』, 2001, 328쪽)

불이흥업은 군산항 부근의 경영지에 교통, 교육, 위생 등의 시설을 완비하였다. 익산과 옥구의 수리조합 구역은 갈수나 수해가 절대 없고 자유 관개 배수의 발전된 농업 경영으로 <u>하등 선인의 반감을 사지 않았다</u>. 왕년에 바다였던 이 땅에 정연하고 모범적인 농촌의 비옥한 논을 만들어 경탄하게 하니 이는 실로 조선의 농사가 개발되어 <u>내선 융화의 기초가 됨을 의심할 여지가 없었다</u>. 총독부 대장성 및 내무성 사회국의 도움으로 내지의 영농인을 모집해 다이쇼 13년(1924년. 역자) 4월에는 가구마다 10정보씩을 33가구의 조선 이주자들에게 할당하였고, 14년도에는 100가구의 조선 이주자들이 모였다.

불이흥업주식회사의 이 실적이야말로 이번 의회에 제출한 산미증식안의 살아 있는 재료이자 확실한 증명이다. (밑줄 필자)

국내의 쌀 부족을 해소하기 위해 식민지 조선에서 쌀을 수탈한다. 이것은 또 국내의 영세 농민을 구제하고 내선 융화에도 도움이 되는 것이라고 한다. 식민지주의란 이러한 시선을 이르는 말일 것이다. 식민지 조선인들의 인권이나 의지를 무시하고, 또는 사기를 치고도 전혀 개의치 않는 거만함에 기가 막힌다.

'하등 선인의 반감을 사지 않고'란 무엇을 근거로 한 말일까? 반감을 나타내면 바로 관헌에게 벌을 받았던 것이다. 이 기사는 이주자에게도 거짓말을 하고 있는 것이다.

오늘날 군산을 방문하는 일본인 관광객 중에는 불이농촌 이주자의 자손도 있다. 구 세관 내부에 전시된 농업 이민 사진을 보고 "아! 우리 할아버지도 이렇게 고생하며 개간하셨겠구나!" 하고 감탄하는 사람도 있다고 한다. 고생한 것은 일방적으로 식민지 조선 사람들이었다는 것은 모른다. 이것 또한 한일의 차이를 나타내는 것이다.

불이흥업은 식민지 수탈의 선두에 섰던 회사이다. 쌀의 군산은 이렇게 해서 만들어졌다.

군산의 명사들

이곳에서 내지 각지에서 군산에 모여 새로 사업을 일으켰던 군산의 명사들을 살펴본다. 그들의 경력이나 사업을 통해 어떤 사람들이 군산에 모여들었는지 알아보고자 한다. 참고 자료는 1928년에 발행된『개항 30주년 기념 군산』(한국 국립중앙도서관 소장).

우선 쌀 관계자를 살펴보자.

모리 기쿠고로(森菊五郎)는 군산을 대표한 미곡상이다. 아와지(淡路) 출신인 모리는 군산으로 건너온 초기부터 미곡상을 했다. 명치통(明治通, 메이지도오리)에 대규모 모리기쿠정미소(森菊精米所)를 차렸다. 1923년의 '군산부 시가도'를 보면 그 일대에는 정미소가 많이 있었다. 오치야정미소(落谷精米所), 시모다정미소(下田精米所), 도다정미소(戶田精米所), 도타쿠정미소(東拓精米所), 조선정미소, 니타정미소(新田精米所) 등. 모리기쿠정미소는 군산 중심부인 본정에 모리기쿠(森菊)수출부를 두고 일본으로 쌀을 반출했다. 군산미곡상조합장. 쌀의 군산을 만든 주인공 중 한 명이다. 고야산 편광사의 대단가.

한다 다키키치(半田瀧吉, 와카야마(和歌山) 출신)는 1903년경에 조선으로 건너와 처음에는 부산의 미곡점에 근무했지만 후에 독립하여 군산에서 미곡상을 경영했다. 군산미곡상조합 평의원. 고야산 편광사 대단가.

마츠바 노부타로(松場延太郎, 히로시마 현 출신)는 1887년 부산으로 건너와 상점에서 근무했다. 1903년 일한상선주식회사가 군산에 지점을 개설하자 지점장으로 군산에 왔다. 일한상선주식회사 해산 후 독립하여 미곡상을 경영하며 자신이 소유한 선박으로 연안무역을 했다. 군산미곡상조합 평의원.

한일의 중간 지점인 이키(壹岐) 출신의 **구마모토 리헤**(熊本利平)는 게이오의숙 졸업. 1903년에 조선으로 건너와 전라북도의 농업이 유망하다는 점에 주목하고 군산에서 농사 경영에 종사하였다. 3000정보의 수전水田을 가지고 군산뿐 아니라 식민지 조선을 대표하는 대지주로 성장했다. 사회봉사사업에도 힘을 쏟아 중국 난징으로 이사한 후에도 군산에 기부를 계속하여 기부 총액이 수만 엔에 달했다고 한다. 조동종 금강사 대단가.

비료로 부를 축적한 **마츠모토 이치고로**(松本市五郞, 야마구치 현 시모노세키(下關) 출신). 1907년에 군산으로 건너와 농사 경영이 유망하다는 것을 예상하고 비료 공급을 취급하는 흥농회사를 설립하였다. 아울러 농기구, 종묘 종자, 새끼줄, 가마니 판매와 미곡 위탁 판매를 했다. 1927년에 경성에 설립된 조선비료협회 임원. 군산상공회의소 회장.

다음으로 **오쿠라 요네키치**(大倉米吉).

오쿠라 요네키치는 오쿠라(大倉) 재벌의 창시자인 오쿠라 기하치로(大倉喜八郞, 1837~1928)의 차남이다. 오쿠라 기하치로는 보신전쟁(戊辰戰爭),[53] 대만 출병, 청일전쟁, 러일전쟁으로 이어지는 일본 근대화 시대의 전쟁으로 막대한 부를 축적했다. 그가 죽음의 상인이라고 불린 이유이다. 그는 조선에서 농업 경영에도 참여하여 1904년 군산 근처 전라북도 옥구군에 오쿠라농장(大倉農場)을 건설했다.

---

53 메이지 정권이 도쿠가와 막부에 권력 반환을 요구하자 이에 불복하여 친 도쿠가와 막부 세력이 무진년인 1868년 일본 전토에서 벌인 내란 사건.

그 농장을 운영한 사람이 오쿠라 요네키치이다. 소작인 1800명을 거느린 대지주였다. 그는 독실한 그리스도교 신자로 교회에 대한 원조 외에 교육 사업에도 이바지했다.

청일전쟁 후 바로 군산의 장래성에 주목한 사람이 **오사와 도지로**(大澤藤十郎, 시마네 현(島根縣) 출신)였다. 오쿠라 기하치로보다도 앞섰다. 그는 1897년에 전라남도 목포로 들어와 목재업을 했다. 그 후 머지않아 군산으로 와서 오사카상선회사 군산 대리점을 개설했다. 아울러 운송업과 목재업을 경영했다. 거기다 조선소와 제재소도 경영하여 군산을 대표하는 인물 중 한 사람이 되었다. 상업회의소 회장. 조동종 금강사 대단가.

군산 거주자 중에는 전쟁에 관여했던 사람도 많았다.

우시오 쇼이치(牛尾正一, 시마네 현 출신)는 중학교 졸업 후 제5사단(히로시마)에 입대. 의화단사건[54]과 러일전쟁에 출정했다. 제대 후 1906년에 한국으로 건너와 오사카상선 군산 대리점에 취직하였고, 그 후 독립하여 문방구와 서점을 경영했다. 나아가 군산무진금융주식회사 사장, 군산상공신탁주식회사 사장에 취임하여, 군산상공조합장으로서 상공업계의 발전에 힘썼다.

이소베 겐야(磯部謙哉, 미에 현(三重縣) 이세(伊勢) 출신)는 출정은 안 했지만 러일전쟁 때 오사카의 무역상인 후쿠다마타상점(福田又商店)의 부탁을 받아 군산 지점장이 되었다. 퇴직하고 군산연초원매팔조합을 조직하여 조합장에 취임하였다. 전선全鮮연초원매팔조합이 회사 조직이 되자 중역으로 근무했다. 군산상업회의소 특별평의원. 오타니파 혼간 사의 대단가.

---

[54] 청나라 말기인 1900년 중국 산둥 성에서 일어난 반기독교 폭동을 계기로 화북 일대에 퍼진 반제국주의 농민 투쟁.

와타나베 소에몬(渡辺惣右衛門, 미야기 현 센다이(仙臺) 출신)은 러일전쟁에 종군하여 금치훈장을 받았다. 1919년 전라북도 경찰부 고등과장, 이리 경찰서장을 거쳐 군산경무국 보안과에 근무. 1924년 군산경찰서장이 되었다. 노동쟁의가 많이 일어나는 군산에서 그 진압에 힘썼다.

일본인의 지배를 식민지 군산 사람들이 묵인하고 있었던 것은 아니었다. 노동쟁의 외에 토지 문제도 많이 발생했다. 때문에 변호사도 많았다. 물론 일본인의 이익을 지키기 위해서였다.

1931년 노동조합 신문인 『해원신문海員新聞』(12월 20일 자)에 '군산에서 대규모 노동쟁의'가 있었다고 보도했다.

11월 2일 군산항만의 일본인 노동자 100여 명이 5할의 임금 삭감에 반대하여 파업을 결행. 그에 호응하여 조선 각 항만에서 일하는 1000명이 넘는 조선인 항만노동자가 동정 파업을 했다. 이에 대해 군산 경찰의 탄압, 군산상공회의소의 회유가 있었던 것도 보도되었다.

히키치 도라지로(引地寅治郎, 미야기 현 출신)는 처음에 군인을 지망했지

군산 산수정 유곽 거리(『군산개항사』, 1925)

만 일본 대학에서 공부하여 1913년 판검사 시험에 합격하고 1915년 아키타구(秋田區)재판소 판사에 임용되었다. 1917년 공주지방법원 판사로 한국으로 건너왔다. 1919년 강경지청으로 전근, 1921년에 퇴임하여 변호사가 되어 강경, 전주를 거쳐 1923년에는 군산에 사무소를 열었다.

사이토 소시로(齋藤宗四郎, 사이타마 현 출신)는 1902년 도쿄제국대학 법과를 졸업하고 일본 국내 각지의 재판소에 근무했다. 1908년 한국 정부의 초빙으로 한국으로 건너왔다. 그 후 조선통감부 및 조선총독부 판사를 지냈다. 경성, 목포, 대구, 정읍으로 전근하였고 1921년 전주지방법원 군산지청으로 전근하여 1926년에 퇴관했다. 퇴관 후 군산에서 변호사를 개업했다.

일본인들이 마을을 이루면 된장과 간장, 일본 술은 없어서는 안 된다. 더구나 쌀의 군산답게 군산의 일본 술은 유명했다.

고하라 스케타로(香原助太郎, 후쿠오카 현 출신)는 1909년에 군산으로 이주하여 전라북도 양조계를 대표하는 양조 사업자가 되었다. 생산량은 약 1000석(1927년)이 넘었다. 향정종香正宗과 오처吾妻는 특히 평판이 좋아서 품평회에서 항상 상위를 차지했다. 향정종은 쇼와 천황의 성혼과 대례의 헌상주가 되었다. 오타니파 혼간 사의 대단가.

센즈 간이치[千頭貫一, 고치 현(高知縣) 출신]의 경우는 된장, 간장 사업을 하다가 업종을 바꾸어 석탄상이 되었다.

나남에서와 마찬가지로 건축업자도 많았다.

이토 에이타로[伊藤榮太郎, 이와테 현(岩手縣) 출신]는 이와테와 홋카이도에서 건축 공사 하청을 받아 일을 하다가 한국으로 건너왔다. 1914년 스가와라구미(菅原組)의 하청으로 대구역사 건축 공사 하청 외에 경상북도와 전라북도에서 많은 공사를 하청받아 두각을 나타냈다. 군산부 내 대부분의 공사는 그가 손을 댔다.

마지막으로 앞에서 소개했던 『군산 안내』를 인쇄한 마치이 쥬타로(町井重太郎).

마치이 쥬타로(오사카 부 출신)는 1912년 천리교 포교사로 19세에 한국으로 건너와 처음에는 경기도 개성에서 식민지 조선 사람들 교화에 종사했다. 1916년 군산으로 와서 2년 후에 군산 전주통에 마치다인쇄소(町田印刷所)를 개업했다. 얼마 후 직공 20여 명을 거느린, 지역에서 으뜸가는 인쇄업자가 되었다. 포교 활동도 게을리 하지 않아서 천리교 일여회一如會 전라북도 회장이 되었고, 1925년에는 군산 전역을 담당하는 천리교 전군선교소全群宣教所를 설립하여 한결같이 식민지 조선인들을 대상으로 포교를 했다. 일본의 불교 단체가 한결같이 일본인만을 대상으로 한 것에 비하면 실로 개교에 종사했다고 할 수 있다. 참고로 천리교는 해방 후에도 한국에 존속했다. 군산상공회의소 의원, 군산부회 의원, 군산금융조합 평의원.

이상 군산의 명사들을 살펴보았다. 일본 각지에서 군산에 모여 주로 쌀에서 얻어지는 수입을 토대로 명사가 된 사람들이다.

'일본인들이 마을을 이루면 된장과 간장, 일본 술은 없어서는 안 된다'고 썼지만 한 가지 더 빼놓을 수 없는 것이 유곽이다. 나남에서는 군이 유곽을 설치했지만 군산에서는 세수를 늘리기 위해 거류민단이 만들었다. 유곽은 군산의 남부 교외 산수통(山水通, 야마노테도오리. 후에 마을 명이 변경되어 경정(京町, 교마치)이 됨)에 만들어졌다. 유곽으로는 다마노야(玉の家), 마츠노야(松の家), 시키시마로(敷島樓), 군산로(群山樓), 도키와로(常磐樓), 쇼게츠로(松月樓), 쇼카쿠로(松鶴樓), 시치후쿠로(七福樓), 요시모토로(芳本樓) 등이 있었다. 마츠노야는 3층 건물로서 군산에서 새롭게 사업을 시작한 명사들의 사교장이었다.

이와 같은 일본인 사회가 군산에 사는 식민지 조선인들에게는 어땠을까?

소설 「탁류濁流」를 통해 살펴보자.

「탁류」

채만식은 군산이 낳은 한국의 국민적 작가이다.

그는 1902년 6월 17일 전라북도 임파군(현재의 군산 시 임파면)에서 태어났다. 그의 작품이 고등학교 교과서에 실려 한국 사람들에게 널리 알려졌다.

그는 경성의 중앙고등보통학교를 졸업한 후 1922년에 와세다대학 예과 영문과에 입학했지만 이듬해 관동대지진이 발생하자 귀국했다. 1925년『동아일보』정치부 기자가 되었다가 이듬해 퇴직. 개벽사開闢社를 거쳐 조선일보사에 입사했다. 이때부터 본격적으로 작가 활동을 했다. 해방 후에도 끊임없이 집필을 계속하다 1950년 6월 11일 폐병으로 사망. 만 47세였다. 군산에는 채만식 기념비가 있다.

대표작인 「탁류」는 1937년 10월 12일부터 이듬해인 1938년 5월 17일까지『조선일보』에 연재되었다. 중일전쟁이 시작될 무렵이었다.

그의 고향인 군산을 무대로 하여 식민지 조선인들을 그린 「탁류」는 군산을 흐르는 금강을 이르는 말이다.

주인공은 초봉이라는 여성.

몰락하여 빈둥거리며 지내는 아버지 정주사. 한국이 병합되자 근대교육의 시대로 들어갔기 때문에 정주사도 보통학교를 나와 군 서기로 취직했지만 정식으로 채용되지 못하고 퇴직한다. 군산으로 건너와 은행과 회사 등을 전전하다 나이가 들어 월급 하층민이 되었다. 가족은 그날 먹을 것도 없을 정도로 가난하다. 정주사는 정규직으로 취직하지 못하고 지인으로부터 푼돈을 빌려서 미두장에 걸었다가 날리고만 있다.

가족은 아버지, 어머니, 장녀 초봉(연재 시작했을 때 21세), 차녀 계봉(17세), 장남 형주(14세), 차남 병주 이렇게 6인이다. 집에는 의사 견습생인 승재라는 청년이 하숙을 하고 있고 초봉이 약국에서 일해서 버는 약간의 수입과 이 하숙비가 일가를 유지하고 있다.

장녀 초봉과 승재는 서로 좋아하지만 아버지 정주사는 빚을 갚고 사업을 시작할 자금을 얻기 위해 초봉을 은행원인 태수와 결혼시킨다.

태수 역시 은행돈을 유용하여 미두장에 다니고 있다. 큰 손해를 보고 어려운 입장에 있다. 그에게는 깡패 친구인 장형보가 있다. 교활한 인물이다. 장형보는 초봉을 자기 것으로 하려고 획책하고 있다.

장형보는 태수가 바람피우는 현장을 상대 여성의 남편에게 밀고한다. 격노한 남편은 두 사람을 현장에서 때려죽인다. 초봉은 경성으로 이사하여 군산에서 일하던 약국 주인 박제호와 첩살림을 차리지만 장형보에게 들킨다. 초봉은 전 남편 태수의 아이를 낳는다. 송희라고 이름 지었다. 장형보는 박제호에게 집요하게 아첨하여 결국은 억지로 초봉의 남편이 된다.

이름뿐인 부부와 원래 남편과의 사이에서 낳은 아이, 그리고 여동생 계봉 이렇게 네 사람이 살던 중 아이를 학대하는 장형보를 초봉이 죽인다.

「탁류」의 일본어 번역본이『한국문학명작선』(사에구사 도시카츠(三枝壽勝) 역, 講談社)에 들어 있다. 역자에 따르면 판소리라는 전라도 특유의 구어체로 쓰여 있지만 역문에서는 그것을 맛볼 수 없다고 했다. 제임스 조이

스의 『율리시스』와 비슷한가?

판소리는 한을 노래한다.

한은 아는 바와 같이 한국·조선인들이 가진 독특한 정신이다. 민족적 토대라고 해야 할지도 모르겠다. 한국에서는 최근 한이 원인이 되어 몸을 상하게 하는 화병이 인정될 정도이다.

'한'은 물론 일본어의 '원망'과는 다르다. 단적으로 말하면 실현할 수 없는 바람이라고 할까?

한국 영화 「서편제」는 판소리와 한을 주제로 하고 있다. 채만식의 「탁류」를 더 잘 이해하기 위해서 봐 두면 좋을 영화이다.

그런데 「탁류」에 일본인이 등장하지는 않는다. 다만 행간으로 일본을 읽어낼 수는 있다. 제15장 식욕의 방법론에 승재가 가난한 조선 아이들에게 산술을 가르치는 모습이 그려진다. 식민지 조선의 교육기관은 보통학교지만 너무 가난해서 다닐 수 없는 아이들도 많았다. 군산에서는 승재 등 유지에 의해 야학 교실이 열렸다.

승재는 노력한 보람으로 의사가 되기 위한 최종시험에 합격하고 친구와 개업을 하기 위해 경성으로 이사하게 된다.

이 장면은 승재의 마지막 수업. 승재는 아이들에게 장래 무엇이 되고 싶은지 묻는다.

조금 영악한 창윤은 "선생님처럼 돼요."라고 대답한다. 그 이유는 선생님이 좋아서. 승재는 속으로 '이 쥐 같은 놈'이라고 웃는다.

다음에 일어선 것은 맨 뒷줄에서 가장 머리가 큰 아이. 얼굴은 야무진 데가 없고 조금 둔해 보인다. 그는 "조선총독부가 될래요."라고 대답한다. 월급을 많이 받고 마구 돈을 쓰는 것이 그의 장래 희망이다.

그 다음은 종쇠라는 열두어 살 먹은 남자아이. 콧물이 흐르고 때가 덕

지덕지 앉은 옷을 입고 있다.

"종쇠도 대답해 볼래?"

"순사요."

"순? 사?"

뒷줄에서 두어 놈이 킥킥거리고 웃는다. 웃는 소리에 종쇠는 가뜩이나 주눅이 들어서 고개를 깊이 떨어뜨린다.

"그래? 순사가 되고 싶다?"

"네에."

"응, 순사가 되고 싶다…. 그런데 어째서?"

"저어…."

"응."

"저어, 우리 아버지가…."

종쇠는 그 뒷말을 다 하지 못하고 손가락을 깨문다.

"그래 느이 아버지가 순사가 되라고 그러시든?"

"아니요."

"그럼?"

"우리 아버지, 잡아가지 말게요."

승재는 당황한다. 아까보다 더 여러 놈이 웃는 것을 나무라면서 종쇠더러,

"종쇠, 너 순사가 느이 아버지 붙잡아가든? 응?"

"네에."

"온, 저걸!"

전서방이라고 사쟁이에서 살고 선창에서 지게벌이로 겨우 먹고 사는데, 며칠 전에 다리를 삐었다고 승재한테 옥도정기까지 얻어간 사람이다. 그리고 집

에는 아내와 종쇠가 맨 우두머리로 젖먹이까지 아이들이 넷이나 되는 것도 승재는 횅하니 알고 있다.

"…그래, 언제 그랬니?" …(중략)…

"어저께 저녁에요."

"으응. 근데 왜? 어쩌다가?"

"저어…."

"응, 누구하고 싸웠나?"

"쌀을 훔쳐다 먹었다구…."

승재가 아뿔싸! 여러 아이들이 듣는 데서 물을 말이 아닌걸 그랬다고 뉘우쳤으나 이미 늦었다. 그는 저도 모르게 사나운 얼굴로 다른 아이들을 휘익 둘러본다. 선생의 무서운 얼굴에 겁들이 나서 죄다 천연스럽게 앉아 있고 한 놈도 웃거나 소곤거리는 놈이 없다.

승재는 이윽고 안색을 눅이고 한숨을 내쉬면서 풀기 없이 교단으로 다시 올라선다.

"그래, 종쇠야."

"네에?"

"넌 그래서 순사가 되겠단 말이지? … 느이 아버지가 남의 쌀을 몰래 갖다 먹어두 너는 잡아가지 않겠단 말이지?"

"네에."

"응, 그래. 느이 아버지를 붙잡아가지 않게 순사가 되겠단 말이지?"

"네에."

"그럼 남의 쌀을 몰래 갖다 먹은 아버진 착한 아버지란 말이지?"

"아뇨."

"아냐?"

"네."

"그럼 나쁜 아버진가? 종쇠랑 동생들이랑 배고파하니깐 밥해 먹으라구 그래서 그랬는데."

"그러니깐 난 아버지 붙잡아 안 가요."

승재는 슬픈 동화를 읽는 것 같아 눈갓이 매워오고, 목이 메어 더 말을 하지 못했다. (사에구사 도시카츠 역, 「탁류」, 372~374쪽)

식민지 시대의 군산에서는 이런 아이들이 살고 있었던 것이다.

뜻은 잘 모르겠지만 조선총독부(조선 총독을 잘못 말한 것이지만)가 되면 돈을 벌고 엄청나게 쓰는 것은 알고 있다. 청일전쟁, 러일전쟁 그리고 「탁류」가 연재된 중일전쟁 초기에는 모두 일본이 이겼기 때문에 그럴 때 친일로 전향하는 사람들이 증가했다고 한다. 그 중에는 조선총독부의 일을 하는 사람도 있어서 호사스런 생활을 하고 있었을 것이다. 자기 나라가 총독부에게 빼앗기고 그것이 빈곤의 원인이라는 것을 알지 못하고, 장래에 하필 조선 총독이 되고 싶다고 말하는 아이의 꿈이 슬프다.

종쇠의 이야기에 승재가 흘리는 눈물은 채만식의 눈물이기도 하다. 이 눈물을 필자도 공유한다.

「탁류」에 일본인은 등장하지 않지만 식민지 조선의 실태는 제대로 그려져 있다.

채만식이 일본인을 그리지 않은 이유는 검열 문제 외에 한 가지가 더 있지 않을까 싶다. 그것은 식민지 조선에서의 생활, 그것이 어떤 상황일지라도 인생을 소중하게 살아가자는 메시지를 채만식은 담고자 했던 것이 아닐까? 주체는 자기 자신, 즉 고국을 빼앗긴 조선인이다. 그렇기 때문에 「탁류」에 일본인이 등장할 곳은 없다.

그렇게 생각하고 등장인물을 직시해 보면 그들은 모두 각각 식민지 조선에서 살아가는 사람들의 실태를 상징하고 있는 것처럼 보인다.

무능한 정주사는 시대의 변화에 대응하지 못하고 영락해 가는 사람들을 나타내고, 초봉의 남편이자 은행원인 태수는 새로운 시대의 흐름 속에서 이기주의로 치닫는 사람들을 나타내는 것처럼 보인다. 교활한 장형보는 선악의 기준조차 내버린, 인간성을 상실한 사람들이다.

주인공 초봉은 조선 그 자체이다.

청순하기는 하지만 자기 인식이 희박해서 언제나 흘러가는 대로 몸을 맡겨버리고 남자들에게 희롱을 당한다. 계속 침략당하는 것이다. 장형보가 초봉을 내 것으로 하기 위해 후원자인 박제호에게 손 떼게 하려는 장면이 있다. 초봉의 기분 따위는 전혀 생각하지 않는 그들의 이야기에 초봉은 처음으로 큰소리를 치며 "모두 나가 버려, 당신들!" 하고 절규한다. 모두란 초봉, 즉 조선을 침략하고 약탈하는 자들과 중첩된다. 그러나 나를 잃어버리고 갓난아기의 울음소리도 들리지 않을 정도로 흥분해서 외쳐도 때는 이미 늦어서 어떻게도 할 수 없다.

이런 식민지 조선에서 간신히 희망을 거는 것이 초봉의 동생 계봉과 승재이다. 채만식은 승재를 휴머니스트로 만들어 그 위약함에 약간의 불안을 품고 있는 것 같지만 초봉의 동생 계봉에게는 강한 기대를 걸고 있다.

「탁류」 연재가 끝나고 그 이듬해인 1939년 채만식은 「탁류」의 후일담을 『동아일보』에 게재했다.

『동아일보』에서는 채만식이 작중 인물인 계봉을 만난 이야기가 게재되었다. 경성 변화가인 종로의 찻집에서 채만식은 계봉에게 그 후의 이야기를 듣는다. 사건이 있은 지 3년이 지났다. 초봉은 복역 중이고 승재는 병원에 근무하며, 계봉은 승재와 동거하면서 초봉의 딸 송희를 맡아 기르고 있다. 그러나 결혼은 하지 않았다. 이것은 계봉의 자립정신을 상징하는 것으로 생각된다. 식민지 조선 사람들에게 바라는 것은 계봉과 같이 자기를 잃지 않는 삶의 모습이라고 채만식은 말하고 있는 듯하다.

"앗! 꽤나 젊다고 생각하고 있었는데 지금 보니 백발 할아버지구만! 하하하." 말하고 눈을 떴다. 꿈이었다. 이때 채만식이 37세였으므로 백발 할아버지는 아니다. 계봉 앞에서는 노인이어도 상관없고 그 뒤는 발랄한 당신들한테 맡기고 싶다는 채만식의 바람이 담겨 있다고 생각된다.

엄격한 검열에도 불구하고 채만식은 「탁류」를 썼다. 「님의 침묵」이 한용운의 투쟁이었던 것처럼 「탁류」는 채만식의 투쟁이었다.

군산근대역사박물관

군산에는 2011년 9월에 개관한 군산근대역사박물관이 있다. 필자가 방문한 것이 2011년 10월이었으니까 개관한 지 얼마 안 되었을 때이다.

이곳은 구 일본세관과 인접하여 식민지 당시에는 일본으로 반출되는 쌀이 산처럼 쌓였던 곳이다. 건물 뒤에는 쌀을 운반하던 선로가 아직 남아 있다. 약 4000점의 자료를 소장하고 있는데 과반수가 군산 시민이 기증한 것이다.

이 박물관은 지하 1층 지상 3층짜리 건물로 총면적 약 1200평이다. 1층에서는 고대부터 근대까지 전시하고 2층에서는 1930년 당시(즉 식민지시대)의 군산을 재현하고 있다. 근대역사박물관이라는 이름답게 2층의 전시가 이 박물관의 중심이다.

술집, 상점, 쌀 거래소, 군산항의 뜬다리(부잔교) 등이 재현되어 당시의 군산을 체험할 수 있다. 인력거에 타 볼 수도 있어서 멋있는 기념사진을 찍을 수 있다.

식민지 당시의 군산 거리가 커다란 디오라마로 전시되어 있다.

군산은 3·1운동에 일찌감치 호응하여 4일 후인 3월 5일에 그리스도교계 학교 여학생들이 시위를 벌인 것으로 알려져 있다. 관헌과 대치하는 여학생들의 모형도 있다. 그 그리스도교계 학교의 일부도 재현되어 있는데 그곳에는 민족의 독립운동을 위해 싸운 군산 사람들에 관한 귀중한 자료가 전시되어 있다.

앞마당에도 전시품이 있다.

디딜방아, 각종 농기구, 정원을 장식했을 돌 수조, 절구 등등.

흥미로운 것은 보국탑이라는 문자가 새겨진 돌. 보국탑은 앞의 '군산의 명사들'에서 군산을 대표하는 미곡상으로 언급된 모리 기쿠고로가 월명산에 세운 것이다. 고도 부여의 고찰 정림사 오층탑을 모방해서 만든 오층석탑이다. 비문에는 세 성자, 즉 석가, 그리스도, 공자를 모셔서 보

군산근대역사박물관. 왼쪽에 구 세관 건물이 있다.

국의 충심을 바친다고 적혀 있다.

한국에서는 이들 식민지 시대의 것을 일제 잔재물이라고 부른다. 보국탑은 1995년에 파괴되어 그대로 버려졌다가 근대역사박물관이 개관되자 앞마당에 전시되었다.

참고로 일본 가옥은 적산 가옥이라고 불린다. 현재 군산에는 한국에서 가장 많은 약 170여 채의 일본 가옥이 남아 있다. 적산 가옥들은 개조되어 주택이 되거나 식당이 되기도 했는데 외관에 일본 가옥의 흔적이 남아 있다. 시가 관리하고 있는 히로쓰 가옥(廣津邸)은 당시 모습 그대로 유지하고 있어서 안으로 들어가면 군산에 와 있다는 것을 잊어버릴 정도이다.

해안에서 가까운 구 본정 1정목에는 조선은행이 남아 있다. 「탁류」의 태수(초봉의 남편)가 근무하던 은행이다.

박물관 앞마당에 전시되어 있는 보국탑 비석

일제 잔재물과 적산 가옥을 보존하느냐 없애느냐 하는 것은 오랫동안 군산의 현안이었다. 지금은 없앤다고 해서 어두운 기억이 사라지는 것은 아니니 남겨서 교훈으로 삼자는 의식이 높아졌다고 한다.

근대역사박물관 근처에 군산신사 터가 있다. 돌계단이 당시 그대로라는 말을 듣고 보러 갔다. 자료에 따르면 정면에 넓은 참배로가 있고 근사한 돌계단이 설치되어 있었다고 한다. 이거야말로 귀중한 일제 잔재물이라고 가슴 설레었지만 실제 현장을 가보니 실로 소박한 것이었다. 게다가 안타깝게도 기대했던 참배로의 돌계단이 아니었다. 어쩌면 신사의 뒷길인지도 모르겠다.

돌계단을 올라 군산신사 터로 향했다. 자그마한 조립식 주택(아동 시설 같다)이 세워져 있고 주위에는 초목이 무성했다. 도저히 이곳에 신사가 있었다고는 상상할 수 없었다. 지금은 전혀 사용하지 않는 것처럼 보였다. 참배로가 있던 방향은 아래 도로와 차단되어 있어서 이곳에 오기 위해서는 이 소박한 돌계단을 오를 수밖에 없다.

당시 이곳은 군산항을 내려다볼 수 있는 좋은 위치였다. 군산이 가장 시끌벅적했던 신년 대매출 때에는 나들이옷을 입은 일본인들이 많이 왔을 것이다. 한편 황민화를 도모하기 위해 조선인들은 참배도 강요당했을 것이다. 이런 감개무량함에 젖어 무슨 흔적이라도 있는지 찾아 헤맸다. 유일하게 당시를 떠올리게 한 것은 가지가 제멋대로 뻗은 소나무였다.

군산을 찾아오는 일본인은 그다지 많지 않다. 하물며 일제 식민지 시대를 기록한 근대역사박물관에 발을 들여놓는 일본인은 더욱더 적을 것이다. 이 벽을 깨지 않으면 안 된다고 생각한다.

자료 수 4000점도 아직은 적다. 일본에도 수많은 자료들이 잠들어 있지 않을까? 필자는 일전에 1937년에 군산상공회의소가 근속 종업원에게 증정한 상공회의소 창립 30주년 기념 표창 메달을 입수했다. 그것을 근대역사박물관에 기증했다.

근대역사박물관은 군산과 일본을 연결하는 가교이다. 그 충실함을 기하기 위해 일한 양국의 협력이 필요하다.

새만금 축제

일본인이 떠난 뒤 군산은 한국전쟁에 휩싸였다. 한때 북측에 점거되었던 적도 있었다. 현재 군산에는 미군 공군기지가 있어서 남북의 긴장이 감도는 도시다.

쌀 반출 항이었던 장소에는 소공원이 만들어져 한국전쟁 당시의 전투기나 자주포, 배 등이 전시되어 있다. 내가 숙박했던 호텔에서도 미군 병사의 모습을 볼 수 있었다.

군산은 1995년 불이흥업이 간척한 옥구군과 합병하여 현재 인구는 30만 명으로 공업화에 힘쓰고 있다. 일본인이 거주하던 일대(구 중심부)는 군산 시 전체로 보면 작은 구역으로 지금은 사방으로 확장되고 있다.

그 사방에는 서쪽 바다(황해)도 포함된다. 그래서 한국 최대의 간척 사업을 전개 중이다. 새만금간척사업이라고 불린다. 군산의 금강 하구에서 남쪽으로 만경의 경천 하구를 거쳐 김제 동진강 하구에 이르는 33킬로미터의 방조제가 만들어졌다. 새만금의 새는 '새롭다'의 새이고, 만은 '만경'의 만, 금은 '김제'의 금金이다.

끝없이 이어져 그 끝이 보이지 않는 방파제는 이사하야만(諫早灣) 간척[55]

---

[55] 아리아케 해(有明海)의 중앙부 서쪽 기슭에서 남서쪽으로 들어간 만을 이사하야만이라고 하는데, 얕은 바다의 갯벌을 이용하여 옛날부터 간척이 이루어졌다. 1989년부터 국가 주도로 진행한 이사하야만 간척 사업이 유명해 전체를 포함한 환경 보전 차원의 쟁점이 되고 있다.

새만금 축제에서 재현되는 군산의 3·5독립운동(『중앙일보 일본어판』, 2011년 3월 2일)

의 제방을 연상시킨다. 이사하야만 간척의 제방이 7킬로미터니까 새만금 방파제는 그것의 대략 5배나 된다.

15년 걸려 방파제가 2006년 완성되어 현재 광대한 육지가 생기려고 하고 있다. 이 육지에는 농지 조성, 공장 유치 외에 골프장 등 레저 시설의 건설도 계획되어 있다. 한편 군산 일대는 철새 도래지로도 유명하며 자연 자원이 풍부한 곳이지만 이 간척 사업으로 생태계가 파괴되는 것은 아닌지 염려하는 사람들도 있다.

새만금이 궤도에 오르면 군산이 새로운 시대를 맞이하는 것은 확실하다.

시는 봄에 새만금 축제를 개최한다. 기간은 벚꽃 개화 시기에 맞춰 결정된다. 2011년에는 4월 8일부터 개최되었다. 퍼레이드 모습을 유튜브로도 볼 수 있다(주소는 http://www.youtube.com/watch?v=ctTAQEUYeW8).

조선풍의 악대에 이어 야구팀(군산은 야구로 유명), 플로트에 올라탄 미녀들, 브라스밴드 등이 행진한다. 그 중에 군산의 3·5운동을 재현하는 무리도 있다.

　앞에서 말했지만 군산은 3·1운동에 일찌감치 호응하였고, 3월 5일에 시위를 했다. 이것은 지금도 군산의 자랑이다. 3·5퍼레이드에서는 촌극도 한다. 촌극에는 조선 사람들이 일본 칼에 베이는 장면도 있다.

　경제적 발전을 목표로 하는 군산이지만 식민지 시대의 고뇌를 잊을 수는 없다. 혹은 한이 되어 그리고 평화의 희구가 되어 현재 진행형인 역사를 살고 있다.

　군사기지는 성 산업을 발달시킨다.

　그 일에 종사하는 여성들 사이에서는 '군산은 마지막에 오는 곳'으로 알려져 있다고 한다. 원형이 일본인 거류민회가 만든 유곽임은 두말할 필요도 없다. 일본인이 와서 도시를 형성하기 전의 군산은 조용한 마을이었을 것이므로.

　군산에서 내가 배울 것이 많다.

제3절

군산 동국사의 보존에 대해

군산 방문

　2011년 10월 30일에 동일본대지진으로 운항이 중지되었던 아오모리-인천 노선 운항이 재개되었다. 재개되자마자 첫 비행기로 한국으로 향하였다. 기내식으로는 운항 재개를 축하하여 삼계탕이 특별히 서비스되었다. 맛있었다.

　일행은 필자 외에도 8월에 서울에 동행했던 ○선생과 친구, 아내 그리고 DVD 제작을 부탁한 영화감독, 이렇게 다섯 명이었다. 현지에서의 이동은 지난 8월에 해주었던 그 택시 기사가 맡아 주었다. 10월 30일에 각자 서울에 와서 전원이 얼굴을 마주한 것은 이튿날 아침이었다.

　체류 기간 중 날씨가 좋았던 것은 다행이었다. 3박 4일 일정으로 한국을 방문해서 그 중 1박 2일 동안 군산을 비디오로 찍을 예정이었기 때문에, 비가 온다고 해도 체류 기간을 연장하여 재촬영하기는 불가능했다. 하늘에 맡기는 수밖에 없었다.

택시를 타고 호텔에서 아침 8시 반에 출발하여 고속도로를 타고 남쪽으로 향했다. 도중에 휴게소에 한 번 들렀다. 단풍철이라서 그런지 휴게소는 사람들로 넘쳐났다.

서울에서 휴식을 포함해 약 세 시간, 일행은 드디어 군산 시내로 들어섰다. 8월에 김호성 교수가 소개해 준 군산에 드디어 온 것이다. 첫 번째 인상은 하늘이 넓다는 것과 도로가 넓다는 것(교외였으므로)이었다. 숙소는 중심가에서 조금 서쪽으로 떨어진 모텔촌에 잡았다. 숙소에서 현지 통역을 부탁한 김춘호 씨와 합류했다. 김춘호 씨는 김호성 교수에게 소개받은 동국대학교 강사로, 일본에서 6년간 공부하여 박사학위를 취득했다. 전공은 비문 연구.

점심은 숙소 근처에서 먹었다. 불고기를 먹고 있자니 창문으로 월명산이 보였다. 이 산 기슭에 동국사(구 금강사)가 있다.

월명산은 군산 구 중심부와 확장되는 신시가지의 경계를 이루고 있다. 그곳에는 배의 돛대를 상징해서 만든 하얀 탑이 서 있는데 이 탑을 기준으로 삼으면 내가 어디쯤에 있는지 쉽게 알 수 있다.

월명산은 또 벚꽃의 명소이다. 일본인이 심은 것이냐고 물었더니 아니라고 한다. 당연한 대답이다. 일본인은 벚꽃을 좋아하니까 군산에도 벚꽃을 심고 봄이 되면 고향을 그리워하며 꽃구경을 했을 것이다. 그러나 그것은 일제 잔재물.

점심식사 후 숙소에서 승복으로 갈아입고 동국사로 향했다. 차는 월명산 터널을 지나 구시가지로 들어갔다. 도로가 좁게 얽혀 있다. 그리고 가는 곳마다(이것은 과장이 아니다) 일본 가옥이 서 있다.

일본 가옥의 특징은 차양에 있다. 햇빛을 가리거나 비를 피하기 위한 작은 지붕이 한국 건물에는 없다. 일본의 유명한 속담에 "일부를 빌려 주었다가 전부를 빼앗기게 된다."라는 말이 있다고 통역에게 말하고 나서 속으로 아차 싶었다. 한국 사람 입장에서 보면 그다지 좋은 말은 아니었던 것이다. 왜냐면 이 속담대로 돼버렸으니까.

건축 얘기를 하자면 앞에서 소개한 히로쓰 가옥에 덧문이 있는데 이것도 한국에서는 볼 수 없다고 한다. 채만식의 「탁류」에서 초봉의 남편 태수가 바람을 피우다 발각되어 맞아죽는 장면이 있는데, '바람피우던 상대 여자의 남편이 장형보의 밀고로 아내가 바람피운다는 사실을 알고 바람피우는 현장을 잡기 위해 몰래 덧문의 빗장을 벗겨두었다가, 한밤중에 그 덧문을 통해 집으로 들어와 흉악한 범행을 저질렀다'고 한 것을 보면 당시 일본식 건물이 식민지 조선 사람들한테까지도 퍼져 있었던 것 같아 사실 여부를 물었더니 그런 것은 아니라고 했다.

리모델링이 된 집, 지붕의 기와가 무너질 듯한 집, 편의점, 식당, 연립주택, 근사한 대문 구조의 집 등. 차 안에서 여기 저기 손가락질하며 흥분했다.

우리가 방문한 때는 식민지 시대의 군산에서는 대망의 햅쌀이 나오기 시작하여 쌀시장이 활기를 띠는 시기였다. 식민지 군산은 이때쯤 여름의 한가한 세월에서 깨어나 바빠졌다. 잠시 동안 골목에서 일본인이 불쑥 얼굴을 내밀 것 같은 착각에 빠졌다.

역사의 증인 동국사

구시가지를 남쪽으로 빠져나간 곳에 동국사가 있다. 유곽 거리가 있던 산수정에서 가깝다. 그 말은 곧 이 절이 원래 교외에 있었다는 말이 된다.

해방 전 군산에는 각 종파의 절이 있었지만 동국사 이외에는 모두 사라졌다. 시내 중심부에 있던 적산 사원이 파괴를 피하기는 쉽지 않았을 것이다. 당시 동국사 주변은 어른도 혼자 걷기를 꺼릴 정도로 한적한 지역으로 이 또한 파괴를 면하게 된 요인 가운데 하나였지 않았을까 싶다.

자동차 두 대가 겨우 비켜갈 정도의 좁은 길을 가자 오른쪽에 동국사 문이 있었다. 이곳에 도착하기까지 몇 번이나 길을 헤매서 한동안 입을 다물고 있었다. 문은 두 개였다. 첫 번째 문은 도로가에 있었고, 두 번째 문은 경내 입구에 있었다. 경내 입구에 있는 문이 오래되었다. 문에는 금강사라는 절 이름이 새겨져 있다.

도로가에 있는 문은 필자의 상상으로 어쩌면 군이 설치한 것이 아닐까 싶다. 왜냐하면 금강사에는 일본군 장병의 유골이 안치되어 있었기 때문이다. 문 위쪽은 사각 추로 되어 있다. 이것은 군이 좋아했던 형태이다. 영령을 보호했을 것이다.

첫 번째 문과 두 번째 문 사이에는 짧은 오르막길이 있다. 두 번째 문을 지나면 오른쪽으로 떡하니 동국사 본당의 커다란 지붕이 보인다. 경내가 그다지 넓지 않기도 하거니와 갑자기 모습을 드러내기도 하여 커다란 지붕은 보는 사람을 압도했다.

본당의 오른쪽은 요사채인데 복도로 이어져 있다. 나남의 남선사와 같은 구조이다. 경내에는 종루가 있다. 전쟁 때 금속 공출을 피한 범종이 걸려 있다. 기증자의 이름도 확인할 수 있었다. 군산에서 살았던 사람 중에 저녁때가 되면 종소리가 들리던 일, 섣달 그믐날에는 제야의 종소리가 들렸던 것을 기억하고 있는 사람도 있다. 이 범종은 지금은 치지 않는 듯 당목이 썩어 있었다. 종루 정면에 돌 수조가 있다. 잡초가 무성해서 언뜻 보기에 꽃을 심은 화분처럼 보인다. 이 돌 수조에 대본산 에이헤이 사의 문양이 새겨져 있었다.

동국사는 1945년 8월 15일까지는 조동종 금강사였다. 여기서 금강사의 역사와 역대 주지에 대해 살펴보자.

초대 우치다 붓칸

때는 한국 병합 1년 전인 1909년까지 거슬러 올라간다. 전술한 대로 군산은 조계지로 외국에 개방되어 이곳에 이미 3220명의 일본인이 살고 있었다. 여기에 77세라는 고령으로 조동종 승려 우치다 붓칸(內田佛觀, 1832년 6월 3일~1916년 10월 18일)이 왔다. 그는 돗토리 현 출신으로 1866년에 오카야마(岡山) 현 가와카미(川上) 군 뇨이린 사(如意輪寺)의 주지가 되었고, 1871년에는 돗토리 현 도하쿠 군(東伯郡) 안락쿠 사(安樂寺)로 이사했다. 1881년 사이하쿠 군(西伯郡) 쇼후쿠 사(正福寺)의 주지가 된 후 1898년에는 요나코(米子)의 소센 사(總泉寺)로 옮겼고, 1902년에는 구마모토 현 아마쿠사 도코 사(東向寺)의 주지에 취임했다. 총 다섯 사찰의 주지를 맡은 것이다. 그리고 한국으로 건너왔다.

우치다 붓칸에 관한 자료가 적어서 상세한 것은 아직 확실하지 않지만 에도시대부터 메이지 시대까지 살았던 조동종 승려로 시대의 급격한 변화에 노출되었을 것이라는 점은 상상할 수 있다.

1882년 후쿠자와 유키치는 『시사신보』 제11호 사설에 승려론에 대해 게재하여 일본 승려의 부진을 한탄했다. 당시 우치다 붓칸은 50세로 돗토리 현 사이하쿠 군 쇼후쿠 사의 주지를 맡고 있던 때로 이에 관해 불교계가 위기 상황에 있다는 점과 불교인이 반성하고 분발해야 한다는 의견을 『명교신지明敎新誌』(1883년 2월 16일, 제1459호)에 기고했다. 우치다 붓칸은 불교 근대화에 진지하게 임했던 불교인이었다고 생각된다. 77세라는 고령임에도 불구하고 군산에서 포교했던 이유의 일면을 알 수 있지 않을까?

　우치다 붓칸은 1909년 군산 일본 조계지 1조통의 민가를 빌려 포교를 시작했다. 그곳에서 미야자키 가타로(위의 '쌀의 군산' 참조)와 만났다. 미야자키는 이미 사업에서 성공을 거두어 대지주가 되어 있었다. 우치다 붓칸이 내지에서 마지막으로 주지를 맡았던 사원이 있는 구마모토 현 아마쿠사는 신기하게도 미야자키의 고향이기도 했다. 동향이라는 인연으로 두 사람은 친교가 더 두터워졌다.

　미야자키 가타로, 오사와 도지로(위의 '군산의 명사들' 참조), 시모다 기치타로(下田吉太郎) 이 세 사람이 단도檀徒의 대표가 되어 사원 건축을 주도했다. 미야자키는 신흥동에 소유한 토지를 기부하여 1909년 7월 이미 당우 건설에 들어갔다. 그리고 1914년 모든 당우가 완공되었다. 300평의 경내에 25평의 본당(본당 왼쪽에 인접하여 4평의 개산당)과 12평의 요사채가 지어졌다.

　전술한 대로 포교소에서 사원으로 승격하기 위해서는 총독부의 허가가 필요했는데 군산포교소가 금강사라고 공칭되기까지는 수년이 걸렸다.

　그 경위가 동국사에서 받은 자료에 기록되어 있었다.(한국 국가기록원 소장)

　총독부에 허가를 신청하기 위해서는 전 단계로 조동종의 허가를 받아야 했다. 조동종은 관장 이시카와 소도(石川素童)의 명으로 1915년 12월 25일 금강사 사원 창립 승인서를 발행했다. 이것을 첨부하여 이듬해 1월 25일 총독부에 사원창립원을 제출했다.

　여기서 문제가 발생했다.

　총독부에서는 사원 창립 허가를 발행하는데, 규칙 및 내규를 만들어 놓고 일정 기준을 충족하지 않으면 허가를 하지 않았다. 그 기준이란

- **건물 평수**(본당 요사채 겸용일 때는 40평 이상)

  본당　　　　　　　25평 이상

  요사채　　　　　　25평 이상

  경내　　　　　　　300평 이상

- **유지 방법**　확실한 수입 500엔 이상(연 수입. 필자 주)

- **단신도원 수**　　200호 이상

이었다.

　군산포교소의 경우 본당 및 경내에 대해서는 기준을 충족하고 있었지만 요사채는 13평이 모자랐다. 또 유지 방법과 단신도원 수도 약간 기준을 밑돌았다. 이대로는 허가가 나지 않는다. 그래서 생각한 것이 유력자에 의한 주선이었다.

　미야자키 가타로는 군산의 명사 중의 명사였다. 그 인맥으로 전라북도 도지사가 참고 의견을 첨부해 준 것이다. 참고 의견에는 "…(중략)… 다이쇼 3년(1914년. 역자) 중에 창립된 것으로 창립비 지급 방법 및 기타는 원서에 기재한 대로 사실과 다름없고 또한 출원인은 해당 지방에서 상당한 지위와 덕망 및 자산을 가진 자로 허가를 해 주시옵기를 바라며 서류 제출 및 참고 의견을 제출하옵니다."라고 되어 있다. 이렇게 해서 1916년 9월 28일 부로 금강사는 총독부로부터 사명 공칭 허가를 얻을 수 있었다.

　사명 공칭의 허가는 그해 10월 2일 자 『조선총독부 관보』에 게재되었다. 우치다 붓칸이 죽기 겨우 16일 전의 일이었다. 우치다 붓칸은 병상에 누워서 금강사의 사명 공칭의 허가 소식을 들었을 것이다. 우치다 붓칸의 바람은 죽음에 임박해서 겨우 달성되었다.

이 부분을 정리하는 뜻으로 우치다 붓칸이 쓴 금강사 창립 사유를 첨부한다.

> 오른쪽(조동종 군산포교소. 필자) 사항은 …(중략)… 교의를 선포하고 단신도가 안심 입명을 할 수 있도록 하고 자타의 행복을 증진하고 충군 애국의 정신을 고무하며 오늘에 이르렀다. 사원의 공칭 확립을 확인함으로써 또한 단도가 점차 증가함에 따라…. (이하 생략)

2대 나가오카 겐테이

금강사는 명실공히 사원이 되었기 때문에 당면 과제는 규모 확대였다. 우치다 붓칸의 뒤를 이은 사람은 나가오카 겐테이(長岡玄鼎)다. 그는 1916년 11월 14일 부로 금강사 주지에 취임했다. 우치다 붓칸이 기초를 쌓았다면 나가오카 겐테이는 내용에 충실을 기했다고 할 것이다.

나가오카는 돗토리 현 출신으로 우치다 붓칸과 동향이다. 금강사 주지에 취임한 경위는 확실치 않으나 후계자를 우치다 붓칸과 동향인 승려 중에서 찾은 것이 아닐까 싶다.

군산에는 거류민 시대에 설립된 군산유치원이 있었다. 그것이 군산학교조합의 재정 긴축 방침의 여파로 1918년에 민간에게 이관되었다. 이때 떠맡은 곳이 군산의 불교계였다. 그 중에서도 나가오카 겐테이는 유치원 경영에 적극적이었다. 그 관계로 초대 원장에는 금강사 총대표인 미야자키 가타로가 취임하여 경제적으로 크게 이바지했다.

1919년 아라이 세키젠이 조만 순석을 했을 때 금강사를 방문했다. 양대 본산을 대표한 방문은 금강사로서는 더할 나위 없는 명예였다. 금강사의 범종은 아라이 세키젠의 방문과 같은 해에 완성되었다. 순석을 기념하여 주조했을 것이다. 범종에는 기증자 이름과 함께 다음과 같은 글이 새겨져 있다.

  錦江利裡 月明山前

  梵鐘新拭 禮樂萬千

  這般法器 功用旣圓

  佛門規模 度群生緣

  鯨音緬吼 通天徹泉 (鯨音 …… 鐘の音)

  諸檀善利 功德無邊

  所遮幾者 皇風永扇

  國利民福 內外伴堅

참고로 이 범종을 제작한 사람은 대본산 소지 사의 대범종 제작자로 알려진 다카하시 사이지로(高橋才治郞)이다.

아라이 세키젠은 금강사 신자에게 설법을 한 것 외에 군산에서 일반 강연도 했다. '청중이 상당히 많았다'고 『군산개항사』(1925)에 기록되어 있다.

나가오카는 본당의 뒷산을 관음영장으로 만들어 그곳에 33석불을 안치했다. 사이고쿠(西國) 33관음순례를 모방한 것이다. 조동종은 예로부터 관음 신앙이 활발하여 별명이 관음종觀音宗으로 불린 적도 있다. 이 석불들은 현재 종루에 안치되어 있다.

또 한 가지 조동종에서 활발했던 것이 수계회授戒會로 계명戒名을 주는 행사이다. 일정 기간 참가하여 수행하면 계명을 적은 혈맥血脈[56]이 수여

---

[56] 불교에서 교법이 스승으로부터 제자로 전해지는 것을 신체의 혈관에 피가 흐르는 것에 비유한 것으로, 그 지속성과 동일성을 나타낸다.

된다. 조동종은 혈맥종血脈宗이라고 불리기도 했다.

지금은 계명이 사후에 주어지는 것이 일반적이지만 예전에는 이처럼 본인이 수행을 하여야만 받을 수 있었다. 이것이 불교 본래의 모습임은 말할 나위 없다. 오늘날 일본의 불교계는 계명에 값을 매기는 것에 대한 시비를 벌이고 있다. 원점으로 돌아가면 답은 저절로 보이지만 용기가 없는 것이다.

1922년 금강사에서 염원하던 수계회가 열렸다. 계사戒師로 모리구치 게이테츠(森口惠撤)를 초청했다. 모리구치 게이테츠는 우치다 붓칸이 군산에 오기 1년 전에 중국 동북부의 다롄에서 창안 사(常安寺)를 창립한 승려이다. 1937년에 신징별원(新京別院)[57]이 설치되기까지 창안 사는 만주 일대의 핵심 사원이었다. 같은 개교사라는 친밀감이 있었는지도 모른다. 참고로 모리구치 게이테츠는 1930년 전후 귀국하여, 대본산 에이헤이 사의 고문에 취임했다.

금강사에는 나가오카 겐테이가 수계년에 세운 발원비가 지금도 남아 있다.

나가오카 겐테이는 활발하게 활동했다. 1920년에는 멀리 떨어진 아키(安藝)[58]의 미야지마(宮島)에서 신체神體[59]의 분신을 봉안하여 변재천당을 신축했다. 변재천은 바다의 고난으로부터 몸을 지켜준다는 신으로 종파를 떠나 많은 참배객이 있었던 듯하다.

그리고 나가오카에게 주어진 최대의 일은 사원 재건이었다. 총독부와의 약속을 아직 이루지 못했던 것이다.

---

57 중국 지린 성(吉林省) 창춘(長春)에 있던 구 히가시혼간 사의 별원.
58 옛날 일본의 지방 행정구였던 영제국令制國의 하나로 현재의 히로시마 현 서부에 해당한다.
59 신도神道에서 신이 머문다고 하는 물체로 예배의 대상이 된다.

미야자키 가타로, 오사와 도지로, 시모다 기치타로 이 세 사람이 단가의 총대표로서 중심이 되어 드디어 사원 재건에 착수했다. 동국사에는 상량 기원례가 남아 있다. 상량에는 쇼와 7년(1932년. 역자) 9월 25일이라는 날짜와 '當時二世嚴玄鼎代再建本堂庫裡開山堂'이라는 글씨가 적혀 있다.

그러나 필자의 추측으로 나가오카 겐테이는 그 완성을 보기 전에 죽은 것 같다.

왜냐하면 동국사의 두 번째 문에 '쇼와 9년 6월 길상일吉祥日'이라고 적혀 있는데 이 날짜는 문주를 세운 날이라기보다는 가람이 완성되고 낙성한 날이라고 생각하는 편이 자연스럽기 때문이다.

우치다 붓칸의 뒤를 이어 나가오카 겐테이는 오로지 금강사의 발전에 힘썼다. 『미야자키 가타로옹전』(비매품, 1938)에 나가오카인 듯한 승려의 모습이 찍혀 있다. 입가에 엷은 미소를 띠고 조용히 앉아 있다. 어딘가 미약한 느낌도 있다. 그러나 속으로는 강인한 정신력을 감추고 있었다. 나가오카 겐테이는 1933년 12월 27일 사망으로 금강사 주지를 퇴임했다(『조선총독부 관보』제2163호). 새 금강사가 낙성되기 1년 전이었다.

3대 아사노 데쓰젠

1932년 만주국이 성립됐다. 식민지 조선은 대륙의 병참기지로서 그 중요성이 높아졌다.

3대 주지로 이제 막 새로 건립된 금강사에 들어온 것은 아사노 데쓰젠(淺野哲禪)이었다. 당시 조선포교총감은 다카시나 로센(高階瀧仙)이었다. 아사노 데쓰젠은 시즈오카 현의 명찰 가스이사이(可睡齋)에서 감사로 있다가 다카시나 로센에게 등용되었다. 다카시나 로센은 조선포교총감 취임 시 아사노 데쓰젠을 경성 별원의 원대院代[60]에 추천하였다. 이후 두 사람은 약 10년 동안 조선 개교에 종사했다. 금강사에는 경성 별원에서 직접 파견된 것이다.

아사노 데쓰젠은 1897년 4월 6일 아이치 현에서 태어났다. 조동종대학을 졸업한 후 대본산 에이헤이 사 교육계, 종승연구학생을 거쳐 양대본산 순회 포교사가 되어 1930년 경성 별원 주재 포교사, 즉 원대에 취임했다. 그 사이 1925년에 육군 보병 소위에 임관되었다. 아사노 데쓰젠은 말하자면 조동종의 엘리트였다. 경성 별원, 즉 조동종이 아사노 데쓰젠을 금강사로 파견한 것은 군산이 대륙의 병참기지로서 중요했기 때문이었을 것이다. 민심을 선무 교화할 필요가 있었다.

아사노 데쓰젠은 금강사 주지가 되고도 오로지 군산에만 머물지 않고 조동종의 명을 받아 각지에서 포교 활동을 했던 듯하며, 그 범위는 만주에까지 이르렀던 것으로 보인다.

아사노 데쓰젠의 사상은 어떤 것이었을까? 대본산 소지 사의 월간지 『쵸류』에 투고된 그의 글을 통해 살펴보자. 금강사를 사임하고 소지 사 단두單頭[61]로 취임하던 때의 일이다.

"현재의 종교사회를 볼 때 종아종견宗我宗見의 법론은 전혀 듣거나 보지 않은 채 …(중략)… 종파 종세 시대의 권력에 따른 침입, 확장만을 선전 …(중략)… 공연히 포교소 설치, 사원 건립만을 능사로 한 것은 아닐까?"(『쵸류』, 1939년 3월 5일)

종파 확장 문제를 언급할 때 아사노 데쓰젠의 뇌리에는 자신이 겪었던 조선에서의 경험도 떠올랐을 것이다. 타 종파와의 경합에 있어서 법론이

---

60 주지 대리인.
61 수행승의 지도 담당자.

무시당했던 현상을 아사노 데쓰젠은 한탄했다. 내용이 중요하다는 근본을 아사노는 소중히 했다. 그러면 그가 믿는 불교는 어떤 것이었을까?

아사노 데쓰젠은 이때의 전쟁을 일컬어 '팔굉일우를 실현하기 위한 성전'이라며 '국가를 우선하고 멸사를 철저히 하는 것은 황운부익 신도 실천皇運扶翼 臣道實踐'(『쵸류』, 1941년 10월 5일)이라 하였다. 게다가 '우리는 일본인이고 세계 추축국의 맹주로 자임'(『쵸류』, 1941년 3월 5일)해야 한다고 설파했다. 아사노 데쓰젠은 싱가포르 함락을 축하하며 다음과 같이 읊었다.

싱가포르 함락
대동아전쟁에서 싱가포르가 지금 함락되었다.
향불을 하나 바친다. 세계가 본래의 모습을 드러낸다.

아사노 데쓰젠의 불교는 군국주의를 보강하는 것으로 조동종의 전쟁 이데올로기를 수행한 한 사람이었다고 할 수 있을 것이다. 나중에 그가 지은 '不能屈一人之下者 不得心百人之上'이라는 이행시가 있다. 의역하면 '이따금 주저앉는 일이 있더라도 신앙심이 없는 자보다는 낫다'라는 뜻이다. 문제는 무엇을 어떻게 믿는가에 있다. 아사노 데쓰젠의 불교는 그가 종문의 엘리트였던 만큼 전쟁을 더욱더 부추기게 되었다.

1936년 2월에 금강사의 총대표 미야자키 가타로가 죽었다. 금강사뿐만 아니라 군산 최대 규모의 장례식이 거행되었다. 장례 깃발이 700개, 화환이 200개, 장례식 참가자는 2000명에 이르렀다. 장례식 주재는 다카시나 로센이, 부주재는 아사노 데쓰젠과 금강사 인근 사찰인 전주 완산사 주지 가시마 레이친(鹿島嶺椿)이 맡았다.

1936년 2월 5일 금강사에서 거행된 미야자키 가타로의 장례식(『미야자키 가타로옹전』, 1938)

다카시나 로센이 몸소 불자拂子[62]를 흔든 데는 이유가 있었다.

금강사 주지인 아사노 데쓰젠이 다카시나 로센과 각별한 사이였고 미야자키도 같은 규슈 사람이었다는 점도 있지만, 다카시나 로센은 미야자키 가타로에게 은혜를 입은 적이 있었던 것이다.

미야자키 가타로는 병을 치료하기 위해 후쿠오카에서 요양한 적이 있었는데 요양을 위해 집을 한 채 지었다고 한다. 당시 후쿠오카의 조동종 사원은 불심회佛心會를 조직하여 1922년 이후 후쿠오카 재단법인 양로원을 경영하고 있었고, 다카시나 로센이 원장이었다. 이후 미야자키는 건강을 회복하여 군산으로 돌아오게 되었는데 요양을 위해 지었던 집과 부지를 양로원에 기증했던 것이다.

다카시나 로센은 인도 법어로 '정재를 희사하여 특히 금강선사 건립을

---

62 선종 승려가 번뇌와 어리석음을 떨쳐 버리기 위해 쓰는 먼지떨이 비슷한 불구佛具.

위해 창건의 공적을 다하였고 또 사회의 공공을 위해 자비의 선행을 닦은 음공적덕陰功積德은 일일이 헤아릴 수 없도다'라고 추모하며 미야자키 가타로를 떠나보냈다.

후에 다카시나 로센은 조동종 관장이 되어 조동종의 전쟁을 지휘했다. 3대 주지 시대는 금강사와 조동종의 중추였던 다카시나 로센을 이어준 시대이기도 했다.

아사노 시대에 나카네 간도(中根環堂)가 양 본산 특파 포교사로 금강사를 방문한 적이 있다. 아래는 나카네 간도의 저서『만선견문기』(中央佛教社, 1936)에서 발췌한 것이다.

> (전략)… 군산에 도착한 것은 오후 4시가 지나서였다. 이 부근 일대는 경지정리의 모범지로 쌀의 본고장이면서 몇 백 몇 천 정보를 가진 대지주가 있는 곳이다. <u>금강사의 단신도인 지주가 23집이나 있다며 주지인 아사노 스님은 콧대가 높았다.</u> 그것을 증명하는 것이 이 절의 건축이다. 근래 조선 내 사원의 신축 공사는 대부분 철근 콘크리트인 것에 반해 이 절은 순일본 내지식 목조건축으로 본당, 요사채, 현관 및 산문 등을 한 조로 신축한 것을 보더라도 가장 좋은 유력한 외호자가 있는 것은 확실하다. 이 편안하고 널찍한 일본 다다미방에 들어갔을 때의 느낌은 내가 조선으로 건너간 이후 처음 느끼는 기분이었다.
>
> 그날 밤 8시경부터 강연을 시작했다. 본당이 큰 것에 비하면 청중은 그다지 많지 않았다. 그러나 100명 가까이 있었다고 생각된다. 약 두 시간 정도 수다를 늘어놓았지만 그 효과 여부는 영원한 문제일 것이다. 그러나 당시의 주지는 역시 고마자와대학 출신으로 이미 알던 사람이고 학생시절부터 웅변가에다 사교가이면서 활동가이기 때문에 내 강연의 부족한 점을 보충하여 충분히 살려줄 것으로 믿는다. (밑줄 필자)

군산에는 대지주가 있다는 점. 금강사의 단가 중에도 대지주가 있어서 그것을 아사노 데쓰젠이 자만하고 있었다는 점. 그리고 그 힘으로 순일본 내지식 사원이 건립되었다는 점 등을 나카네 간도는 기록하고 있다. 금강사의 건축 자재는 내지에서 일부러 운반해 온 것이었다. 현재도 한국에 유일하게 남아 있는 일본식 사원으로 유명하지만 금강사는 당시 이미 유례가 없는 순일본식 사원으로 알려진 존재였음을 알 수 있다.

나카네 간도는 아사노 데쓰젠을 '웅변가에다 사교가이면서 활동가이다'라고 평가하고 있다. 사교가였던 것은 양 본산 별원 시대에 다카시나 로센이 아사노를 '원대가 아니라 마시는 편인 음대'라고 소개한 에피소드에서도 엿볼 수 있다.

아사노 데쓰젠은 1937년 6월 금강사를 떠났다. 대본산 소지 사의 단두로 초빙되었기 때문이다. 이때 조동종의 총무(현재의 종무총장)가 다카시나 로센이었다. 중일전쟁 발발 1개월 전의 일이었다. 아사노 데쓰젠은 사변 발발 직전 긴장이 더해가는 조선에서 영전되었다.

그 후의 아사노 데쓰젠에 대해서 약간 언급해 두자.

1937년 6월 15일 대본산 소지 사에서는 새로운 단두의 취임식이 거행되었고 아사노 데쓰젠은 정식으로 대본산 소지 사의 역료役寮[63]가 되었다. 41세였다. 그리고 조동종의 명찰인 다이토인(大洞院)의 주지가 되었다. 5년 후인 1942년 6월 소지 사를 떠났다.

아사노 데쓰젠은 다이토인의 주지이면서 조동종 보국회 지도 강사, 조동종 전력증강교화연성동원 집행보좌원 강사, 조동종 승려근로동원적격자 연성회 강사, 조동종 결전보국회 상회강사를 역임하였고, 종외로는 대정익찬회大政翼贊會 상임위원, 대일본전시종교보국회 시즈오카 현

---

[63] 수행하고 있는 운수납자를 지도하는 노사老師.

지부 고문, 내각인쇄국 촉탁 강사, 제국재향군인회 군지부 부회장, 국민의용대 군별대장을 맡는 등 실로 전쟁과 불교를 양립시켜 활발한 활동을 전개하였다. 전후에는 대일본 보덕사 특임강사가 되었다.

4대 기무라 규로

1937년 7월 7일 중일전쟁이 시작되었다. 금강사는 기무라 규로(木村久郎)를 주지로 맞이했다. 전년에 금강사 창립자인 미야자키 가타로가 이미 저세상 사람이 되었다.

기무라 규로는 1896년 4월 12일 기후 현(岐阜縣) 다카야마 시(高山市) 소라마치(空町)에서 태어났다. 아사노 데쓰젠보다 한 살 위였다.

1938년 금강사 창립자 미야자키 가타로의 3주기 법요를 무사히 마친 후 금강사에서는 큰 사건이 있었다. 대본산 소지 사의 이토 도카이(伊藤道海) 선사의 순교巡敎[64]에 금강사가 포함된 것이다. 지금까지 대리나 포교사의 방문은 있었지만 종문에서 제일 높은 선사가 오기는 처음이었다.

이토 도카이는 1938년 6월 4일 부산 총천사를 시작으로 7월 7일 다롄에서 귀국할 때까지 한 달 동안 조선과 만주의 조동종 사원 14곳(조선 11곳, 만주 3곳)에서 순교를 했다. 중일전쟁이 한창이던 때 선사의 직접 방문은 개교 사원으로서 큰 힘이 되었으리라 생각된다.

이 순교로 이토 도카이가 아울러 만주국 황제 푸이(溥儀)도 알현한 것은 주목할 일이다. 그때 푸이는 화장장엄華藏莊嚴이라고 쓴 글씨를 이토 도카이에게 하사하였다. 2년 후인 황기 2600년(1940년. 역자)에 이 글씨는 아키타의 사토 조자에몬(佐藤長左衛門)의 기증으로 액자로 만들어져 대만

---

64 각지를 순회하며 가르치는 일.

주국황제폐하 칙액 게양식이 소지 사에서 성대하게 열렸다. 중국 전문가인 미즈노 바이교(水野梅曉)가 사회를 보고 '만주황제폐하만세' 선창은 겐요샤(玄洋社) 총수인 도야마 미쓰루(頭山滿)가 했다. 조동종은 일본의 대륙 침략에 제대로 보조를 맞추고 있었다.

이토 도카이는 금강사와 인연이 깊은 사찰인 완산사(전라북도 전주)에서 순교를 마치고 금강사로 왔다.

> 금강사는 본산의 단두인 아사노 데쓰젠 노사의 전 재임지로 당탑가람도 도내에서 보기 드물게 정비되어 있는 사원이었다. 8일(6월 8일. 필자) 시운타이 예하(紫雲臺猊下)[65]는 미야자키의 집에서, 수행원은 오사와의 집에서 숙박하셨다. 9일 오후 2시부터 전승 기원 법요에서 시식하셨다. 끝나고 부윤의 안내로 금강을 일주하며 경승지를 돌아본 후 일동은 기념촬영을 하고 밤에는 특설 대시아귀회大施餓鬼會에서 시식하셨다.(『쵸류』, 1938년 7월 5일)

조선 및 만주에서 전승 기원 법요를 개최하는 것은 순교 목적 중 하나였다. 이 시절 금강사도 전시戰時 색을 짙게 띠고 있었다. 본당 뒤편에는 장병 유골 안치실이 있었다. 나남의 남선사도 마찬가지였다.

전쟁이 치열해지면서 개교 사원도 선무 교화에 힘을 쏟았다. 그것은 포교소의 급증에서도 드러난다. 완산사는 1940년에 한꺼번에 여섯 곳의 포교소를 개설하였다. 금강사도 1941년에 개복포교소, 해망포교소, 대조포교소 세 곳을 개설하였다. 그리고 패전.

군산에서는 어떻게 귀환하였는지 살펴보자.

---

65 소지 사의 관수를 일컫는 말.

군산에서는 내지인 지원 모임을 조직하여 패전에 대처했다. 한국 사람들의 일본인 공격은 격렬했다. 공장에서는 일본인 경영자가 쫓겨났고, 소작인과 점원은 경영자를 협박하여 금품을 요구했다. 강도도 많았다. 신변의 위협을 느끼고 집에서 나와 고야산 편광사에서 집단 생활을 하는 사람도 있었다. 불이농촌에서는 슬슬 수확기를 맞이하고 있었는데 이미 벤 벼는 그대로 방치되었다.

11월 23일부터 정식 귀환 열차가 운행되기 시작하여 군산의 일본인들은 속속 귀환했다. 부산에서 내지로 향하는 루트였다. 미군에 의한 종교인 조사(전쟁 협력)도 있었지만 특별한 문제 없이 끝났다. 군산신사에서는 신주神主가 승신식昇神式[66]을 하고 귀국했다. 신사 건물은 이듬해 마지막까지 남아 있던 일본인이 해체했다고 한다. 대부분의 일본인은 1945년 12월 15일까지 군산을 떠났다.

금강사 주지 기무라 규로도 1945년에는 귀국했을 것이다.

38도선 이북의 죽음의 피난행에 비하면 혜택받은 귀국이었다. 물건도 어느 정도는 가져갔을 것이다. 건물은 어쩔 수 없더라도 금강사의 귀중한 집기를 가지고 귀국했을 가능성이 높다.

필자는 귀국 후의 기무라 규로를 조사했다. 1952년에 발행된『조동종 현세 요람』과 1980년에 발행된『조동종 해외 개교 전도사』에 의지했다.『조동종 현세 요람』에 따르면 기무라 규로의 주소는 다카야마의 운류 사(雲龍寺)이고, 아오바엔(青葉園)의 교두를 맡고 있었다.『조동종 해외 개교 전도사』에는 기무라 규로의 임종지가 야마구치 현 벳푸(別府) 시로 기록되어 있었다. 다카야마 시 도서관으로 갔다. 도서관 사서는 열 종류의 자료를 조사해 주었지만 결국 헛수고였다.

---

[66] 신사에 안치되어 있는 위패를 불태우고 신사를 폐쇄하는 의식.

유치원에 대해서는 흥미로운 정보를 얻을 수 있었다. 기무라 규로는 운류 사의 주지인 하야시 고도(林孝道)의 제자였다. 당시 운류 사는 주지의 이름을 앞에 붙인 고도유치원(孝道幼稚園)을 운영하고 있었다는 사실을 알게 된 것이다.

1945년 말 기무라 규로는 스승인 운류 사 주지 하야시 고도를 찾아서 다카야마로 돌아왔다. 그리고 고도유치원의 교두敎頭[67] 직을 맡았다. 명칭이 아오바엔과 고도유치원으로 서로 다른 것은 당시 일본이 연합군 총사령부 관리하에 있었기 때문에 고도(孝道)라는 이름을 빼고 아오바라고 했기 때문이 아닐까?

1946년 말 하야시 고도가 사망했다. 군산에는 야마구치 현 출신자가 가장 많이 이주해 있었다. 스승을 잃은 기무라 규로는 다카야마를 떠나 군산 시절의 지인을 찾아 야마구치 현 벳푸 시로 이동한 것이 아니었을까? 그리고 그곳에서 죽은 것이 아닐까 하고 필자는 생각한다.

이상은 필자의 상상에 지나지 않는다.

현재 동국사의 본존은 임진왜란 당시의 것으로 문화재로 지정되어 있다. 금강사의 본존이 아니다. 본존은 대체 어디로 사라진 것일까? 이 수수께끼를 풀 열쇠는 기무라 규로뿐이다. 금강사의 귀중한 집기와 함께 기무라 규로의 모습은 아직까지 확실하지 않다.

조선 반도에 있던 조동종 사원과 포교소 또는 그곳에서 활동했던 포교사들의 실태나 전후를 슬슬 정리할 때가 되었다. 오타니파를 비롯하여 다른 종파에서는 이미 시작했다고 한다.

사토 규가쿠(佐藤久學)는 조동종의 전쟁 전과 전쟁 후를 연결한 유일한 승려이다. 그가 전후에 기록한 『조동종 북지 개교의 기록』(비매품, 1977)

---

[67] 교장이나 원장을 보좌하는 관리직.

과 『조동종 해외 개교 전도사』는 귀중하다. 『조동종 해외 개교 전도사』는 1980년에 조동종이 600부를 발행하여 배포하였다.

그 무렵 조동종은 마치다(町田) 차별 발언으로 크게 요동치고 있었다. 당시 마치다 종무총장이 프린스턴에서 개최된 제3차 세계종교자평화회의(WCRP Ⅲ)에서 "일본에 부락 차별은 없다. 백 년 전에 있었던 일이지 지금은 없다. 부락 차별을 이유로 일부가 떠들 뿐이다."라고 발언한 것이다. 『중외일보』는 이 문제를 적극적으로 다루었고 부락해방동맹은 조동종을 규탄했다. 조동종은 엄청난 외압으로 변하지 않을 수 없었다.

그래서 조동종은 인권·평화·환경이라는 3대 슬로건을 내걸고 방향을 크게 전환하였다.

『조동종 해외 개교 전도사』에 선인鮮人이나 만인蠻人과 같은 차별어가 많이 사용되고 있는 것은 사실이다. 그래서 유감스럽게도 1992년 차별도서로 회수되었다.

회수한 후에 조동종이 내놓은 것이 「참사문懺謝文」이다. 「참사문」에는 "(전략)… 특히 조선·한반도에서 일본은 왕비 암살이라는 폭거를 범하고 이조 조선을 속국으로 하여 결국에는 일한 병합으로 하나의 국가와 민족을 말살하였는데, 우리 종문은 그 첨병이 되어 조선 민족의 우리 국가로의 동화를 꾀하고 황민화 정책 추진의 담당자가 되었다."[68]고 나와 있다.

나는 「참사문」을 좋아한다. 이 반성이 풍화되지 않기를 바란다.

그러나 사토 규가쿠가 기록하려고 했던 조동종의 전쟁이 세상에서 사라진 것은 유감스런 일이다. 역시 회수된 스기모토 슌류(杉本俊龍)의 저

---

[68] 참사문의 '왕비'는 '황후'로, '이조 조선'은 '조선' 혹은 '대한제국'으로 표기해야 하나, 원문에 '王妃', '李朝朝鮮'으로 되어 있어, 그 어감을 그대로 살린다는 의미에서 '왕비', '이조 조선'으로 번역하였다.

서 『동상실내절지참화연구병비록洞上室内切紙參話研究並秘錄』[69]을 조동종은 1992년에 해설을 덧붙여 복각하였다. 이렇게 하여 세상에 내놓을 수는 없을까? 과거의 잘못을 직시함으로써 미래로 가는 길이 바르게 열린다. '전사불망前事不忘 후사지사後事之師'라고 하였다.

『조동종 해외 개교 전도사』에는 오기나 확실히 틀렸다고 생각되는 부분이 적지 않다. 이것을 초안으로 하여 더 정확한 조동종의 전쟁을 기록할 필요가 있다. 이것은 포스트 사토 규가쿠인 우리에게 맡겨진 일이기도 하다. 회수로 끝내서는 안 된다.

동국사를 지원하는 모임

해방 후 금강사가 어떻게 되었는지 살펴보자.

1945년 금강사는 미군에 의해 몰수되었다. 미군은 몰수 재산을 희망자에게 양도하고 그 수익금을 군산 부흥을 위해 썼다. 금강사는 1947년 한국의 불교인인 석문 남곡石門南谷 스님(1913~1983)이 불하받아 한국의 별명인 '동국'을 붙여서 '동국사'라고 명명했다.

남곡 스님은 역사의 증언자로서 이 절을 보존하기로 발원하였다.

아무리 교외에 있었다고는 하나 지금까지 일본 사원으로 사용되어 온 경위가 있어서 원래 이름인 금강사라고 부르면 방화될 우려가 있었으므로 앞으로는 '해동 대한민국의 절', 즉 한국 사원이라고 표명하고 파괴를 피하고자 했다는 사연이 남곡 스님의 유언에 적혀 있었다고 한다. 1955년에는 불교 전라북도 종무원에 속했다가, 1970년에 대한불교 조계종

---

[69] 승려가 스승으로부터 대대로 전해져 내려오는 편지를 엮어서 만든 책으로, 피차별 부락민이나 한센 병자, 장애인 등의 장례식은 일반인과 다른 차별적인 방법으로 해야 한다는 내용이 들어 있다.

제24교구 선운사에 동국사를 기증하여 현재에 이르고 있다. 한국 최대의 불교 종단인 조계종에 절을 제공한 것도 그것을 방패삼아 절을 보호하기 위함이었다.

동국사에 대한 세간의 공격은 이루 말할 수 없었다.

경내에 있던 석물은 쇠망치로 부서지고 문기둥의 글씨는 파이고 불구는 불에 탔다. 본당에 안치되어 있던 위패와 납골당의 유골 등도 모두 불에 타고 남은 재는 군산 앞바다에 뿌려졌다. 개산당, 변재천당도 파괴되었다. 정부 관계자는 일본식 사원에는 원조를 할 수 없으니 남김없이 부수고 한국식 사원으로 신축하라고 권유했다.

신자들은 비난이 두려워 사람들의 눈을 피해서 참배를 해야 했다. 절의 경제 상태는 상당히 힘들었다. 본당과 요사채는 파괴를 피했지만 절

현재의 동국사(2011년 10월 31일 필자 촬영)

제3절 군산 동국사의 보존에 대해_ 337

은 스러져 가고 있었다.

1993년 당시 김영삼 대통령은 일제강점기의 유물을 파괴한다는 방침을 내렸다. 1995년 국립박물관으로 이용되고 있던 구 조선총독부 건물이 철거된 것을 독자들은 기억할 것이다. 이때 군산에서도 모리 기쿠고로가 세운 보국탑이 파괴되었다. 동국사도 해체 대상이 되었다. 시민단체와 동국사의 승려, 그리고 신자인 유지들이 반대했다. 그들은 철거반대운동을 끈질기게 전개하여 해체의 난을 피하는 데 성공했다.

동국사(금강사)는 몇 번이나 파괴 위기에 처했지만 그것을 극복하고 오늘에 이르고 있다. 한국전쟁 전과 전쟁 과정, 그리고 전쟁 후를 겪어온 산 증인이다.

2011년 10월 31일 종걸宗杰 총무(주지에 상당)와 통역을 담당하는 군산 관광안내소의 원영금 씨를 만나 동국사로 들어갔다.

곧바로 눈에 들어온 것이 일본식 장지였다. 천정판이 복잡한 것이나 창문의 상태, 무엇 하나 틀림없는 일본 가옥 그 자체였다. 본당으로 연결된 복도는 예전에는 밟으면 새소리가 나는 마루였지만 시끄러워서 개조되었다. 도둑 방지용이었을까? 또는 군산에 살던 일본인은 식민지 조선 사람들에 대해 언제

동국사 문기둥. '조동종'이라는 글씨가 지워졌다.

나 경계를 게을리하지 않았던 것일까?

복도에 증설된 작은 방에서 승복으로 갈아입고 O선생과 친구, 나와 종걸 스님이 함께 한일 합동으로 본존에 인사를 올리는 법요를 엄수했다. 본존 정면 좌측에는 절을 보존했던 남곡 스님과 금강사 개산조인 우치다 붓칸의 위패도 안치되어 있었다. 그곳에서도 독경을 했다.

법요가 끝나고 일행은 객실로 안내되어 종걸 스님과 이야기를 나누었다. 들으니 종걸 스님은 2005년에 동국사의 총무가 된 모양으로 취임했을 때는 건물이 상당히 많이 망가져 있었다고 한다. 여기저기서 빗물이 새고 임시방편으로 응급처치가 되어 있었다. 창은 알루미늄 새시로 대신하고 수리에 블록이 사용되는 등 어딘가 조화롭지 못한 건물이었단다.

본당은 2003년 국가의 등록문화재로 지정되었지만 본격적인 보수는 되어 있지 않았다. 2005년에 동국사 총무로 취임한 종걸 스님은 절을 본래 모습으로 되돌리기로 결심했다. 물론 반대도 있었을 것이다.

"어떤 경위가 있었든지 절은 모두 부처님의 집이다." "나에게는 부처님이 함께 계신다. 아무것도 무서울 것이 없다." 종걸 스님은 열변을 토했다.

금강사를 세운 미야자키 가타로는 생전에 '절은 선조들의 사교장이므로 소중히 하여야 한다'고 말했다는데, 절에 대한 두 사람의 인식의 차이가 크다. 그리고 나는 종걸 스님의 말에 동의한다.

"예전에는 적산 가옥에 대해 인상이 좋지 않았지만 지금은 인식이 변하고 있다."고 종걸 스님이 말했다. 건물을 부순다고 해서 한이 풀리는 것은 아니므로 남겨서 불행한 역사를 기록하고 서로 깊이 이해하고 미래의 교훈으로 삼아야 한다는 것이다.

종걸 스님은 처음에 그리스도교에 관심을 갖고 있었지만 불교에 흥미를 갖게 돼 불교계 대학원에서 공부한 경력이 있다. 그렇기 때문에 마음이 넓다. 본질이야말로 그가 주제로 하는 것으로 사소한 문제에는 구속받지 않는다. 스스로의 신념을 실행하는 데 조금도 주저함이 없다.

신장 이식을 원하는 사람에게 자신의 신장을 기증한 적도 있다고 한다. 얼굴 한 번 본 적 없는 사람이지만 '그에게는 처자식이 있고 그가 죽으면 가족이 크게 슬퍼할 테니 내 신장으로 도움이 되었으면 좋겠다'고 생각해 신장을 주게 되었다고 한다. 불교의 기본인 자비희사(사무량심)를 그대로 강력하게 실천하고 있었다. 역시 종걸 스님에게는 부처님이 함께 하시는 것이라고 생각한다. 급식비를 내지 못하는 아이에게 지원도 하고 있다고 한다. 고개가 숙여진다.

내게 망설임은 없었다. 일본 불교인으로서의 자기표현을 위해서라도 이 훌륭한 불교인 종걸 스님과 함께 동국사의 보존을 위해 협력해야겠다고 생각했다.

동국사 보존에는 기술적인 문제도 있었다. 그리고 동국사의 역사를 기록하기 위해서는 일본 측의 자료 제공도 빼놓을 수 없었다. 그러한 뜻에서 결성된 것이 동국사를 지원하는 모임이다.

종걸 스님은 조선총독부가 금강사의 사명 공칭을 허가한 날인 9월 28일을 동국사의 창립기념일로 하고 있었다. 해방 후 미군에게 불하받아 동국사라고 명명한 날이 아니었다. 창립기념일에는 금강사 네 명의 주지와 돌아가신 동국사 두 명의 역대 주지를 함께 공양한다. 이 점에서도 종걸 스님의 불교인으로서의 지혜가 빛난다. 불교에서 말하는 지혜란 바르게 사물을 보고 바르게 생각하고 바르게 행동하는 것이다. 한일을 차별하지 않고 공양하는 종걸 스님의 넓고 깊은 마음을 배우고 싶다.

2012년의 창립기념일에는 조동종의 「참사문」 기념비를 경내에 건립하고 그 제막식도 거행하고 싶다고 했다. 동국사를 지원하는 모임은 이 제안을 받아 기념비를 건립하기로 했다. 물론 조동종에도 협력을 부탁하였다.

동국사를 지원하는 모임은 동국사 방문 DVD를 제작하여 배포하고 있다. 많은 분들에게 한국에 유일하게 남아 있는 동국사의 존재를 알리기 위해서이다. 내레이션과 음악을 삽입하여 22분 분량인데 무료로 배포하고 있다. 이 책이 발행될 때쯤이면 동국사를 지원하는 모임의 홈페이지도 완성될 것이므로 그쪽으로 연락을 하면 DVD를 받을 수 있다.

대본산 소지 사 방문

2012년 3월 11일 신기하게도 동일본대지진 1주년이 되는 날에 종걸 스님 일행 열 명이 도쿄에 왔다. 작년에 군산에서 신세를 졌던 관광안내소의 원영금 씨가 통역으로 동행했다.

일본 전역이 동일본대지진 1주년을 애도하고 있었다. 종걸 스님 일행의 눈에도 그 모습이 비쳤을 것이다. 그리고 그의 마음을 아프게 했을 것이다.

나는 그날 히비야(日比谷)공원에서 열린 원자력발전소 반대 집회에 참석하고 있었다.

그곳에는 일본의 양심 있는 많은 사람들이 모였다. 지진 발생 시각인 오후 2시 46분, C.W. 니콜 씨의 구령에 따라 일동은 묵도를 했다. 술렁이던 행사장이 한순간에 조용해졌다. 종소리가 행사장에 울려 퍼졌다.

지진 피해자들은 곧 찾아올 동북의 슬픈 봄을 어떻게 맞이할까? 17년 전 한신아와지(阪神淡路)대지진 때는 벚꽃 보기가 무서웠다는 사람들이 많았다. 당시 일이 생각나서 가슴이 아팠기 때문이다. 동북에서도 같은 생각을 하는 사람이 많을 것이다. 묵도하면서 지진이 남긴 상처의 깊이를 생각했다.

이후 행사장에서는 사카모토 류이치(坂本龍一)의 강연이 있었지만 나는 도쿄대행진에 참석해 시위하며 도심을 퍼레이드 했다. 사야마사건을 생각하는 아오모리 주민 모임의 대형 깃발(우치야마 구도의 유지를 이어받은 아나키스트 깃발)을 들고 약 4킬로미터를 걸었더니 상당히 힘들었다. 다음 날까지 왼쪽 팔이 저렸다.

도쿄전력 앞에서는 구호를 외쳤다. 공교롭게도 일요일이었기 때문에 건물에는 인기척이 없었다. 나가부치 쯔요시(長渕剛)의 「돔보(잠자리)」[70]는 아니지만 도쿄전력은 모른 척하고 묵묵히 우뚝 서 있었다.

TV에서는 '이 미증유의 재해를 당하고도 피해자들은 묵묵히 참고 있다. 이것은 세계 어디에서도 그 예를 찾아볼 수 없는 미덕'이라고 말하고 이어서 '그러나 그들의 복구에 대한 바람이 구체적인 형태를 갖추지 않았다'라고 한 해외 언론 보도를 소개하고 있었다. 일본인은 어느 시대건 참고 견디는 것에 길들여지거나 그러기를 강요당해 왔다. 그렇기 때문에 자기실현을 위한 의지도 꺾여 왔다. 그래서는 사회가 변하지 않는다.

2011년 9월 19일에 메이지공원에서 열린 '사요나라 원자력발전 집회'에서 무토 루이코(武藤類子) 씨가 호소했던 말을 떠올린다. 더운 날이었다. 입추의 여지가 없을 정도로 행사장은 가득 찼다. 후쿠시마에서 온 사람들은 울고 있었다.

그녀는 말머리에 "이와 같은 현실을 만든 세대로서 진심으로 사죄합니다. 정말로 죄송합니다."라고 눈물을 머금은 채 젊은이들에게 사죄했

---

[70] 지방에서 도시를 동경하여 상경한 사람들의 좌절과 고뇌를 노래한 곡. 이 곡에서 돔보는 행복의 상징으로 손이 닿지 않는 것으로 묘사되었다.

다. 어폐는 있지만 정말로 신선했다. 원자력발전을 반대하는 기본자세를 목격한 기분이었다.

> 국가가 있고 국민이 있는 것이 아니라 지자체가 있고 시민이 있는 것이 아니라 우리들이 있음으로써 비로소 지자체나 국가가 있는 것이므로, 그곳을 바꾸어가지 않으면 안 됩니다. (무토 루이코, 『후쿠시마로부터 당신에게』, 大月書店, 2012)

많은 사람들이 이번 대지진과 원자력발전소 사고를 계기로 이 나라가 다시 태어나지 않을까 기대를 하고 있다. 기대를 실현시키기 위해서는 모두가 목소리를 높여야 한다.

종걸 스님의 방일 목적 가운데 하나가 대본산 소지 사 방문이었다.

소지 사 방문(2012년 3월 12일)

이튿날 12일에 JR 메구로(目黑) 역에서 종걸 스님 일행과 만나 쓰루미(鶴見)에 있는 대본산 소지 사로 향했다. 매화가 절정이었다.

사실 대본산 소지 사와 동국사(구 금강사)는 다소 인연이 있다.

금강사의 3대 주지인 아사노 데쓰젠은 1937년 중일전쟁 발발 직전에 군산을 떠나 이곳 대본산 소지 사의 단두에 취임했다는 말은 앞에서 했다. 아사노 데쓰젠의 연고인 소지 사를 보고 싶은 것이 종걸 스님의 바람이었다. 그리고 동국사에 지금도 남아 있는 범종은 대본산 소지 사의 대범종을 제작한 다카하시 사이지로가 만든 것이었으므로 이것 또한 빼놓을 수 없다.

군산에 동행했던 O선생은 대본산 소지 사의 고문을 맡고 계신다. 이번 대본산 소지 사의 방문에 여러모로 큰 도움을 주셨다.

완만한 오르막길의 참배로를 걸어 거대한 삼문을 지나면 오른쪽에 철근 콘크리트로 만들어진 4층 건물의 산쇼카쿠(三松閣)가 있고, 그 맞은편에 무카이카라몬(向唐門)이 있다. 무카이카라몬은 칙사문勅使門[71]이다. 커다란 국화 문장이 빛나고 있다. 당시에는 천황의 칙사가 왔을 때에만 문을 열었지만 현재는 설날과 춘분, 선사의 입산식 등 중요한 행사 때 특별히 열린다.

2011년 동일본대지진이 계기가 되어 조동종과 한국의 조계종이 공식적으로 교류하기 시작했다. 이렇게 되기까지 전후 66년이라는 세월이 흘렀다.

7월 8일에 자승 총무원장을 비롯한 조계종의 간부들이 미야기 현 센다이 시에 있는 린코인(林香院)에 도착하여 조동종과 합동으로 사망자를 위한 위령제를 지냈다. 이 전날 조계종 승려 일행은 대본산 소지 사를 방문

---

71 사원에서 칙사가 참배할 때 출입에 사용되는 문.

하여 조동종 관장 및 종무총장과 간담회를 갖고, SVA(조동종이 모체인 샨티국제볼런티어회)에 2000만 엔의 지원금을 전달했다.

기념사진은 무카이카라몬을 배경으로 촬영하였다.

사진을 찍을 때는 화기애애한 분위기였지만 후일 조계종 측은 배경에 찍힌 국화 문장을 보고 경악했다고 한다. 단체로 참배할 경우 기념사진은 대체로 무카이카라몬 앞에서 찍는다. 대본산 소지 사는 그다지 깊이 생각하지 않고 이 장소를 택했을 것이다.

식민지 조선은 36년 동안 천황의 이름으로 지배당하고 수탈당하고 민족적 아이덴티티의 소멸을 강요당했다. 조동종도 그에 가담했다. 그 일을 지금의 조동종은 얼마나 이해하고 반성하고 있을까? 고통은 내 몸으로 바꾸어 생각하지 않으면 이해할 수 없다. 한국 사람들의 고뇌에 다가가지 않고서는 그 깊이를 알 수 없다. 무카이카라몬 앞에서의 촬영은 해서는 안 되는 일이었다.

조동종의 포스트콜로니얼은 아직 시작되지 않은 것이다.

대본산 소지 사는 과거를 봉인한 상태 그대로이다. 이 광대한 경내 어딘가에 이토 도카이가 푸이로부터 받은 화장장엄 액자가 숨겨져 있을 것이다. 이 액자가 공개될 때 마침내 대본산 소지 사는 과거를 총괄하게 될 것이라고 생각했다.

고샤쿠다이(香積臺, 접수처)에 들어가니 지객(섭외 책임자) 스님이 맞이해 주었다. 동국사를 지원하는 모임이 부탁한 통역자도 이곳에서 합류했다. 산쇼카쿠의 식당에서 식사한 뒤 모든 당우를 안내받았다.

O선생 덕분에 선사와도 만나 환담을 나눌 수가 있었다. 시국(선사의 거처)에서 일동이 기념사진을 찍었다. 종결 스님에게는 귀중한 경험이었을 것이다.

다이소도(大祖堂)는 마침 오후 예불 시간이었다. 법요를 구경한 뒤 호고도(放光堂)로 향했다. 이곳에서 종걸 스님 일행은 반야심경을 봉독하고 대본산 참배 인사를 대신했다. 다이소우도(大僧堂), 햐쿠켄로우카(百間廊下)의 관계자로부터 설명을 듣고 마친 것이 오후 3시 반. 총 세 시간에 걸친 참배였다.

밖으로 나와 종루로 갔다. 대범종에 새겨진 선문은 소지 사의 4세 관장 이시카와 소도(石川素童), 글씨는 오우치 세이란(大內靑巒, 제2장 '한국 병합과 오우치 세이란' 참조), 주조 주임은 다카시 사이지로라는 설명이 있다. 그 이름을 발견하고 종걸 스님은 크게 만족하는 듯했다.

종걸 스님 일행 중에는 고령인 분도 있어서 세 시간이 넘는 참배는 상당히 힘들었던 모양이다. 안내 담당 스님과 포교사에게 진심으로 감사하다고 인사를 하고 대본산 소지 사를 떠났다.

참배로 끝에 있는 산쇼카쿠에서는 신토(新到)[72]인 듯 크게 "예!"를 연발하는 소리가 들려왔다. 대본산 소지 사의 봄은 신토의 계절이기도 하다. 이곳에서 조동종의 미래를 짊어질 승려가 키워진다.

지금 사회는 동일본대지진을 계기로 변하려 하고 있다. 이른바 조동종의 3대 슬로건인 인권·평화·환경을 기본으로 한 사회 만들기가 요구되고 있다. 기업이나 국가의 이익을 우선시하던 사회에서 개인이 주체인 온화한 사회로 전환되어야 한다. 대지진으로 사랑하는 가족을 잃은 분들, 방사능 오염으로 눈물이 멈추지 않는 분들을 위해서라도. 젊은 승려 중에서 그런 불교인이 나오기를 바란다.

---

72 이제 막 출가한 수행승.

종걸 스님 환영회

오후 5시 반부터 이케부쿠로(池袋) 선샤인시티에서 종걸 스님 환영회를 하게 되어 있었다. 동국사를 지원하는 모임이 주최했다. 대본산 소지사를 나온 것이 오후 4시가 넘은 시각이었다. 쓰루미에서 이케부쿠로의 행사장까지는 도보를 포함하여 한 시간 이상 걸린다. 결국 15분이나 지각하고 말았다.

종걸 스님 환영회에는 조동종 승려 외에 대학교수 등 연구자와 사회활동가 등 다채로운 얼굴이 모였다.

1부에서는 DVD「일본 승려가 남기고 간 절 동국사」를 제작한 오쿠마 데루오(大熊照夫) 감독으로부터 제작 소감을 듣고, DVD를 상영했다. 그리고 종걸 스님의 강연이 이어졌다. 15분을 지각해서 예정보다 지체되고 있었기 때문에 강연 시간을 다소 줄일 수밖에 없었던 점을 사죄드리고 싶다.

종걸 스님은 금강사의 역사와 초대 주지인 우치다 붓칸에 대한 이야기와 해방 후에 동국사가 된 경위 등을 말하고 마지막으로 다섯 가지를 제안하는 것으로 강연을 마쳤다. 그 제안은 다음과 같다.

첫째, 매년 양력 9월 28일(금강사는 1916년 9월 28일 부로 조선총독부로부터 사원 창립 허가를 받았다. 필자 주)에 동국사 개산 기념 법회를 양국 합동으로 동국사에서 봉행한다.

둘째, 매년 동국사의 개산기념일에 개산조인 우치다 붓칸 스님을 비롯한 일본인 주지 세 분과 열반하신 한국인 주지 두 분의 기제사를 합동으로 지낸다(이것을 한국에서는 다례제라고 함).

셋째, 동국사를 지원하는 모임은 정치적인 이념이나 사상을 떠나 한일 양국의 순수한 불교문화를 서로 전하기 위해서 정기적으로 학술문화 교류를 개최한다.

넷째, 동국사를 지원하는 모임을 중심으로 동국사를 구 금강사처럼 복원하는 데 의견을 같이하며 한국 불교를 일본에 알리고 일본 불교를 한국에 알리기 위해 상호 협력한다.

다섯째, 동국사를 지원하는 모임이 중심이 되어 2012년 동국사 개산기념일에 조동종의 오타케 묘겐(大竹明彦) 종무총장 이름으로 발표된「참사문」을 새긴 비석을 동국사 경내에 세워 제막식을 거행한다.

전적으로 동감한다. 앞에서도 말했지만「참사문」비의 건립은 실로 바라던 바였다. 동국사만큼 적당한 장소가 없다.「참사문」비가 세워진 동국사는 실로 피가 통한 한일 불교 교류의 장으로서 앞으로 반드시 큰 역할을 하게 될 것이다. 벌써부터 흥분을 감출 수 없을 정도이다. 종걸 스님에게 깊이 감사드린다.

실은 종걸 스님은 5년쯤 전에 조동종을 방문한 적이 있다. 금강사 시절의 역대 주지에 관한 자료를 찾으러 왔다. 이때 조동종은 동국사의 존재를 몰랐겠지만 보존이나 교류에 관해서는 아무런 진전을 볼 수 없었다. 그 후 조동종의 유지로부터 이 건에 대해서 협력 요청이 들어왔지만 조동종은 움직이지 않았다.

동국사를 지원하는 모임은 그런 흐름 속에서 생긴 것이다. 세 번째에는 반드시 성공한다고 했던가? 동국사를 지원하는 모임에 대한 종걸 스님의 기대와 기쁨도 한층 더했을 것이라고 상상된다.

2부는 스탠딩파티였다. ○선생의 건배로 시작, 마시며 이야기하고 이야기하며 마셨다. 참가자 한 사람씩 간단한 소감도 들었다. 모두 진심으로 교류를 즐기고 있었다.

다자이 오사무는 『정의와 미소』에서 공자의 '벗이 있어 먼 곳에서 찾아오니 또한 기쁘지 아니한가'를 다음과 같이 말했다.

오늘 한문 강의는 조금 재미있었다. 중학교 교과서와 그다지 다르지 않아서 '또 똑같은 것을 반복하는 거야?' 하고 싫증을 내려던 참이었는데 강의 내용이 전혀 달랐다. "벗이 있어 먼 곳에서 찾아온다면 그 또한 즐겁지 않겠는가?"라는 한 구절 해석에만 한 시간이 족히 걸린 것에 감탄했다. 중학교 때는 이 구절은 단지 '친한 벗이 멀리서 느닷없이 찾아와 주는 것은 기쁜 일이다'라는 의미로만 배웠다. 확실히 한문 선생이 그렇게 가르쳤다. 그리고 한문 선생은 히죽히죽 웃으며 "따분해하던 참인데 친구가 고급 술 한 되에다 오리 한 마리를 손

종걸 스님 환영회(2012년 3월 12일. 이케부쿠로 선샤인시티 컨퍼런스룸에서)

에 들고, 어이! 하고 나타나면 기쁘지 않겠냐? 정말로 인생에서 가장 즐거운 순간일지 모르지." 하며 혼자 신나서 말했다. 그런데 그것은 크게 잘못됐다. 오늘 야베 이치타(矢部一太) 씨의 강의에 의하면, 이 구절은 결코 그런 고급 술 한 되, 오리 한 마리 따위 저속한 현실 생활의 즐거움을 말하는 것이 아니라, 전혀 다른 형이상학적인 어구였다. 즉 '내 사상이 세상과 맞지 않더라도 생각지도 못한 먼 곳에 있는 사람으로부터 지지하는 소리를 들으니 그 또한 즐겁지 않겠느냐?'라는 의미라고 한다. 뭔가에 적중했을 때의 느낌을 아련하게 그 몸으로 느낄 때의 기쁨을 노래하고 있다고 한다. 이상주의자의 최고의 바람이 이 한 구절에 담겨 있는 것이라고 한다. 결코 그 주인이 따분해서 방바닥에 벌렁 누워 있는 것이 아니라, 각자 이상을 향해 매진하고 있는 모습이라고 한다.

얼마나 적절한 표현인가?

종걸 스님의 활동은 어느 때는 좌절하고 또 어느 때는 '친일'로 비쳐져 혹독한 비난을 당한 적도 있었을 것이다. 그러나 그는 뜻을 굽히지 않았다. '각자 이상을 향해 매진'하고 있다.

'나의 사상이 세상과 맞지 않더라도 생각지도 못한 먼 곳에 있는 사람으로부터 지지하는 소리를 들으니 그 또한 즐겁지 않겠느냐?'

나는 생각지도 못한 먼 곳의 사람이고 싶다. 종걸 스님의 동지이고 싶다.

행사장의 예약시간이 얼마 남지 않아 폐회사도 생략하고 서둘러 끝냈다. 이케부쿠로 선샤인시티는 구조가 복잡하여 일본인도 헤맬 정도라 JR 이케부쿠로 역까지 일행을 배웅했다. 혼잡한 가운데 몇 번이나 서로 손을 흔들었다. '가깝고도 먼 나라'가 어느새 '가깝고도 가까운 나라'가 되어 있었다.

제4절

한일 불교의 전망

이 책을 정리하는 뜻에서 한일 불교의 전망을 생각해 보고자 한다.

동국대학교의 김호성 교수와 정토회 에코붓다의 전 공동 대표인 유정길 씨를 만나 이 문제에 대해 의견을 나누기 위해 2012년 3월 말 서울로 갔다.

인천공항에는 군산에서 일부러 종걸 스님이 승용차로 마중을 나와 주었다. 서울은 저녁이 되면 교통체증이 심하기 때문에 공항에서 시내까지는 90분은 각오하지 않으면 안 된다. 그런데 한 시간이 안 걸려 서울역 근처의 호텔에 도착했다. 종걸 스님은 참으로 운전을 잘한다. 그의 결단과 행동에는 스피드감이 있는데 그것이 자동차 운전에서도 나타난다고 느꼈다.

작년 군산에서 통역을 해준 김춘호 씨, 일본 유학 경험이 있는 H씨(템플스테이 관련으로 종걸 스님과 아는 사이), 이번 통역을 부탁한 C일보사의 S씨와 함께 총 여섯 명이 저녁식사를 했다. 절반이 한일 양국의 언어를 할 수 있어서 대화는 매끄러웠다. 모두 허심탄회하게 환담을 주고받았다. 종걸 스님과 H씨는 돌아가고 남은 네 사람은 포장마차에서 한 잔 더 했다. 숙소로 돌아온 것은 12시가 넘어서였다.

기분 좋게 마셔서인지 이상하게 숙취는 없었다. 김 교수와 유정길 씨는 오후 3시에 만나기로 되어 있었다. 그동안 종걸 스님의 차를 타고 안중근의사기념관과 한국전쟁을 테마로 한 전쟁기념관을 견학했다. 전쟁기념관은 구 조선군 제20사단 본부 터에 있다. 사단본부 터는 현재 미군기지이다. 이곳은 한반도에서 전쟁의 중심지이다. 전쟁기념관에 결혼식장이 병설되어 있었다. 이 날도 피로연이 진행되고 있었다. 내 마음속에서는 전쟁과 결혼식은 도저히 연결이 되지 않는다.

이 위화감을 한국 사람들은 그다지 느끼지 않는 것일까? 잘 생각해 보면 한국과 조선민주주의인민공화국은 아직 전쟁 중이다. 기념관에 들어서자 "자유는 그냥 얻을 수 없다."고 크게 적힌 글씨가 보인다. 희생자를 생각하자 지금의 평화에 감사하는 마음이 든다. 결혼이 가능한 것도 전쟁에서 희생된 사람들 덕분이라고 생각하니 긴장 속에 있는 신랑 신부의 기분도 조금은 이해할 수 있을 것 같다.

오후 3시에 만나기로 한 장소인 조계사로 향했다. 조계사는 조계종의 본산으로 총무원도 이곳에 있다. 유정길 씨가 기다리고 있었다. 작년 11월 신바시(新橋)에서 유정길 씨의 송별회를 한 후로 4개월 반 만의 재회였다.

한국의 불교신문사인 불교포커스 사무실을 빌려 이야기를 시작했다.

종걸 스님은 이날 군산으로 돌아가기 위해 먼저 양해를 구하고 동국사에 건립하는「참사문」비에 대해 설명을 하고 김 교수와 유정길 씨에게 의견을 물었다.

종걸 스님이 돌아간 후 본론인 한일 불교의 전망에 대해 세 사람이 이야기를 나누었다.

김 교수는 일본 불교 전문가가 아니라 일본 불교에 관심을 가진 연구자라는 전제하에 일본 불교에 대해서 대략 다음과 같은 소감을 말했다.

일본의 한국 불교 연구는 신라와 고려 시대의 한국 불교에 대해서는 어느 정도 되어 있지만 현재 살아 있는 한국 불교에 대해서는 그다지 되어 있지 않은 것 같다. 현재의 한국 불교에는 신라나 고려 시대 불교의 전통이 살아 숨 쉬고 있다. 그러한 시점에서 일본 불교인이 현재의 한국 불교를 보게 된다면 한국 불교에 대한 이해도 깊어지고 한일 불교의 현상도 바뀔 것이다.

한국의 대일 감정은 평소에는 평온하지만 영토 문제나 일본군 위안부에 대한 보상 문제 등이 불거지면 지금도 격해진다. 이것은 한국 불교계도 마찬가지이다. 불교인은 정치나 역사 문제에 영향을 받지 않고 불교를 실천하는 것이 중요하다고 생각하고 있다. 그렇다고 해서 정치나 역사와 불교가 완전히 별개라는 것은 아니다. 식민지 시대에 일본 불교가 취한 행동은 역시 진지하게 반성되어야 한다고 생각하고 그러기를 바란다.

나는 도요토미 히데요시 이전(중세) 일본의 고승에 대해서 공부했다. 그리고 그들의 삶이나 가르침으로부터 많은 것을 배웠다. 현재 일본 불교사 연구소를 운영하며 일반인들에게 소개하고 있다.

이어서 정토회 에코붓다의 전 공동 대표 유정길 씨.

한일 불교의 장래를 구상하는 그랜드 디자인이 필요하겠다. 한국에서는 불교 개혁을 추진하려는 움직임이 있다. 장차 새로운 불교를 만들려고 한다. 일본에도 이러한 움직임이 있는가?

한일 불교의 어두운 과거에 대해서는 둘의 만남의 장을 미래에 설정하면 새로운 청산 방법도 보이지 않을까? 그런 장을 만들고 싶다. 미래를 열어 가기 위해 현재가 있다. 미래를 위해 과거를 검증할 필요가 있다. 1992년에 조동종이 「참사문」을 발표했다. 이것은 일본 불교계에 변화를 가져왔다. 일본 불교의 개혁으로 이어지면 좋겠다. 다만 사실을 인정하지 않는 표면적인 참회는 무의미하다는 점에 유의했으면 좋겠다.

한일 불교는 서로 협력하여 사회활동을 하기 위해서라도 정치 문제에 관여하지 않는 것이 중요하다. 구체적인 사회활동으로는 지진 피해 원조나 반핵운동을 들 수 있을 것이다. 둘의 협력은 나아가서 한일 양국의 밀접한 관계로 이어질 수 있으리라고 생각한다.

나는 1년여 간 일본에 있으면서 일본 불교를 보았지만 불교를 개혁하려는 에너지를 별로 느낄 수 없었던 것이 유감이다.

그날 밤 인사동에서 술을 마셨다.

인사동은 골동품 가게와 주점이 많고 젊은이들이 모이는 활기 넘치는 곳이다. 서울에 오면 자주 가는 와사등이라는 주점에서 3차를 했다. 이 가게에는 메뉴가 없다. 자리에 앉으면 조개구이와 양푼에 담긴 막걸리를 가져온다. 벽은 낙서투성이이다. 이곳은 1970년대 운동권(학생운동)이던 활동가들의 모임 장소였다.

막걸리를 마시면서 이야기는 불교 개혁으로 발전했다. 한국의 불교계는 예전에는 사회활동에 그다지 관심이 없었다고 한다. 개혁을 끈질기게 추진한 결과 현재의 활기 넘치는 한국 불교가 탄생했다.

대만 불교 자제회慈濟會의 창시자는 정옌(證嚴) 법사(1937~)이다. 스승은 인순(印順) 법사(1906~2005). 인순 법사는 다이쇼(大正)대학에서 박사학위를 취득했다. 그는 일본의 불교 각파가 대학 등 교육기관을 만들어 사회에 참여하는 모습을 보고, 자국 불교계가 뒤떨어져 있는 사회활동의 필요를 강하게 느꼈다고 한다. 그 뜻은 정옌 법사에게 이어졌다.

자제회는 동일본대지진 때 눈부신 지원을 했다. 불교의 사회활동을 실천한 것이다. 피난소에서의 급식이나 모포 배포 외에 동북 지방 25개 시·정·촌 약 10만 가구에 총액 50억 엔의 의연금을 현금으로 배포했다. 이와 같은 적극적인 활동을 일본 불교계에서는 볼 수 없었다.

"사람을 구할 수 있는 사람을 보살이라고 한다. 하루 봉사하면 하루 보살이다."(정옌 법사)

대만 불교는 세계 최대의 불교봉사단체라고까지 불리게 된 자제회를 탄생시킨 반면 일본 불교는 전쟁의 굴절을 질질 끌며 주춤거리고 있는 것이 얄궂은 현실이다.

유정길 씨는 30년 전 와사등에 왔던 때를 갑자기 떠올렸다. 그가 20대 때의 일이다. 젊은 날의 유정길 씨는 이곳에서 막걸리를 마시며 사회 개혁을 토론하느라 입에 거품을 물었을 것이다. 한국의 불교 개혁은 이와 같은 젊은이들에 의해서 이루어졌음을 명심해야 할 것이다.

동아시아의 근대 불교사는 현재로 이어져 있다. 조동종의 포스트콜로니얼은 아직까지 방황하고 있다.

후기

가깝고도 먼 나라 가운데서도 가장 먼 것이 조선민주주의인민공화국(이하 공화국으로 표기)이다.

필자는 나남을 조사하던 중 공화국을 방문하고 싶다는 욕구를 억누를 수 없었다. 평양에는 갈 수 있다. 단 제한된 범위만. 평양에서 아리랑축전을 보고 개성을 거쳐 판문점으로 가는 코스이다. 이렇게 해서는 남선사가 있던 함경북도 나남에는 도저히 갈 수 없다. 게다가 최근의 북일 관계 악화로 입국이 한층 엄격해졌다.

2011년 3월 상순(동일본대지진 전) 재일본조선인총연합회(조총련) 아오모리 현 본부를 방문했다. 입국과 조사의 허가를 얻기 위해서였다.

김 아오모리 현 본부위원장의 방에는 김일성과 김정일의 사진이 나란히 걸려 있었다. 나는 긴장했다. 일본의 보도 덕분에 공화국에 대한 편견이 체질화되어 있었던 것이다. 북한은 일본인을 납치하고 그런 일을 없었던 일로 하려고 한다는 둥, 대포동은 일본을 노리고 있다는 둥이다. 납치 문제의 조기 해결은 강력히 바라지만 대포동 건은 아무래도 이상하다.

이번 동일본대지진으로 알게 된 것은 만약 대포동이 일본을 공격한다면 가장 효과적인 목표는 원자력발전소가 아닐까 하는 점이었다. 그런데도 원자력발전소에 자위대를 배치하고 있지 않은 것은 어떤 이유에서일까?

김 위원장은 아주 친절했다. 용건을 말한 후 한 시간 정도 잡담을 나누었다. 공화국의 궁핍한 상황을 말할 때는 눈에 눈물이 맺히는 것처럼 보였다. 상냥한 사람이라고 생각했다.

정치 문제는 결국은 경제 문제로 귀결된다. 자국의 이익을 위해 다른 것을 희생으로 삼는다. 공화국에서 태어나 그곳에서 사는 사람들에게 도대체 어떤 하자가 있다는 것이냐? 일본이 공화국과 국교를 정상화하고 다양한 교류를 하게 되면 사태는 진전되지 않겠느냐? 등등 위원장의 이야기를 들으며 나는 생각했다.

그 후 동일본대지진이 일어났다. 내가 이사장으로 있는 NPO 단체인 촉광燭光의 재생 초를 피해 지역으로 보내거나 앞에서 말한 것처럼 두유를 보내는 등 어쨌든 몸도 마음도 쉴 새 없는 나날이 계속되었다. 연료 부족, 등유 부족, 식료품 부족, 건전지는 이미 가게에서 자취를 감추었다.

그로부터 3개월 후 김 위원장으로부터 연락이 왔다.

기대에 부풀어 가슴을 두근거리며 아오모리 현 본부로 갔다. 그러나 입국 허가에 대한 이야기가 아니었다. 9월 25일에 아오모리 시의 한 호텔에서 금강산가극단의 디너쇼가 있으니 오지 않겠느냐고 한다. 담배도 피울 수 있다고 한다. 나는 애연가라서 아주 고마운 이야기가 아닐 수 없었다.

무슨 일을 하든지 신뢰가 가장 중요하다. 그것은 군산 동국사의 종걸 스님이 나를 믿어준 것과 같은 것이다. 김 위원장에게 나의 바람이 받아들여졌다는 사실이 무엇보다도 기뻤다.

9월 25일에 친구를 부추겨서 디너쇼에 갔다. 인근 사찰의 S스님은 부인을 데리고 왔다. 우리 그룹은 전부 여섯 명. 자리는 자유석이었으므로 먼저 차지하는 사람이 임자였다. 행사장에 제일 먼저 들어가 휴대전화며 안경집을 테이블에 놓아 모두 자리를 확보했다.

디너쇼는 짧은 인사말 뒤에 바로 시작됐다.

「반갑습니다」, 「임진강」, 「휘파람」을 한복 입은 가수들이 돌아가며 노래한다. 거나하게 취한 관객이 조선말로 말을 건다. 장내는 더욱 흥이 오른다.

「휘파람」은 내가 아주 좋아하는 곡이다. 러브송인데 공화국에서 아주 인기 높아서 그 인기가 국경을 넘었다. 한국 사람들 중에도 이 노래를 알고 있는 사람이 많다.(2012년 3월에 유정길 씨와 인사동에서 술을 마셨을 때 술집에 기타가 있었다. 나는 술김에 기타를 들고 「휘파람」을 노래했다. 유정길 씨도 함께 불렀다.)

전통 악기인 거문고 독주가 시작되었다.

장내가 갑자기 조용해진다. 어쩌면 그토록 강하면서도 구슬픈 울림이 있을까? 실로 한恨 그 자체이다. 일본인인 나조차 닭살이 돋을 정도로 감동하는데 한국이나 조선 사람들 그리고 그곳을 고향으로 하는 사람들의 마음에는 얼마나 깊이 파고들었을까? 문득 보니 S스님은 거문고 소리에 가만히 귀를 기울이고 있었다. 나남을 떠올리고 있는지도 모른다. 죽음의 피난길에서 잃은 아버지와 형제들의 모습이 떠올랐는지도 모른다. 그것은 S스님의 한이라고 생각했다.

거문고는 현을 채로 튕기기 때문에 음색이 어딘가 쓰가루샤미센(津輕三味線)[73]과 닮았다. 쓰가루샤미센의 딱딱하고 거칠고 깊이 있는 소리는

---

[73] 쓰가루 지방(현재의 아오모리 현 서부)에서 발생한 샤미센 음악.

쓰가루의 피차별민이었던 남자가 만들어냈다. 그리고 중앙에서 소외된 쓰가루의 가난한 사람들에게 수용되어 성장해 왔다.

쓰가루샤미센에는 눈보라치는 광경이 잘 어울린다. 단순한 오락이 아닌 또 하나의 무언가가 듣는 사람의 마음을 울린다. 그것을 잘 표현할 수 없는 답답함이 쓰가루샤미센의 매력을 더욱 더 크게 만든다. 진짜는 말로 표현할 수 있을 정도로 간단한 것은 아닐 것이다. 거문고 소리를 처음으로 들었다. 잊을 수 없는 악기가 되었다.

그리고 최영덕의 장새납 독주. 장새납도 전통 악기로 오보에와 비슷하고 약간 딱딱하고 투명감이 있는 울림을 낸다. 기교를 훌륭히 발휘한 연주로 분위기는 다시 무르익었다. 라흐마니노프의 「보칼리제」가 좋았다. 나중에 CD를 구입하여 사인도 받았다. "힘내라 동북!"이라고 써 주었다.

두 시간 정도의 디너쇼도 눈 깜짝할 사이에 지나가고 마지막 곡이 되었다. 나는 술을 몇 잔이나 마셔서 상당히 거나해져 있었다. 민요인 「옹헤야」는 보리타작하는 노래. 수확기의 가을을 축하하며 부른다. 때때로 '옹헤야' 하고 추임새를 넣는다. 이 타이밍이 절묘해서 일본인은 흉내 낼 수 없는 민족 특유의 리듬이 있다. 리듬은 자연스럽게 발생하는 것이기 때문에 민족의 생명과도 가깝다.

일본은 근대화 속에서 하나의 독립된 생명을 가진 민족을 없애려고 한 것이다. 그런 당치도 않은 짓을 할 이유가 없었다.

그리고 조동종은 그 선봉에 섰다. 불교를 무시하고.

내 마음속에 타다 남은 응어리는 조금이지만 가벼워졌다고 생각한다. 반성에서 교훈으로. 상호 이해. 새로운 교류를 쌓는 일. 그러기 위해 잊어서는 안 되는 것이 역사 직시일 것이다. 그리고 국가의 문제를 주체인 자기의 문제로 삼는 의식과 나 자신을 포함하여 행동하는 용기(같은 불교인으로서 우치야마 구도(內山遇童)에게 배운다)도 필요하다는 것을 마지막으로 덧붙이며 이 책을 마무리하고자 한다.

다이 사(大林寺)의 주지 사이토 다이겐(齋藤泰彦) 스님, 한국의 정토회 에코붓다의 전 공동 대표 유정길 씨, 동국대학교의 김호성 교수, 군산시 동국사 총무 종걸 스님, 인근 사찰의 주지 S스님, S스님의 죽마고우인 F씨를 비롯하여 K씨 외에 나남 관계자, 통역의 수고를 해 주고 유정길 씨와의 만남을 실현시켜 준『중외일보』의 사토 다카오(佐藤孝雄) 기자, 귀중한 사진을 제공해 주신 포토저널리스트 이토 다카시(伊藤孝司) 씨, 전

거문고 연주(2011년 9월 25일 금강산가극단의 디너쇼)

국청진회의 사무국장 마사키 사다오(正木貞夫) 씨, 동국사를 지원하는 모임의 활동을 보도해 준 각 언론사, 그리고 동국사를 지원하는 모임의 회원들, 졸문을 활자로 기록해 주신 고세이샤(皓星社)에도 감사드립니다. 감사합니다.

 2011년 12월 14일에 서울의 일본대사관 앞에 일본군 위안부 동상이 세워졌다.
 이 계획이 시작된 처음에는 일본군 위안부였던 ○○○ 씨가 모델이었던 것으로 기억하는데 나중에 변경되어 불특정의 소녀가 되었다. 내가 원고를 쓰는데 사용한 HP 노트북의 바탕화면에는 당초 계획이었던 ○○○ 씨를 모델로 한 그림이 깔려 있다. 왼쪽 어깨에 작은 새가 앉아 있다. 양손은 무릎 위에 가지런히 올리고 앞으로 다가올 비극을 알지 못하는 순진무구한 소녀의 모습이다. 그림자는 현재의 늙은 모습을 비추고 있다. 그 슬픔을 치유하기라도 하듯 나비가 날고 있다.
 원고를 쓰기 위해 컴퓨터의 전원을 켤 때마다 나는 소녀와 대면하였다. 그리고 화면 속의 소녀는 많은 시사와 격려를 해 주었다.

자 료

1. 조선의 조동종 사원·포교소 일람
2. 조선과 일본 역사 및 조동종 연표(1866~1945)

■ **자료** 1 조선의 조동종 사원 · 포교소 일람
(현지에서의 실제 포교 활동은 설립 인가일 이전부터 이루어졌다는 점에 유의)

연월일 일본 연호	명칭	설치 장소	사원 · 포교소에 관한 비고	비고
1902 메이지 35년	전주포교소 全州布教所	전라북도 전주군 전주면 고사정 408		☆전라북도 도청소재지
1905 메이지 38년				**러일전쟁 종결**
1907 메이지 40년 3월	경성일한사 京城日韓寺	경성부	1915년 6월 7일 경성부 대화정 3정목 26번지로 위치 변경	
3월	대전사 大田寺	충청남도 대전군 대전면 대전본정 1-79	1935년 8월 15일 충청남도 대전군 외남면 대사리 산야 대전포교소를 병합	1904년 188명의 일본인 이주. 조동종한국개교규정(1907) 제1기 개교지
4월	총천사 総泉寺	경상남도 부산부 곡정 2정목 89번지	1917년 6월 8일 사원 창립 허가(총독부-이하 생략)	강화도조약으로 원산, 인천과 함께 개항
5월	용암사 龍岩寺	평안북도 용천군 용암포		☆러일전쟁 시 군사 요충지
1909 메이지 42년 5월	서룡사 瑞龍寺	경성부 용산원정	1916년 10월 26일 사원 창립 허가	다케다 한시 조선 포교관리가 됨
6월	군산포교소 群山布教所	전라북도 군산 일본조계지 1조통	1916년 9월 28일 사원 창립 허가 '금강사錦江寺' 전라북도 군산부 신흥동. 후에 군산부 금광정 135-1로 지번 변경	상세한 내용은 이 책 제5장 참조
8월	본산포교소 本山布教所	경기도 인천부	후에 화엄사華厳寺로 개칭	조동종한국개교규정(1907) 제1기 개교지 ☆경성의 현관, 무역항
8월	마산포교소 馬山布教所	경상남도 마산부 완월리 320번지	1916년 12월 26일 사원 창립 허가 '복수사福寿寺'	조동종한국개교규정(1910 개정) 제2기 개교지 ☆유수의 수산물 산지
1910 메이지 43년 4월	양대 본산 경성 별원 両大本山 京城別院	경성부 약초정 97	초대 총감 기타노 겐포 1923년 경성 별원은 조계사로 옮김	**한국 병합**
1911 메이지 44년	창원포교소 昌原布教所	경상남도 창원군 진해읍 사정	후에 안국사安国寺로 개칭	조동종한국개교규정(1910 개정) 제2기 개교지 ☆러일전쟁 때 군사 요충지

연월일 일본 연호	명칭	설치 장소	사원·포교소에 관한 비고	비고
1911 메이지 44년	대구포교소 大邱布教所	경상북도 대구부 덕산정 287번지	후에 대휴사大休寺로 개칭 1937년 6월 1일 관음당 신축 허가	조동종한국개교규정(1910 개정) 제2기 개교지
1912 메이지 45· 다이쇼 원년 6월 24일	조동종 평양포교소 平壤布教所	평안남도 평양부 서기통 30번지	1919년 8월 22일 평양부 천정 15에서 동부 남산정 28로 위치 변경 1923년 2월 9일 사원 창립 허가 '대조사大照寺'	조동종한국개교규정(1907) 제1기 개교지 ☆조선 제2의 도시
6월 27일	조동종 양대 본산 철원포교소 鉄原布教所	강원도 철원군 궁전리	1916년 6월 1일 강원도 철원군 서변면 궁전리 독공원 329호로 이전	☆불이철원농장, 중앙수리조합으로 양질의 쌀 산지가 됨. 금강산 전철 본사 있음
7월 2일	조동종 양대 본산 가포교소 仮布教所	함경남도 원산부 본정 3정목 251번지		조동종한국개교규정(1910 개정) 제2기 개교지 ☆북한 제1의 무역항
7월 29일	조동종 진남포포교소 鎮南浦布教所	평안남도 진남포	1925년 8월 20일 사원 창립 허가 '도해사道海寺.' 평안남도 진남포부 용정정 25번지 1936년 9월 29일 경내 토지 평수 증가 및 납골당 신축 허가	조동종한국개교규정(1910 개정) 제2기 개교지 ☆염전, 무역항
7월 30일	조동종 진주포교소 晋州布教所	경상남도 진주 욱정	1913년 6월 9일 경상남도 진주군 성내면 4동에서 성내안면 2동으로 위치 변경	☆1925년 부산으로 이전될 때까지 경상남도 도청 소재지
9월 5일	명정사 明正寺	함경북도 회령군 회령읍 1동 6	1917년 1월 26일 절 이름 변경 '회선사会禅寺'	자력 포교소 개설의 효시. 이후 각지에 포교소가 개설됨 ☆중국의 간도에 상응하는 주요 지역
9월 24일	조동종 목포포교소 木浦布教所	전라남도 목포부 영사관통 2번지	1916년 9월 2일 전라남도 목포부 항정 4로 위치 변경 1918년 4월 30일 전라남도 목포부 죽동 226으로 위치 변경 1918년 7월 1일 사원 창립 허가 '흥선사興禅寺'	☆군산과 함께 남조선 해운의 중추적 요지
11월 1일	조동종 충주포교소 忠州布教所	충청북도 충주군 남변면 2부 4통 7호	1917년 8월 22일 충청북도 충주군 읍내면 예성사藥城寺 주지 시미즈 기유(清水機雄) 이동. 자료 부족으로 동일 사원인지 확인 불가	☆충청북도의 중요 지역 임진왜란과 인연 있음

연월일 일본 연호	명칭	설치 장소	사원·포교소에 관한 비고	비고
11월 15일	조동종 개성포교소 開城布教所	경기도 개성군 송도면 대화정 290번지	1917년 6월 11일 사원 창립 허가 '정복사正福寺'	☆옛 고려의 수도
1913 다이쇼 2년 1월 15일	조동종 광주포교소 光州布教所	전라남도 광주군 광주읍 북문 내	1915년 9월 23일 전라남도 광주군 광주면 궁정 69번지로 위치 변경 1917년 9월 18일 사원 창립 허가 '영원사咏源寺' 1924년 7월 17일 사원 칭호 변경 허가 '영원사永源寺'	☆전라남도 도청소재지
12월 13일	조동종 고성포교소 固城布教所	경상남도 고성군 동읍 남내동		☆통영에 인접한 항구
12월 16일	조동종 함흥포교소 咸興布教所	함경남도 함흥군 주남면 신창리 3통 1호	1917년 '흥복사興福寺,' 함경남도 함흥군 함경면 동양리 1924년 3월 18일 사원 경내 관음당 건립 허가	☆함경남도 도청소재지
?	조동종 경주포교소 慶州布教所	경상북도 경주군 경주면 북부리 147	1933년 12월 24일 경상북도 경주군 경주읍 서부리로 소재지 변경	☆옛 신라의 수도
1914 다이쇼 3년 12월 12일	조동종 경산포교소 慶山布教所	경상북도 경산군 경산면 삼남동		☆대구에 인접
1915 다이쇼 4년 3월 29일	조동종 상주포교소 尙州布教所	경상북도 상주군 상주면 남정리	1926년 12월 11일 사원 창립 허가 '보장사寶藏寺,' 경상북도 상주군 상주면 인봉리 22번지	☆쌀, 양잠 인구 1만 3000명(일본인 1804명-1929년)
5월 1일	조동종 통영포교소 統營布教所	경상남도 통영군 통영길야정 무번지		☆좋은 항구 인구 약 2만 명(일본인 2801명-1928년)
6월 8일	조동종 신안주포교소 新安州布教所	평안남도 신안주면 원흥리		☆중국으로 가는 교통의 요지
9월 28일	조동종 평택포교소 平澤布教所	경기도 진위군 병남면 평택리		☆진위군청 소재지
12월 13일	부산 총천사 부산진포교소 釜山鎭布教所	경상남도 부산부 범일동 28번지	1936년 2월 26일 조동종 양대 본산 부산진포교소로 명칭 변경	

연월일 일본 연호	명칭	설치 장소	사원·포교소에 관한 비고	비고
?	조동종 홍성포교소 洪城布教所	충청남도 홍성군 홍주면 오관리		☆충청남도 서부의 중심지
1916 다이쇼 5년 9월 20일	조동종 창녕포교소 昌寧布教所	경상남도 창녕군 읍내면 교하리		☆경상남도 북부에 있고 대구에 인접
10월 21일	조동종 부여포교소 扶余布教所	충청남도 부여군 규암면 규암리 74		☆옛 백제의 수도
1917 다이쇼 6년 6월 1일	조동종 안악포교소 安岳布教所	황해도 안악군 읍 내면 소천리 9, 10	1918년 4월 17일 황해도 안 악군 읍내면 소천리 277로 위치 변경	☆안악군청 소재지. 미 곡 거래가 왕성하여 금융 활발. 자산가 많음. 인구 8000명(1929년)
6월 21일	조동종 청도포교소 清道布教所	경상북도 청도 군 대성면 고수동 639	1918년 9월 21일 경상북도 청도군 대성면 고수동 596으 로 위치 변경 1924년 7월 11일 사원 창립 허가 '성도사成道寺.' 경상북 도 청도군 대성면 고수동 614	☆대구 남쪽에 인접. 경부 선이 지나감.
6월 27일	조동종 대전포교소 大田布教所	충청남도 대전군 외남면 대사리		
7월 31일	조동종 김천포교소 金泉布教所	경상북도 김천군 김천면 남산정 31	1918년 5월 10일 동정 4-1 로 사원 창립 허가 '경천사慶 泉寺'	☆경부선 대구와 대전 사 이에 있고 물자 유통의 거 점. 인구 1만 3000명(일 본인 1804명-1929년). 상업 번성
10월 18일	조동종 담양포교소 潭陽布教所	전라남도 담양 군 담양면 지침리 170		☆광주에서 철길로 40분, 종점이기 때문에 물자 집 산지
11월 24일	조동종 영등포포교소 永登浦布教所	경기도 시흥군 영 등포면 영등포리 426	1935년 7월 11일 설치 신고 서 다시 제출	☆경성 교외로 뻗어나가 는 공업 지대. 조선 공업 제일 중심지가 될 가능성 이 있음
?	조동종 나남포교소 羅南布教所	함경북도 경성군 나남 초뢰정 108		☆제19사단본부 소재지
?	조동종 영산포포교소 栄山浦布教所	전라남도 나주군 양곡면 영산포		☆나주에서 남쪽으로 3킬 로미터 떨어진 영산강 변 에 있는 도시. 외양 범선, 소형 기선이 지나가는 수 륙 교통의 요지

연월일 일본 연호	명칭	설치 장소	사원·포교소에 관한 비고	비고
1918 다이쇼 7년 5월 7일	조동종 철원포교소 鉄原布教所	강원도 철원군 철원면 관전리	1912년에 기재되어 있음	
?	조동종 청진포교소 清津布教所	함경북도 청진부 부도정 7	1939년 9월 2일 사원 창립 허가 '선복사禅福寺.' 함경북도 청진부 복천정 산 20, 21번지	☆조선 북부의 중요 항구
1919 다이쇼 8년 5월 8일	조동종 겸이포포교소 兼二浦布教所	황해도 황주군 겸이포면 대정정 151		☆제철소가 있어 연간 15만 톤 생산. 항구는 7000톤급 기선 출입 가능
11월 19일	조동종 감포포교소 甘浦布教所	경상북도 경주군 양북면 감포리 43-3		☆옛 신라 수도. 감포리는 항구 도시
12월 12일	조동종 신의주포교소 新義州布教所	평안북도 신의주 진사정 4정목 1-5		☆러일전쟁 때 건설된 도시. 평안북도 도청소재지. 대외 무역의 3할 7부 5리를 차지함. 영림서, 왕자제지
1920 다이쇼 9년 ?	조동종 수원포교소 水原布教所	경기도 수원군 수원면 신풍리 435	1928년 4월 27일 사원 창립 허가 '대각사大覚寺.' 경기도 수원군 수원면 산루리 410	☆조선 농업 모범 지역
1921 다이쇼 10년 11월 24일	조동종 고원포교소 高原布教所	함경남도 고원군 하발면 도정리 6		☆원산과 함흥의 중간 지역
1922 다이쇼 11년 8월 2일	조동종 부여포교소 扶余布教堂	충청남도 부여군 구룡면 금사리		☆옛 백제의 수도
9월 10일	조동종 고도포교소 高道布教所	충청남도 홍성군 고도면 상촌리 230		☆양질의 쌀을 생산
12월 21일	조동종 조치원포교소 鳥致院布教所	충청남도 연기군 조치원면 조치원		☆경부선과 충북선의 분기점. 교통의 요지. 물자 집산지. 농산물 시장 번성
1923 다이쇼 12년 12월 13일	조동종 진영포교소 進永布教所	경상남도 김해군 하계면 진영리 138		☆옛 도시. 쌀 산지
12월 25일	조동종 종성포교소 鍾城布教所	함경북도 종성군 종관면 주산동 386		☆국경 도시. 종성 탄전
1924 다이쇼 13년 3월 19일	조동종 익산포교소 益山布教所	전라북도 익산군 익산면리 561		☆전북평야에 위치한 쌀 생산지

연월일 일본 연호	명칭	설치 장소	사원·포교소에 관한 비고	비고
10월 15일	조동종 혜산진포교소 惠山鎮布教所	함경남도 갑산군 진혜면 혜산리		☆함경남도 북부 고지대에 위치하며 갑산 구리 광산이 있음
1925 다이쇼 14년 4월 10일	조동종 청주포교소 惠山鎮布教所	충청북도 청주군 청주면 청수정 26	1934년 12월 4일 충청북도 청주군 청주읍 동정으로 소재지 변경	☆충청북도 도청소재지
1927 쇼와 2년 4월 27일	조동종 서산포교소 瑞山布教所	충청남도 서산군 서산면 읍내		☆엽연초 재배
1928 쇼와 3년 11월 10일	조동종 흥남포교소興 南布教所	함경남도 함흥군 운전면 천기리 151		
1929 쇼와 4년 4월 29일	조동종 온천리포교소 温泉里布教所	충청남도 아산군 온천면 온천리		☆온천으로 유명
?	조동종 승호리포교소 勝湖里布教所	평안남도 강동군 만달면 승호리 371		☆무연탄전, 시멘트 제조. 일본인 많음
?	조동종 의정부포교소 議政府布教所	경기도 양주군 자둔면 의정부리 194-2		☆양주군청 소재지. 농산물
1930 쇼와 5년 2월 20일	조동종 해주포교소 海州布教所	황해도 해주군 해주면 상정 134		☆황해도 도청소재지
6월 21일	조동종 여수포교소 麗水布教所	전라남도 여수군 여수면 서정 1518	1933년 2월 1일 전라남도 여수군 여수읍 서정 737로 소재지 변경	☆목포-부산 간 가장 중요한 항구. 인구 1만 276명(일본인 2420명-1928년). 시모노세키에 기선 왕래
8월 25일	조동종 관음교회 観音教会	경기도 경성부 권농동		
12월 16일	조동종 안화사구적포교소 安和寺旧跡布教所	경기도 개성부 고려정 8		
1931 쇼와 6년 6월 15일	조동종 관음교회설교소 観音教会説教所	경기도 경성부 창신동		**만주사변**
8월 10일	조동종 밀양포교소 密陽布教所	경상남도 밀양군 밀양읍 삼문리		☆농산물 집산지. 인구 1만 1000명(1929년)

연월일 일본 연호	명칭	설치 장소	사원·포교소에 관한 비고	비고
11월 15일	조동종 흥선사포교소 興禪寺布教所	전라남도 목포부 대성동		
1932 쇼와 7년 1월 21일	조동종 이천포교소 宗利川布教所	경기도 이천군 이천읍 창전리		☆이천군청 소재지
3월 1일	조동종 성진포교소 城津布教所	함경북도 성진군 성진읍 본정 41	1945년 6월 13일 사원 창립 허가 '선조사禪照寺.' 함경북도 성진부 본정 53-32	☆함경북도 일대의 물자 집산지
3월 27일	조동종 영덕포교소 盈德布教所	경상북도 영덕군 영덕면 남석동		☆동해안 지방의 작은 도읍
4월 20일	조동종 웅기포교소 雄基布教所	함경북도 경흥군 웅기읍 웅기동		☆군마 보충부가 있음
9월 18일	조동종 대본산 별원 조계사포교소 曹谿寺布教所	경기도 경성부 약초정		
11월 23일	조동종 사리원포교소 沙里院布教所	황해도 봉산군 사리원읍 동리		☆경의선의 주요 역. 황해선 기점. 쌀, 콩, 봉산 석탄 거래 활발. 최근 크게 발전. 황해도 제2의 도시
?	조동종 창원포교소 昌原布教所	경상남도 창원군 진해읍 사정		
1933 쇼와 8년 1월 9일	조동종 장항포교소 長項布教所	충청남도 서천군 마동면 산서리 544	1935년 7월 16일 충청남도 서천군 마동면 산서리 34로 소재지 변경	☆금강 하구, 군산과 마주보고 위치. 경남철도회사가 항만시설 건설 예정
2월 1일	조동종 나진포교소 羅津布教所	함경북도 경흥군 신안면		군사적으로 중요한 지역
4월 8일	조동종포교소 曹洞宗布教所	경기도 수원군 수원읍 산루리		
6월 28일	박문사 博文寺	경기도 경성부 서사헌정		초대 통감 이토 히로부미를 표창하여 건립
11월 10일	조동종 장흥포교소 長興布教所	전라남도 장흥군 장흥면 남동리 65	1942년 6월 15일 전라남도 장흥군 장흥읍 예양리 114-3으로 소재지 변경	☆농업 지역

연월일 일본 연호	명칭	설치 장소	사원·포교소에 관한 비고	비고
12월 20일	조동종 줄포포교소 茁浦布教所	전라북도 부안군 줄포리		☆쌀 생산지
1934 쇼와 9년 3월 3일	조동종 고흥포교소 高興布教所	전라남도 고흥군 고흥면 옥하리		☆농업 지역
10월 18일	조동종 보성포교소 寶城布教所	전라남도 보성군 보성면 보성리		☆녹차 산지
12월 20일	조동종 희천포교소 熙川布教所	평안북도 희천군 희천면 읍상동		☆인근의 중심 시장
?	조동종 정주포교소 井州布教所	전라북도 정읍군 정주읍 수성리		☆곡류, 모시, 녹차. 인구 9000명(일본인 1200명 –1929년)
?	조동종 대신정포교소 大新町布教所	경상남도 부산부 대신정		
1935 쇼와 10년 5월 10일	조동종 양덕포교소 陽德布教所	평안남도 양덕군 양덕면 용계리		☆교통이 너무 불편해서 신비의 땅으로 불림. 인근의 물자 집산지.
11월 8일	조동종 순천포교소 順天布教所	전라남도 순천군 순천읍		☆남해안 소규모 평야의 중심지. 부근에서 대마 생산
1936 쇼와 11년 1월 31일	총천사 관음당포교소 総泉寺観音堂布教所	경상남도 부산부 초량정 142		
2월 8일	조동종 봉림리포교소 鳳林里布教所	경상남도 김해군 가낙면 봉림리 371		
2월 27일	조동종 남양포교소 南陽布教所	함경북도 온성군 유포면 남양동 299		☆인구 희박. 석탄과 목재 반출. 국방과 경비상 중요
3월 10일	조동종 고창포교소 高敞布教所	전라북도 고창군 고창면 교촌리 285		☆선사시대 유적. 보리 생산
7월 28일	조동종 강진포교소 康津布教所	전라남도 강진군 강진면 남성리 105		☆고려청자

연월일 일본 연호	명칭	설치 장소	사원·포교소에 관한 비고	비고
8월 25일	조동종 길주포교소 吉州布教所	함경북도 길주군 길성면 길북동 390-3		☆토지가 비옥하여 쌀,콩 생산. 길주 소(牛)는 일본으로 반출됨
8월 30일	조동종 춘천포교소 春川布教所	강원도 춘천군 춘천읍 대성정 2정목	1941년 10월 22일 사원 창립 허가 '봉선사鳳禪寺.' 대성정 2정목 90번지 12	☆강원도 도청소재지
9월 25일	조동종 안동포교소 安東布教所	경상북도 안동군 안동읍 안막동 318-2		☆삼베, 소주, 양잠, 목축. 분지의 중심 시장. 인구 1만 명. 교통이 불편해 점점 활기를 잃어감
10월 6일	조동종 관음포교소 観音布教所	경기도 경성부 한남정 산10, 17		
1937 쇼와 12년 1월 10일	조동종 해운대포교소 海雲台布教所	경상남도 동래군 남면 중리 1197-3		**중일전쟁** ☆부산의 북동쪽 15킬로미터 지점에 있는 온천가. 일본인이 경영하는 여관 많음
5월 5일	조동종 영주포교소 栄州布教所	경상북도 영주군 영주면 하망리 154		☆안동에서 북쪽으로 40킬로미터. 군청소재지
11월 3일	조동종 복계포교소 福渓布教所	강원도 평강군 평강면 복계리 743-1		☆콩(1909톤-1928)
?	조동종 와룡포교소 臥龍布教所	충청남도 천안군 성환면 와룡리		☆경부선과 경남 철도의 교차점. 인구 1만. 쌀 적출 약 2만 2000석
1938 쇼와 13년 5월 1일	조동종 삼척포교소 三陟布教所	강원도 삼척군 삼척면 성북리 94		☆무연탄전
5월 5일	총천사 대감리포교소 大甘里布教所	경상남도 김해군 상동면 대감리 138		
6월 1일	조동종 봉덕포교소 鳳徳布教所	경상북도 달성군 달서면 내당동 1022	1940년 5월 30일 '대휴사포교소大休寺布教所'로 명칭 변경	☆대구 인접
7월 15일	총천사 완월동포교소 玩月洞布教所	경상남도 마산부 완월동 150		

연월일 일본 연호	명칭	설치 장소	사원·포교소에 관한 비고	비고
7월 15일	총천사 온천리포교소 温泉里布教所	경상남도 동래군 동래면 온천리 산 193		
위와 같음	총천사 신천리포교소 新川里布教所	경상남도 동래군 기장면 신천리 산 20		
위와 같음	총천사 이천리포교소 伊川里布教所	경상남도 동래군 일광면 이천리 산 34		
위와 같음	총천사 초량정포교소 草梁町布教所	경상남도 부산부 초량정 853		
12월 21일	조동종 단천포교소 端川布教所	함경남도 단천군 단천면 하서리 5		☆콩, 납석 세공
1939 쇼와 14년 1월 24일	총천사 동면 용강리포교소 東面龍岡里布教所	경상남도 창원군 동면 용강리 289		
4월 10일	총천사 영주정포교소 瀛州町布教所	경상남도 부산부 영주정 93		
위와 같음	총천사 거제리포교소 巨提里布教所	경상남도 동래군 동래읍 거제리 1396		
5월 8일	조동종 홍원포교소 洪原布教所	함경남도 홍원군 홍원면 성서리 4		☆어업 번창(명태)
10월 18일	조동종 용천동포교소 龍川洞布教所	함경북도 길주군 웅평면 용천동 산 1		
?	조동종 창원군 천가면포교소 昌原郡天加面布教所	경상남도 창원군 천가면 천성산 66		
?	조동종 삼장리포교소 蔘場里布教所	경상남도 창원군 진동면 삼장리 산 5		
1940 쇼와 15년 2월 29일	완산사 황학포교소 黃鶴布教所	전라북도 전주부 소화정 937		

연월일 일본 연호	명칭	설치 장소	사원·포교소에 관한 비고	비고
2월 29일	완산사 학봉포교소 鶴鳳布教所	전라북도 전주부 서정 1581		
3월 31일	완산사 금구포교소 金溝布教所	전라북도 김제군 금구면 오봉리 산 11		☆부근 농장의 집산지. 인구 5600명(일본인 1200명−1929년)
5월 4일	완산사 흥선포교소 興禅布教所	전라북도 전주부 완산정 5		
6월 25일	안국사 부속설교소 安国寺付属説教所	경상남도 창원군 진해읍 말광통 13		
7월 20일	조동종 고원포교소 高原布教所	함경남도 고원군 고원정 도정리 6	※1921년에도 같은 이름의 포교소가 개설되었음	
11월 3일	조동종 구정면포교소 邱井面布教所	강원도 강릉군 구 정면 어단리 129		☆고려 말기 대도호부가 있던 곳. 강원도의 정치적 중심지로 번영
12월 15일	완산사 고현포교소 古県布教所	전라북도 익산 군 이리읍 고현정 179		
위와 같음	조동종 장신포교소 長新布教所	전라북도 익산 군 오산면 장신리 806		
위와 같음	조동종 대황포교소 大凰布教所	전라북도 옥구군 옥산면 쌍봉리 14		☆군청이 군산에 있는 쌀 생산지
12월 31일	완산사 춘포포교소 春浦布教所	전라북도 익산군 춘포면 오산리		
1941 쇼와 16년 5월 10일	복수사 월영포교소 月影布教所	경상남도 마산부 월영동 51		**태평양전쟁**
5월 20일	총천사 온천장포교소 温泉場布教所	경상남도 창원군 북면 신촌리 산 230		
위와 같음	총천사 신안리포교소 新安里布教所	경상남도 김해군 진례면 신안리		

연월일 일본 연호	명칭	설치 장소	사원·포교소에 관한 비고	비고
5월 29일	총천사 옥포리포교소 玉浦里布教所	경상남도 통영군 장승포읍 옥포리		
6월 10일	총천사 범방리포교소 凡方里布教所	경상남도 김해군 녹산면 범방리		
위와 같음	총천사 장산포교소 長山布教所	경상남도 동래군 남면 좌리 산 64		
11월 1일	금강사 개복포교소 開福布教所	전라북도 군산부 개복정 1-15		
위와 같음	금강사 해망포교소 海望布教所	전라북도 군산부 해망정 산 4		
위와 같음	금강사 대조포교소 大照布教所	전라북도 군산부 남둔율정 360		
1942 쇼와 17년 1월 20일	조동종 명정리포교출장소 明井里布教出張所	경상남도 통영군 통영읍 명정리 453		
위와 같음	조동종 한산포교출장소 閑山布教出張所	경상남도 통영군 한산면 추봉리 77		
3월 20일	조동종 산양포교출장소 山陽布教出張所	경상남도 통영군 산양면 삼덕리 829		
4월 1일	조동종 포교소지관음布教所池之觀音	경기도 수원군 수원읍 지야정 354		
6월 15일	조동종 삼척포교소 三陟布教所	강원도 삼척군 삼척읍 성내리 제6번지 36	※1938년에 같은 이름의 포교소가 개설되었음	
8월 7일	조동종 고양포교소 高陽布教所	경기도 고양군 숭인면 우이리		☆경성에 인접
10월 3일	조동종 포교소청룡암 布教所青龍庵	경기도 수원군 수원읍 북수정 238		

연월일 일본 연호	명칭	설치 장소	사원·포교소에 관한 비고	비고
1943 쇼와 18년 4월 16일	조동종 포교소석화암 布教所石華庵	강원도 홍천군 홍천면 희망리 산 36		☆소규모 군
8월 20일	조동종 안인리포교소 安仁里布教所	경상남도 밀양군 상동면 안인리 산 138-1		
9월 5일	총천사 교리포교소 校里布教所	경상남도 양산군 물금면 교리 867		☆경상남도 3대 대찰의 하나인 통도사가 있음(다른 두 곳은 범어사와 해인사)
9월 9일	조동종 당리포교소 堂里布教所	경상남도 부산부 사하당리 산 55		
위와 같음	조동종 평림포교소 平林布教所	경상남도 부산부 사하평리 산 34		
10월 19일	조동종 동흥포교소 同興布教所	경성부 성동구 하왕십리정 628-3		
11월 30일	조동종 경주 서악리포교소 慶州西岳里布教所	경상북도 경주군 경주읍 서악리 552		
위와 같음	조동종 경주 효현포교소 慶州孝現布教所	경상북도 경주군 경주읍 효현2구 566		
위와 같음	조동종 경주 기구포교소 慶州基邱布教所	경상북도 경주군 양남면 기구리 산 200		
위와 같음	조동종 경주 지초리포교소 慶州芝草里布教所	경상북도 경주군 외동면 지초리 산 63		
위와 같음	조동종 경주 송선리포교소 慶州松仙里布教所	경상북도 경주군 서면 송선리 670		
12월 2일	총천사 연지리포교소 蓮池里布教所	경상남도 부산부 연지리 359		
12월 8일	대조사 학봉포교소 鶴峯布教所	평안남도 강서군 보림면 화학리 산 111		☆진남포에서 북으로 25킬로미터 떨어진 산간 지역

연월일 일본 연호	명칭	설치 장소	사원·포교소에 관한 비고	비고
1944 쇼와 19년 2월 20일	보장선사 서산포교소 西山布教所	경상북도 상주군 외남면 구서리		
4월 21일	성진포교소 부속 남정포교소 南町布教所	함경북도 성진부 남정 70		
5월 18일	성진포교소 부속 관음교회소 觀音教会所	함경북도 성진부 서정 120		
8월 31일	성진포교소 부속 대동포교소 大東布教所	함경북도 성진부 쌍포정 대동곡 1040		
11월 1일	성진포교소 부속 관음교회소 觀音教会所	함경남도 영흥읍 남산리		
11월 30일	총천사 민락리포교소 民楽里布教所	경상남도 부산부 민락리 산 84번지		

참고 자료:『조선총독부 관보』,『조동종 해외 개교 전도사』, 아오야기 난메이의 『조선종교사 전朝鮮宗教史 全』,『일본지리풍속대계17 조선 지방(하)』 외

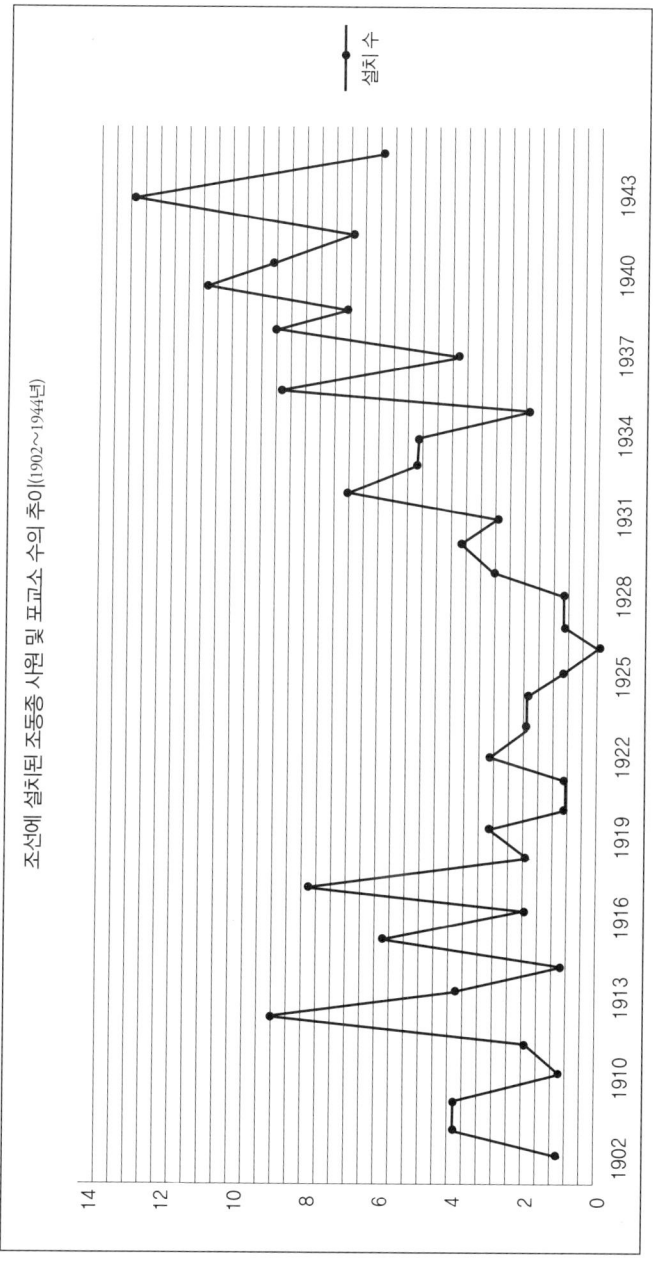

(그래프 작성: 니오카 쇼신)

1912년은 한국 병합(1910), 1917년은 조선포교규정(1916), 1930년은 조선포교령(1929), 1933년은 만주사변(1932-1933), 1938년은 중일전쟁(1937)의 영향을 뚜렷하게 보여주고 있다. 한편 1919년부터 나타나는 침체기의 요인으로는 '3·1독립만세운동'을 들 수 있을 것이다.

■ **자료** 2 조선과 일본 역사 및 조동종 연표(1866~1945)

연도 일본 연호	조선	일본	에이헤이 사	소지 사	비고
1866 메이지 원년	1866년 프랑스의 강화도 침범, 대원군의 그리스도교 탄압	메이지유신	가운 도류	고인 린주 (五院輪住)	
1870 메이지 3			위와 같음	센가이 에키도	
1871 메이지 4	미 함대의 강화도 공격	지방 통치를 담당했던 번을 폐지하고 부와 현으로 일원화	간케이 미츠운	위와 같음	승려의 육식처대(肉食妻帶)의 포고
1872 메이지 5			위와 같음	위와 같음	3파연합 선종 관장제[1]
1873 메이지 6	대원군이 물러나고 명성황후 권력 장악	정한론 대두	고가 간케이	쇼고쿠 에키도	오구루스 고쵸 상하이 개교 (히가시혼간 사)
1874 메이지 7		타이완 출병	위와 같음	위와 같음	관장 교번제(조동종)
1875 메이지 8		일본 군함 강화도 공격	위와 같음	위와 같음	대교원大敎院과 중교원中敎院[2]의 설치(조동종)
1876 메이지 9	부산 외 개항	강화도조약 체결, 일본의 조선 진출 시작	위와 같음	위와 같음	대교원 해산
1877 메이지 10		일본의 마지막 내전 서남의 역 (西南の役) 발발	위와 같음	위와 같음	오쿠무라 엔신 부산 개교(히가시혼간사). 정부, 각종조 중흥에게 대사 칭호 하사
1878 메이지 11			위와 같음	위와 같음	종무국 세이쇼 사에서 시바로 이전(조동종)
1879 메이지 12			위와 같음	위와 같음	고조에 조요(承陽) 대사 시호 하사(조동종). 안중근 탄생
1880 메이지 13	원산 개항		위와 같음	아제가미 바이센	원산 별원(히가시혼간 사)
1881 메이지 14	유생의 반일운동 발생. 일본에 시찰단 파견. 개화·수구파 대립	국회 개회 조칙	위와 같음	위와 같음	대교원과 중교원, 소교원을 종무국, 종무지국으로 개칭(조동종). 부산에 일종 회당 창립(니치렌 종)
1882 메이지 15	임오군란. 청의 종주권 강화	마츠카타 디플레이션	위와 같음	위와 같음	

연도 일본 연호	조선	일본	에이헤이 사	소지 사	비고
1883 메이지 16	인천 개항		아오카게 셋코	위와 같음	
1884 메이지 17	갑신정변. 일본공사관 파괴	치치부사건[3]	위와 같음	위와 같음	인천 별원(히가시혼간 사)
1885 메이지 18		청과 텐진조약 체결. 후쿠자와 유키치의 '탈아론'	다케야 다쿠슈	위와 같음	
1886 메이지 19	미국 이화학당 설립. 그리스도교의 활동 활발		위와 같음	위와 같음	
1887 메이지 20			위와 같음	위와 같음	
1888 메이지 21			위와 같음	위와 같음	
1889 메이지 22	일본 상인 진출 활발. 농민 봉기 다발	대일본제국 헌법 발포	위와 같음	위와 같음	
1890 메이지 23		교육칙어 공포	위와 같음	위와 같음	조동종 '수증의修証義'가 교화의 표준이 됨. 다케다 한시 조선행. 경성 별원(히가시혼간 사)
1891 메이지 24			모리타 유고	위와 같음	
1892 메이지 25			(관장 사무 취급) 모리타 유고, 오츠지 제잔	(관장 사무 취급) 니시아리 보쿠잔, 아리타 겐류	소지 사 독립 선언(조동종)
1893 메이지 26			호시미 덴카이	핫토리 겐료	사원 승려는 정당 정사政党政社에 관여해서는 아니 될 것(조동종)
1894 메이지 27	동학혁명 갑오개혁	청일전쟁	위와 같음	위와 같음	양 본산 화해(조동종)
1895 메이지 28	명성황후 모살. 단발령. 을미의병. 전봉준 처형	시모노세키조약. 삼국간섭. 타이완 영유	모리타 유고	아제가미 바이센	관장 교대제, 청일교전에 고유를 내림. 군대 위문 및 추조(조동종) 부산 개교 시작(니시혼간 사)
1896 메이지 29	항일 의병 투쟁 격화. 고종 러시아공사관으로 피난	조선 문제에 관한 러일의정서(야마가타·로바노프)	위와 같음	위와 같음	사노 젠레이 승려 도성출입 허가 획득(니치렌 종). 종보 발행(조동종). 타이완, 홋카이도 포교 규정(조동종)

연도 일본 연호	조선	일본	에이헤이 사	소지 사	비고
1897 메이지 30	국호를 대한으로 개칭		위와 같음	위와 같음	
1898 메이지 31	독립협회의 활동	러일협정으로 러시아 랴오둥반도를 조차하고 경성에서 철수	위와 같음	위와 같음	소지 사 소실(조동종). 경성에서 개교 시작 (정토종)
1899 메이지 32			위와 같음	위와 같음	군산 해외 호시장으로 개항
1900 메이지 33	경성에 전등	의화단사건에 일본이 기여	위와 같음	위와 같음	
1901 메이지 34			위와 같음	니시아리 보쿠잔	군인포교규정 발포 (조동종)
1902 메이지 35		영일동맹	위와 같음	위와 같음	감옥교회監獄教誨 규정 세칙(조동종)
1903 메이지 36	러, 용암포 점거		위와 같음	위와 같음	
1904 메이지 37	제1차 한일협약. 친일 일진회 성립	러일전쟁. 조선을 군사적 점령 하에 둠. 아편 행상 허가	위와 같음	위와 같음	충군보국의 종령 발포(조동종). 각 사단에 종군포교(조동종)
1905 메이지 38	제2차 한일협약. 항일 의병 투쟁 전국 각지로 확대	포츠머스조약	위와 같음	이시카와 소도	거국개병의 고유. 부산에 총천사 건립(조동종). 조선개교총감(니시혼간 사)
1906 메이지 39	토지가옥 증명규칙에 의해 토지 수탈 시작	통감부 개청. 만철 설립. '종교의 선포에 관한 규칙' 발포	위와 같음	위와 같음	육해군 전사병몰자 추조법요(조동종). 경성 임시 교회소(진언종)
1907 메이지 40	헤이그밀사 사건. 황제 양위. 한국군 해산. 의병 투쟁 격화	제3차 한일협약. 보안법. 경성전람회	위와 같음	위와 같음	히오키 모쿠센, 만한 순석(조동종). 아라이 세키젠 한국개교규정 제정을 위해 만한 시찰(조동종)
1908 메이지 41	일본이 사법 사무 접수. 군부 폐지	무신조서[1]	위와 같음	위와 같음	한국·만주 개교 규정 창정(조동종). 다케다 한시 경성 용산에 조계사
1909 메이지 42	안중근 이토 히로부미 암살. 일진회 합방 성명	남한토벌대작전 (하세가와)	위와 같음	위와 같음	태조에게 조사이(常濟) 대사 시호 하사(조동종)

연도 일본 연호	조선총독부 통치 관계	에이헤이 사	소지 사	비고
1910 메이지 43	조선총독부설치. 한국 병합 국호를 조선으로. 헌병경찰제도, 범죄즉결령	모리타 유고	이시카와 소도	한일 양국은 황국화의 선양에 노력해야 한다는 취지의 고유(조동종)
1911 메이지 44	사찰령, 사찰령시행규칙, 조선교육령, 공립보통학교비용령, 조선태형령	위와 같음	위와 같음	우치야마 구도 종내빈척.[5] 조선개교규정 개정. 기타노 겐포 초대 조선포교총감에. 조선어학연구생 모집, 소지 사 천조식(遷祖式)[6](조동종)
1912 다이쇼 원년	메이지 천황 붕어에 의한 은사령恩赦令	위와 같음	위와 같음	포교소 부지 구입비. 함북 회령에 회령사(조동종)
1913 다이쇼 2	조선에서 산출되는 쌀 및 벼의 이입세移入稅 폐지	위와 같음	위와 같음	경성 별원 건설(조동종)
1914 다이쇼 3	제1차 세계대전	위와 같음	위와 같음	
1915 다이쇼 4	신사사원규칙 발포(30본산 연합 사무소 설치). 불교중앙학교 설립 허가. 나남에 19사단. 데라우치 총독 내각총리가 되어 조선총독 사임	후쿠야마 모쿠도	위와 같음	만주 다롄 창안 사(常安寺) 건축비 보조(조동종). 조동종 조선포교관리자가 기타노 겐포에서 다카다 에이사이로 교체
1916 다이쇼 5	하세가와 요시미치 총독 취임	히오키 모쿠센	위와 같음	조선포교규정 제정(조동종). 나남에 포교소
1917 다이쇼 6	함경선, 청진·회령 간 개통	위와 같음	위와 같음	함흥에 흥선사 창립
1918 다이쇼 7	시베리아 출병	위와 같음	위와 같음	해육군에 휼병금. 종군포교
1919 다이쇼 8	3·1운동 발발. 경성 조선인 상점 일제히 폐점. 상하이에 대한민국임시정부 결성. 조선 아편 단속령. 사이토 마코토 총독 취임(문화 정치) 헌병경찰 폐지. 사이토 총독 폭파 사건	위와 같음	위와 같음	세계대전 추도 법회. 종군 포교비 계속. 아라이 세키젠 조만 순석(조동종). 포교관리자가 다카다 에이사이에서 스기모토 도잔으로 교체
1920 다이쇼 9	어용신문인 『조선일보』, 『동아일보』 발행. 사립 배화여학교 외에 독립만세 소요 야기. 조선태형령 폐지. 이은 전하와 방자 여왕 전하의 결혼. 도청 나남으로	기타노 겐포	위와 같음	세계대전 종식의 고유(조동종)

연도 일본 연호	조선총독부 통치 관계	에이헤이 사	소지 사	비고
1921 다이쇼 10	도로단속 규칙을 개정하여 좌측통행으로 함. 조선 선교 양종 중앙종무원 설립	위와 같음	아라이 세키젠	이 무렵 이가라시 셋쇼. 경성 조계사를 정비(조동종). 포교 관리자가 스기모토 도잔에서 나카무라 센슈로 교체
1922 다이쇼 11	내선인 교육을 통일하는 조선교육령 공포. 조선불교유신회 사찰령 폐지 요구	위와 같음	위와 같음	소작 대 지주 쟁의에 대한 유시諭示(조동종). 포교관리자가 나카무라 센슈에서 이가라시 셋쇼로 교체. 전국수평사 창립
1923 다이쇼 12	감옥의 명칭을 형무소로 고침. 청진항 공사 시작. 관동대지진, '국민정신작흥에 관한 조서' 환발渙發	위와 같음	위와 같음	경성 대화정 조계사, 양대 본산 별원으로(조동종)
1924 다이쇼 13		위와 같음	위와 같음	
1925 다이쇼 14	치안유지법 조선에서 시행. 친일 불교 조직 조선불교중앙교무원 발족, 조선신궁 진좌식鎭座式 집행. 본말사법을 다시 고쳐 승려의 대처를 인정함	위와 같음	위와 같음	기타노 겐포 선사, 만선 친화. 조동종대학을 고마자와 대학으로 개칭(조동종)
1926 다이쇼 15 (쇼와 원년)	경성방송국 창립 허가	위와 같음	위와 같음	
1927 쇼와 2	야마나시 한조 총독 취임	위와 같음	위와 같음	
1928 쇼와 3	함경선 전체 개통	위와 같음	스기모토 도잔	치안경찰법 제5조 제3호 개정 청원(불교연합회). 포교관리자가 이가라시 셋쇼에서 다카시나 로센으로 교체
1929 쇼와 4	사이토 미노루, 다시 총독에 취임. 광주학생운동. 총독부에서 애국부인회 조선본부 총회를 개최	위와 같음	아키노 고도	조선포교법 개정(조동종). 포교소 개설 활발(조동종). 조선불교 대회
1930 쇼와 5	모르핀 전매 개시. 선박에 의한 아편운송 단속규칙 발포. 각 학교에서 교육칙어 환발 40주년 기념식 거행	위와 같음	위와 같음	한용운 만당 조직(조선). 에이헤이 2조에 국사 시호 하사(조동종). 세이노 세이쇼 나남 주재 포교사가 됨
1931 쇼와 6	우가키 가즈시게 총독 취임. 만주사변 발발하여 조선군 출동	위와 같음	위와 같음	만주 주둔군 위문 사절 파견 (조동종)

연도 일본 연호	조선총독부 통치 관계	에이헤이 사	소지 사	비고
1932 쇼와 7	국기 게양 시행 장려. 종교과를 학무국 사회과로 합병. 만주국 성립(이 무렵부터 조선을 대륙 병참기지라고 부름). 춘무산 박문사 완성, 정신작흥운동 전개	위와 같음	위와 같음	사변 파견군에 위문 주머니 (조동종). 이봉창, 천황에게 폭탄 투척. 윤봉길, 상하이에서 시라카와 대장 등에게 폭탄 투척 살상. 사이토 미코토 전 총독 관음상 기증
1933 쇼와 8	청진·신경 간 직통 열차. 총독 국민정신작흥에 관한 성명서 발포	하타 에쇼	위와 같음	유엔 탈퇴. 유엔 탈퇴 고유 (조동종). 포교관리자가 다카시나 로센에서 다케오 라이쇼로 교체
1934 쇼와 9	종래의 보통학교 외에 새롭게 간이 초등교육을 실시	위와 같음	구리야마 다이온	구리야마 다이온 조선에서 설법(조동종)
1935 쇼와 10	총독, 불교 관계자를 불러 심전개발 안을 다듬다. 조선 마약단속령 공포. 조선 사찰 존엄 유지를 지시. 그리스도교 학교에 신사참배 강요	(별치 관장제) 하타 에쇼-이토 도카이-스즈키 덴잔		국체 명징에 관한 고시(조동종)
1936 쇼와 11	심전개발위원회 개최. 미나미 지로 총독 취임(5대 정강). 조선사상범 보호관찰령 공포. 조선불온문서 임시단속령.	스즈키 덴잔		2·26사건
1937 쇼와 12	국어 사용의 철저화 방법 통첩. 가출옥 사상범 처우규정 공포. 중일전쟁. 경성 재주 종교·교육·사상 관계자를 총독부에 불러 거국일치체제에 대해 지시. 조선 상류층 부인에 의한 애국 금차회가 금젓가락 헌납. '황국신민의 서사' 발포, '황국신민의 서사' 기둥 건립. 국민정신총동원 철저 강화에 대해 임시 지사知事회의	위와 같음		『국체의 본의』 간행. 북지사변에 관한 건, 국민정신동원에 관한 고유. 사변대처국 설치. '신년 봉축의 시간' 만들어 시국 인식 강조(조동종)
1938 쇼와 13	경기도민 및 경성부민, 애국기 77기 헌납. 육군특별지원병령 공포. 조선교육령을 개정하여 '원칙적'으로 내선의 구별을 없앰. 학교나 공식 장소에서의 조선어 사용 금지. 시국 대응 전선사상보국연맹全鮮思想報國連盟, 국민정신총동원 조선연맹 발회	위와 같음		국민정신총동원 특별 포교. 조선포교법 개정, 해외포교법 규칙 제정에 따라 조선 및 중국에서의 활동 강화. 사변대처국을 흥아국으로 변경(조동종)

연도 일본 연호	조선총독부 통치 관계	별치관장제	비고
1939 쇼와 14	종래의 애국일愛国日을 흥아봉공일興亜奉公日로 변경. 국민징용령 시행. 국민정신작흥주간으로 용산 관저에 선내 고령자 100명 초대. 국가총동원 계획을 위해 기획부를 설치. 만주 개척 의용대 파견. 지원병 이인석 상등병 금치훈장 '영령' 제1호가 됨. 조선인 강제 연행 시작	위와 같음	종교단체법 성립. 전시 문화공작의 인재 육성을 위한 고마자와대학에 흥아수선도량 설치. 천황에게 조동종 전서 헌상. 경성 별원 전문 승당 지정(조동종). 포교관리자가 다케오 라이쇼에서 오사다 간젠으로 교체
1940 쇼와 15	전기 육군특별지원자 약 8만 명. 기원절을 기하여 일본식 성명 강요 접수 시작. 전선 일제히 '청소년학도에게 보내는 칙어' 봉재 기념식 거행. 내지 대정익찬회에 호응하여 국민총력연맹 결성. 청년훈련소 본격 설치. 농업보국청년대를 내지로 파견	스즈키 덴잔-오모리 젠카이	황기 2600년. 다카시나 로센 관장 대리를 불러 경성 별원 황기기념법요. 본산에서 황기 2600년 기념 대수계회. 금속 헌납(조동종)
1941 쇼와 16	야마토쥬쿠(大和塾, 구 사상보국연맹) 발족. 내지에 준하여 소학교는 국민학교로. 국어 보급 강화. 해군작업애국반 결성, 남방으로 파견. 조선사상범 예방구금령. 조선임전보국단 결성. 태고사가 총본사가 되어 조선불교 조계종이 공칭 인가	오모리 젠카이-하타 에쇼	태평양전쟁. 치안유지법 개정(국체, 황실의 모독 금지). 애국 군용기 '조동종호' 헌납, 조동종보국회 결성(조동종)
1942 쇼와 17	고이소 구니아키 총독 취임. 조선청년 특별연성령特別錬成令. 교육칙어에 의한 교화 단체 일본정신연성회 창설. 보국부인대 결성	하타 에쇼	미드웨이 패전. 조동종 총동원 도부현 연성대회, 대동아개교사 모집. 조선 관내 포교사 대회(조동종)
1943 쇼와 18	해군특별지원제 실시. 임시특별지원병제(학도 출진) 실시	위와 같음	과달카날 섬에서 패배. 조동종 전력 증강 교화연성 동원, 근로보국대 조직. 경성 별원 대범종 헌납(조동종). 포교관리자가 오사다 간젠에서 이토 다이호로 교체
1944 쇼와 19	아베 노부유키 총독 취임. 국방보안법, 치안유지법의 전시 특례에 관한 법률 제정. 징병제 실시. 여자정신대근로령. 징용이 강제화. 전 종교에 의한 종교보국회 결성	하타 에쇼-다카시나 로센	군인 원호 강조 운동. 반야심경 1000권 정사 필승 기원 대법요(조동종)

연도 일본 연호	조선총독부 통치 관계	별치관장제	비고
1945 쇼와 20	선원동원령船員動員令. 조선체력령. 국민근로동원령. 학도근로표창 규정. 적을 격퇴하고 필승을 기원하기 위한 관폐사官幣社와 국폐사國幣社 이하 신사에서 행하는 제사에 관한 건. 전시교육령. 국민의용대 결성. 종전으로 조선 해방	다카시나 로센	조동종전시보국상회운동曹洞宗戰時報国常会運動(조동종). 도쿄 대공습. 전의고양도의 확립운동戰意高揚道義確立運動(조동종). 포교관리자가 이토 다이호에서 아오야마 모츠가이로 교체. 다시 아오야마 모츠가이에서 오타카 다이죠로 교체. 일본 무조건 항복. 경성 포교총감부 '전쟁 종결에 의한 대책'을 지시. 관장, 평화의 조칙에 관하여 시달(조동종). 사토 다이슌, 경성 별원의 뒤처리를 마치고 귀국

1) 조동종, 임제종, 황벽종의 세 종파를 메이지 정부가 쉽게 관리하기 위하여 단일 종파인 선종으로 통일했던 제도
2) 대교원: 메이지 초기 국민교화운동을 위해 중앙에 설치된 추진 기관
   중교원: 대교원 아래 각 부현府縣에 설립된 기관
3) 1884년 10월 31일부터 11월 9일까지 사이타마 현 치치부 군의 농민들이 정부에 대항하여 일으킨 무장봉기 사건
4) 러일전쟁 후 국민에게 근검절약과 국체 존중을 철저히 하게 할 목적으로 1908년 10월 13일에 발포된 조서
5) 교단으로부터의 영구 추방, 제명 처분
6) 신을 신의 세계로 돌려보내는 의식